华中科技大学
青年系列丛书

复数的
多样性与统一性

基于赣语宜春话的
个案研究

刘 星 著

中国社会科学出版社

图书在版编目（CIP）数据

复数的多样性与统一性：基于赣语宜春话的个案研究 / 刘星著.
—北京：中国社会科学出版社，2024.5
（华中科技大学青年系列丛书）
ISBN 978-7-5227-3448-4

Ⅰ.①复… Ⅱ.①刘… Ⅲ.①汉语—研究 Ⅳ.①H1

中国国家版本馆 CIP 数据核字（2024）第 079493 号

出 版 人	赵剑英	
责任编辑	张 林	
特约编辑	张冬梅	
责任校对	郝阳洋	
责任印制	戴 宽	

出　　版	中国社会科学出版社	
社　　址	北京鼓楼西大街甲 158 号	
邮　　编	100720	
网　　址	http://www.csspw.cn	
发 行 部	010-84083685	
门 市 部	010-84029450	
经　　销	新华书店及其他书店	
印　　刷	北京明恒达印务有限公司	
装　　订	廊坊市广阳区广增装订厂	
版　　次	2024 年 5 月第 1 版	
印　　次	2024 年 5 月第 1 次印刷	
开　　本	710×1000　1/16	
印　　张	15.25	
插　　页	2	
字　　数	245 千字	
定　　价	86.00 元	

凡购买中国社会科学出版社图书，如有质量问题请与本社营销中心联系调换
电话：010-84083683
版权所有　侵权必究

目　　录

第一章　绪论 ………………………………………………（1）
　第一节　选题缘由与研究目的 …………………………………（1）
　第二节　复数研究综述及研究问题 ……………………………（3）
　第三节　研究框架与方法 ………………………………………（36）
　第四节　主要内容及章节安排 …………………………………（68）

第二章　个体化复数 …………………………………………（70）
　第一节　理论背景与研究问题 …………………………………（70）
　第二节　复数"唧"的句法分布和语义 ………………………（71）
　第三节　大、小称，量词，复数标记与个体化复数 …………（82）
　第四节　小结 ……………………………………………………（94）

第三章　加合复数 ……………………………………………（96）
　第一节　理论背景与研究问题 …………………………………（96）
　第二节　复数"家伙"的句法分布和语义 ……………………（97）
　第三节　"家伙"的加合复数分析 ……………………………（114）
　第四节　小结 ……………………………………………………（117）

第四章　最大化复数 …………………………………………（119）
　第一节　理论背景与研究问题 …………………………………（119）
　第二节　复数"俚"的句法分布和语义 ………………………（122）
　第三节　"俚"的最大化算子分析 ……………………………（133）

  第四节　小结 …………………………………………… (138)

第五章　群体复数 ……………………………………… (140)
  第一节　理论背景与研究问题 ………………………… (140)
  第二节　"几个"的句法分布和语义 ………………… (140)
  第三节　"几个"的群体算子分析 …………………… (157)
  第四节　小结 …………………………………………… (173)

第六章　复数系统的内部差异及决定性参数 ………… (180)
  第一节　句法分布和语义特征差异 …………………… (180)
  第二节　复数类型的决定性参数：内聚性 …………… (189)
  第三节　小结 …………………………………………… (202)

第七章　研究结论与展望 ……………………………… (203)
  第一节　复数的传统分类及反思 ……………………… (203)
  第二节　复数的类型：新的分类 ……………………… (208)
  第三节　对研究问题的具体回答 ……………………… (219)
  第四节　研究不足和展望 ……………………………… (221)

参考文献 ………………………………………………… (222)

附录（音系及标注说明）………………………………… (234)

致　谢 …………………………………………………… (237)

第 一 章

绪　　论

第一节　选题缘由与研究目的

　　复数是一个从语义角度划分出来的范畴，名词的复数可以用来指称具有相同语义参与角色，且个体数量大于一的名词或者代词短语（Moravcsik 2003：470）。长期以来，无论是汉语学界还是在世界范围内，进行复数理论研究时都会以英语中的复数标记 -s 作为参照，似乎认为其是一种复数标记的"标准"样式。但是，随着越来越多语言中的复数标记及其表现被发掘出来，学者们发现尽管复数都表达所指称的集合成员大于一的语义，但是，"复数"内部具有相当大的句法语义差异，复数标记不止一种类型（Kramer 2016；Mathieu 2014；Smith-Stark 1974；Wiltschko 2008 等），诞生了所谓的"复数分裂"（Plurality Split）学说。

　　诚然，进行语言研究时需要进行跨语言的对比，从共性和差异中找出某一语法范畴的根本内涵，甚至进行统一分析。但如果复数标记本身就有不同类型，对复数的单一的统一分析难免有"削足适履"之嫌。比如，Wiltschko（2008）从句法实现的角度发现，复数标记不一定实现为一个核心，可能是修饰语。Mathieu（2014）从语义的角度发现，一些语言中的复数是"弱指称"的，包含单数原子（≥1），一些语言中的复数是"强指称"的，不包含单数原子（>1），并且据此认为在句法上复数可以实现在三个不同的位置。Kramer（2016）发现，在阿姆哈拉语（Amharic）中有两个复数标记，甚至还能在同一个名词短语中共现，一个作用于词根一个作用于词，实现的句法位置不同。

理论上说，复数具有不同类型，但并不意味着不能进行统一解释。Wiltschko（2014）提出了"普遍功能脊假说"（Universal Spine Hypothesis），"普遍功能脊假说"的目标是在保持形式语言学普遍语法观的前提下，同时解释世界语言中同一类范畴的不同语法表现，核心思想是认为具体语言中的范畴可以用"$c = k + \text{UoL}$"来表达，其中 c 表示具体语言中的某个范畴，k 表示普遍语法，UoL 表示某种特定语言中的个性单位。如果放在复数的研究中，那么可以认为世界语言中的复数有一个普遍的核心 k 决定了复数之为复数，加上特定语言中的个性单位 UoL，最终呈现出不同语言中复数 c 的面貌。那么，复数研究的核心在于，从复数的表象 c 中剥离出满足普遍语法的 k 以及语言中决定复数范畴个性的 UoL。

从语言事实出发，目前的复数研究还有很多尚未解决的问题，值得继续深入探索。复数标记是表达复数范畴的主要形态手段，但是复数标记的语义存在跨语言差异。比如，汉语的复数标记"们"只能加在表人名词后，包括人称代词；英语的复数标记 –s 不可以加在代词后，但可以加在无生命名词后，为什么？汉语的"们"具有有定性而英语的 –s 没有，如何解释？汉语的光杆复数不能被数量短语修饰，而英语光杆复数可以，为什么？根据李蓝（2008）的抽样考察，汉语方言中代词后的复数标记多达 63 类（不排除同一个复数标记不同研究者用了不同的字，少数情况下可以合并），这些复数标记是否具有相同的句法语义，如果不是，如何归类？……

要回答以上问题，需要深入探索复数标记的性质，厘清不同复数标记之间的共性与差异，还需要思考如何用简单的模型概括汉语甚至是世界语言中不同类型的复数。这些也是本书想要探讨的问题。

语言事实是第一性的，我们将在总结世界语言中复数语义描写参数的前提下，确定复数语义的描写框架。接着将这一描写框架应用到具体语言的复数表达的描写中，最终提出一个解释框架，对复数的不同句法语义表现及其类型进行解释。

第二节 复数研究综述及研究问题

一 复数的定义和类型

"复数"是一个看似简单但很难定义的概念,Lyons(1968:283)认为,对一种语言中"数"范畴的分析是一个非常复杂的问题。Corbett(2004)的《数》(*Number*)一书开篇提出了五个假设:

假设一:"数"就是单数和复数的对立。
假设二:所有的相关成分,比如名词,都会有"数"的标记。
假设三:有"数"标记的成分都有相同的(句法语义)表现。
假设四:"数"是强制表达的。
假设五:"数"是名词的范畴。

以上假设也是我们对"数"范畴最直观的感受。但是,经过Corbett(2004)的跨语言考察,这五个假设基本上不成立,可见"数"范畴的复杂性。

一般而言,"复数"这个术语用来指称任何非一元的集合,包括双数、三数和多数等,复数也不仅限于名词范畴,事件或性状等也可以有复数。本书的主要研究对象是名词的复数,重点关注的是复数意义范畴化或形态化的标记,即"复数标记"(plural markers)。

Link(1983)对复数的逻辑语义进行了经典刻画,复数标记-s相当于"加合算子"(summing operators)。单数名词和复数名词之间的区别并不是简单的"具体个体"(concrete individuals)和"抽象集合"(abstract sets)之间的区别,而是"原子个体"(atomic entity)集合和"复数个体"(plural entity)集合间的区别(Landman 1989)。从单数向复数的转化需要通过复数标记-s进行复数化操作,可以说,复数标记-s起的是创造复数(make plurality)的作用(详细分析可见李旭平2021)。以英语为例,假设apple有以下三个原子成员:a、b、c,我们把单数的apple和复数的apples的关系用以下格子结构表示:

4 复数的多样性与统一性

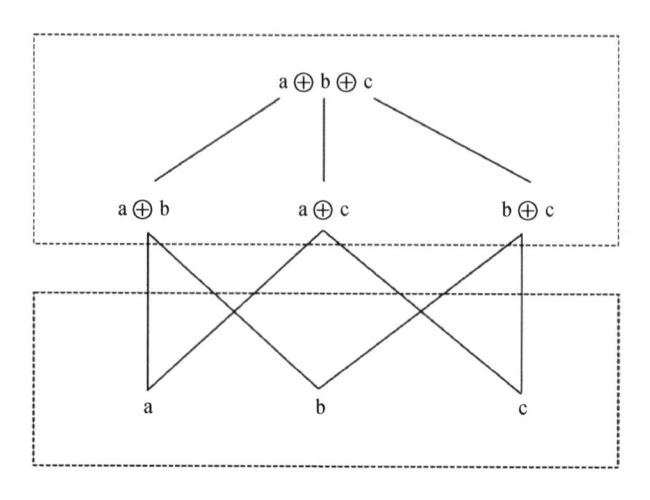

图1—1 英语复数标记 – s 的语义

图中实线区域的表示的是单数的苹果（apple），语义可以写作 〚apple〛[①] = {a, b, c}，是苹果原子个体的集合。虚线区域表示的是光杆复数 apples，语义可表示为 〚apples〛 = {a⊕b, b⊕c, a⊕c, a⊕b⊕c}[②]。二者的转换是通过加合算子、复数标记 – s 完成。从图1—1 我们也可以发现，经过加合算子转换后，得到的复数个体有两类，一类是数量为 2 的 a⊕b, b⊕c, a⊕c，一类是数量为 3 的 a⊕b⊕c，也就是说，包含模型中数量大于一的所有个体。但是，语言中也有成分对其中的某一类进行操作，如"最大化算子"可以只选择复数个体中数量最大的一类，它也满足数量大于一的意义；又比如，数量短语可以选择其中具体的数目，如"两个苹果"选择的是 {a⊕b, b⊕c, a⊕c}，也属于复数表达。因此，复数的内涵比加合算子更加丰富。

以上是从语义角度对名词复数下的定义，在语法形式上可以通过词汇也可以通过句法形态表达。在语义标准下，汉语中的"小王他们""学生们"，并列结构"我和你"以及量词重叠形式"片片树叶"等都属于名词的复数，甚至光杆名词也可以有复数性，如 Chierchia（1998a, b）

[①] 本书用形式语义学 〚X〛 符号或者例句中的粗体表达求"X"的指称的含义。
[②] Rothstein（2010）等学者认为，复数的指称也包括原子个体，即 〚apples〛 = {a, b, c, a⊕b, b⊕c, a⊕c, a⊕b⊕c}。这不影响复数标记是加合算子的性质。

就认为汉语的光杆名词都是不可数的，具有内在复数性（inherent plurality）。不一定所有的复数名词都有形态标记编码，跨语言来看，同一种复数语义也不一定使用同一种方式进行编码。张宁（Zhang 2014）认为，汉语普通话中，除了"些"和"们"之外，汉语有多种其他形式表达复数，量词的重叠也是表达复数的形态手段之一，如"片片树叶"表示树叶片数大于一片。

可以看出，复数既是一个语义概念，也是一个句法概念。下面从分类的角度简要介绍世界语言中对复数的认识。

（一）复数的分类

从跨语言的角度来看，复数有多种不同的类型和分类方法，在 WALS（the World Atlas of Language Structures[①]）中，主要介绍了人称代词复数、加合复数（additive plurals）和连类复数（associative plurals）等。在 Corbett（2004）这一经典文献中，还可以看到更加丰富多样的复数表达。语言往往只对其中的一种或者几种复数类型进行形态或句法上的编码，其他的复数语义通过词汇手段表达。因此，本书并不研究所有复数语义的表达手段，仅关注复数形态化手段中的其中一类，即"复数标记"（plural markers）。对于汉语普通话及方言而言，复数标记指的是后附于名词或名词短语，标示名词（短语）具有复数特征的标记。

目前被讨论最多的复数类型有两类四种。一类是"真性复数"（additive plurals）和"连类复数"（associative plurals）；另一类是"累加复数/分类复数"（cumulative plural/type plurals）和"群体复数"（group plurals）。这两类并不是完全独立的，在许多地方存在交叉，只是划分的标准不同。比如一些研究认为，连类复数结构的语义就是群体复数（Vassilieva 2005 等），但是语义上的群体复数解读里面不仅仅包括连类复数结构，还包括一些群体名词等（Landman 1989；Link 1983 等）。我们下面分别介绍这两类复数的语义及相关研究。

对于汉语复数研究者而言，"真性复数"和"连类复数"是最为熟悉的一对概念，这也是世界语言中被研究最多的两种复数结构。Daniel & Moravcsik（2005/2013：150）在 WALS 认为，二者的区别可以用两个语

[①] 著名的语言类型学研究平台，在线网址为 http：//wals.info。

义特征区别开，首先是"指称异质性"（referential heterogeneity），真性复数集合中的成员是同质的，每一个复数形式的指称与它词根的指称都是相同的，如 boys 指称的事物与词根 boy 相同。但是，连类复数结构如日语的 *Tanaka-tachi* 并不是多个名字叫作 Tanala 的人的集合，而是"Tanala 和与之相关的人"。其次是"群体指称"（reference to groups），连类复数指称一个"具有紧密连接的个体的集合"。

根据 Daniel & Moravcsik（2005/2013：150），连类复数结构包含一个名词 X（表人名词，通常是人名和亲属称谓名词）及其他成分（通常是一个词缀、词尾或者实词），表达的意思是"X 以及其他与之相关的人"。其中 X 在这一结构中属于"锚定成分"（focal referent），其他成分属于相关成分（associates）。

在世界语言中，连类复数结构有多种表达策略。Daniel（2000：34—52），Moravcsik（2003）以及 Vassilieva（2005）总结了语言中多种标记连类复数结构的策略。如果以 X 为锚定成分，这些策略可以表示为 X + POSS. PL（X + 领属._{复数}），X + THEY（X + 他们），X + MOB（X + 群体），X + COLLECTIVE SUFFIX（X + 集合词缀），X + AND/WITH/ALSO（X + 和/伴随/也），X + and + them（X + 和 + 他们），X verb. PL（X 动词._{复数}），X + ???（X + 无法定性成分），如例（1），例引自 Vassilieva（2005：10—12）。

(1) X-POSS. PL
a. Mih-ov-i（Lanko Marušič）　　斯洛文尼亚语 < S. Slavic < IE
　 Miha-_{POSS-PL}
　 i . Miha 和她的家人/朋友/团体　　——连类复数
　 ii . Miha 的家人/朋友/团体　　　　——领属关系
X-They
b. su Tankò　　　　　　　　　　豪萨语 < Chadic < Afro-Asiatic
　 they Tanko
　 Tanko 及其他人
c. 小王他们　　　　　　　　　　汉语普通话
　 xiaowang-they

小王及其他人

X-MOB

d. Rénzi yīhuo　　　　　　　　北京话 < Sino-Tibetan

　　Renzi people

　　仁子一伙（仁子及其他人）

X-COLLECTIVE

e. awa-Tyemeny　　　　　　　NANGIKURRUNGGURR 语

　　　　　　　　　　　　　　< Australian

　　PL-Tyemeny

　　叶米粒和他的孩子/朋友/家人等

X + AND/WITH/ALSO

f. Mere maa　　　　　　　　　毛利语 < Austronesian

　　Mary and

　　玛丽及同伴

X-AND-THEM

g. Pa en dié　　　　　　　　　南非荷兰语 < W. Germanic < IE

　　Dad and those

　　父亲及其他人

X-VERB. PL

h. Brian gew（Corbett 2004：191）马耳他语 < Semitic < Afro-Asiatic

　　Brian came. PL

　　布赖恩和他的家人/朋友来了。

Peter + ???

i. Lumma-ghask　　　　　　　布拉灰语 < North Dravidian

　　mother-???（Brays 1909：41，转引自 Daniel 2000：38）

　　妈妈和她的团体

根据 Moravcsik（2003：489），典型的连类复数结构在复数的语义参数上的表现（见表1—1）：

表1—1 典型连类复数的语义表现

语义参数	典型连类复数语义表现
名词类型	有定，大多是指人名词，也可能是有生个体
列举性	部分列举
内聚性	基于群体（group-based）
等级	1. 等级型（ranked） 2. "锚定成分"（focal referent）以单数、有定、表人、个体名词为主导，遵循"专有名词＞有定亲属名词＞有定职位名词＞其他有定名词＞表人名词"偏向性等级 3. "相关成分"（associatives）以有定表人名词为主导，与锚定成分性质相当。存在以下偏向性等级：（a）表人名词＞有生名词；（b）家庭关系＞朋友关系，共同参与活动关系＞临时组合关系
量化	双数、复数；不能再接受复数标记、数量词、量化词的量化①
"集合—分配"解读	集合解读和分配解读都有可能
"包含—排除"解读	排除解读②

在"量化"参数上，连类复数本身是有定成分，其前不能再接受复数标记、数词/数量短语、量化词的修饰。比如，汉语中有连类复数结构"小王他们"，但是没有"［三个［小王他们］］""［一些［小王他们］］"等表达。

此外，在"包含—排除"解读这一参数考察的是"X＋复数标记"指称的是一个"概念"还是具体的个体，如果指称的是一个概念，则是"包含解读"，包含单数原子个体，否则就是排除解读。典型的连类复数结构（如"小王他们"），表达的是"小王及与他相关的群体"，显然是表达具体的个体，而不是某个概念，因此具有"排除"解读。为了与真性复数对比，我们将这两条补充在表1—2 中。

---

① 这一条是笔者所补充，Moravcsik（2003）原文只有"dual（双数）""plural（复数）"两条，我们增加了被其他量化成分修饰的情况。"双数"和"复数"之所以被分开，是因为复数有严格定义和宽松定义之分，严格定义下的"复数"不包括"双数"和"三数"，因为"双数"和"三数"在一些语言中有自身独特的标记。

② 这一点是笔者根据该参数的定义归纳得出的，并非来自作者原文。

"真性复数"的典型代表是英语中的复数标记 -s，根据定义，它与"连类复数"区分开主要依据的是集合内部成员的"同质性"(homogeneity)，以及成员之间是否具有紧密联系，前者可以用列举性和等级性定义，后者可以用内聚性定义。下面以 -s 为代表，我们得出其语义表现，加粗的部分是与连类复数不同的。

表1—2　　　　　　　英语真性复数 -s 语义表现

语义参数	英语真性复数 -s 语义表现
名词类型	**没有有定性要求；可数名词，对生命度没有限制**
列举性	**加合型（summing）**
内聚性	**分类复数**
等级	**非等级型（unranked），成员间地位平等**
量化	双数、复数；**可以受数量短语、量化词修饰**
"集合—分配"解读	集合解读和分配解读都有可能
"包含—排除"解读	**包含解读**

从表1-2中我们可以看出，在七种参数中，真性复数和连类复数有六种表现出差异，二者似乎是截然相反的两类复数标记。但是，在许多语言中，真性复数和连类复数使用同一个标记，汉语普通话的"们"也是其中一个代表（吕叔湘1985）。

（2）a. Hixkaryana 语（Cari bet al. 1985：132 - 133，转引自 Daniel & Moravcsik 2005/2013：151）

连类复数：Waraka komo

Waraka and those accompanying him

瓦拉卡和他的同伴

真性复数：hawana komo

visitors

多位参观者

（3）a. 祥子们 _{祥子和他的同伴}

b. 学生们 _{多位学生}

在 WALS 调查的 236 种语言中，有 104 种语言的真性复数和连类复数使用同一个标记，比例是最高的，约占 44.1%。具有特殊的表达连类复数词缀的语言有 48 种，约占 20.3%。通过一个或多个自由语素表达连类复数的有 47 种，约占 19.9%。没有连类复数的有 37 种语言，约占 15.7%（Daniel & Moravcsik 2005/2013）。

表1—3　　　　　　　　真性复数与连类复数所用标记

参数	数量
真性复数和连类复数使用同一标记	104
词缀性连类复数	48
复杂形式连类复数	47
无连类复数	37

这不禁让我们思考，为何从语义到句法分布上差异如此巨大的两类复数标记，在一些语言中会采用同一种标记呢？连类复数和真性复数同用一个标记的比例如此之高，到底何种是其初始意义？哪些语义参数才是决定二者区别的真正参数？它们二者又是否有演化关系呢？我们会在本书第六章集中讨论这一问题。

（二）复数的分类

Link（1983），Landman（1989）等一系列文章对复数的语义进行了分类，一类复数具有"累加指称特征"（cumulative reference property），我们称之为"加合/累加复数"（additive/cumulative plural），另一类是"群体名词"。群体解读是与"内聚性"参数相关的，尽管在英语中使用词汇形式表达这一类具有群体解读的名词短语，但不排除其他语言中有专门的形态标记表达群体复数。我们采用 Moravcsik（2003）的术语将其称为"群体复数"（group plurals），因为这类名词语义上蕴含着复数的个体。这种分类目前还没有得到足够的重视，这部分我们会详细介绍。

无论是"累加复数"还是"群体复数"，复数集合和个体之间都存在整体和部分的关系。Landman（1989：560）在其文章中特意强调要区分两种"部分"关系。我们发现，两种部分关系在"分体逻辑学"（Mereology）中被分为"结构化部分"（structured parthood）和"非结构化部分"（unstructured parthood）。根据 Aloni & Dekker（2016），这两种部分关系的最大区别在于是否在认知上是显著的（salient），如"parthood"这个单词中，hood 是"parthood"的一部分，rtho 也是"parthood"的一部分，但是前者是结构化部分，因为 hood 是一个词缀，附在词根 part 后面，因此是显著的；而后者是非结构化部分，是从单词中任意抽出几个单词组成没有意义的部分。

这两种关系体现在语言上，表现出"传递性"（transitivity）上的差异。例（4）中的关系为结构化的关系，如"我的手"是"我"的结构化部分，"我"是"我的家庭"的结构化部分，但是不能说"我的手"是"我的家庭"的一部分，即不满足这种传递性。但是，例（5）中，John 是 John and Mary 的一部分，John and Mary 又是 John and Mary and Lisa 的一部分，那么 John 也是 John and Mary and Lisa 的一部分，它们满足传递关系。这种关系称为非结构化的部分关系。从本质上说，是因为一旦整体和部分被结构化，就不单纯是加合关系，而是附带了结构的意义。英文中的复数名词 NP-s 是一种单纯的加合关系，如 students 中有 10 个人，任意抽出 3 个人，组成的集合一定是 students 的一部分。

(4) 我的手 vs. 我 vs. 我的家庭
(5) John vs. John and Mary vs. John and Mary and Lisa
(6) student 与 students

因此，从整体与部分的关系来看，累加复数是通过"加合算子"（summing operator：Link 1983）构建的，复数整体就是部分之和。群体复数不仅是"部分"的加合，还需要通过团队形成（group formation）函数"↑"构成整体，整体大于部分之和（more than the sum of its parts, Landman 1989：572）。

Landman（1989：572）提出，如果一个复数个体组成的集合存在"整体大于部分之和"的意义，那么这个表达就含有"群体解读"（group reading）。Landman（1989）等文章将英语中 group, committee 等存在群体解读的名词称为"群体名词"。在定义下，我们认为，群体解读是与"内聚性"参数定义下的"群体复数"(group plurals)一致的,都指称一个由复数个体内聚成的整体。尽管在英语中使用词汇形式表达这一类具有群体解读的名词短语,但不排除其他语言中有专门的形态标记表达群体复数。

我们之所以采用 Moravcsik(2003)的术语将具有群体意义的名词称为"群体复数"名词,是因为这类名词语义上蕴含着复数的个体,可以充当复数代词 they、复数所有格 their 等的先行词,如例(7a—c)。在英式英语中,这类名词形式上是单数但是谓语动词有时可用复数,如例(7d)。例句均引自 de Vries(2017:185)。

(7) a. *The committee* debated for two hours before *they* could agree on a solution.
b. *HUD* will continue to enforce the Fair Housing Act to ensure that no family has *their* housing options limited because of their race.
c. *The crew* was obviously enjoying *themselves* and having fun with the script.
d. This art collective *are* always dressed in black.

将"累加复数解读"和"群体复数解读"区分开,有以下原因:(1)和累加复数不同,群体复数不具有累加指称特征。(2)群体复数在"参与性"(involvement)上与累加复数不同。(3)从句法上,因为累加复数是复数个体集合,句法上表现为复数;而群体复数语义上虽然是复数,但是句法上却相当于单数个体,谓语动词可使用第三人称单数。下面举例说明:

同样是大卫、克里斯和杰瑞这三个人,假如他们组成一个团体叫作"The Wonder(奇迹组合)",这个群体名词不再具有累加指称特征,即群体成员的特征不能传递给群体,因为群体不是部分的简单加合关系,而是一种组成关系(consist of relation, Landman 1989:572),具有了群体独立的特征。

(8) a. David and Chris and Jerry are pop stars.
　　b. *The Wonder are pop stars.
　　c. The Wonder consists of pop stars.
(9) a. 吴奇隆是明星，苏有朋是明星，陈志朋是明星。
　　b. *小虎队是明星。
　　c. 小虎队是由明星组成的。

同理，例（10a）中，John 和 Bill 都是律师，如果组成了一个委员会 Committee A，当把委员会看成一个团体时，不能蕴含例（10b）Committee A 是律师，只能说 Committee A 是由律师组成的（例句引自 Landman 1989：572）。汉语中，群体复数名词也有相同表现，例（11b）句子是不合法的。

(10) a. John and Bill are judges.
　　 b. *Committee A are judges.
　　 c. Committee A consists of judges.
(11) a. 金立鑫是老师，池昌海是老师，彭利贞是老师，陈玉洁是老师，李旭平是老师。他们组成答辩委员会。
　　 b. *答辩委员会是老师。
　　 c. 答辩委员会是由老师组成的。

Landman（1989：581）认为，个体在一些特定的情景下被集合在一起（比如 David，Chris 和 Jerry 组成一个流行组合），通过这种情景，群体拥有了自己的生命力，独立于个体成员的特征，也不再是群体成员的简单加合。

此外，群体复数和累加复数在"参与性"特征上具有不同表现，群体复数不必具有"参与性"，允许成员缺席而不影响句子真值，而累加复数必须具有参与性，缺席会影响句子真值。如例（12）假如 The Wonder 组合中 David（大卫）生病缺席在家未参加在 Holland 的演唱会，例（12a）句子依然成立。但是对于例（12b），大卫的缺席会使得这个句子真值为假。例（13）也不需要所有人都投赞成票才成立，一般情况下多数人投了赞成票该句子就能成立。

(12) a. The Wonder gave a concert in Holland.
b. David, Chris and Jerry gave a concert in Holland.
(13) 委员会对这个法案投了赞成票。

群体解读时，虽然语义上是复数个体的集合，但是集合成员构成的团体是单个的，相当于集合的集合（〚*The Wonder*〛 = {David⊕Chris⊕Jerry}），可以看作一种特殊的个体（entity）。因此，句法上相当于单数，在英语中谓语动词可以使用单数。

(14) a. The Wonder **consists** of pop stars.
b. That group **is** the champion of this match.
c. Fish and chips **is** a popular take-out food dish from the United Kingdom, composed of battered and breaded fish deep-fried in oil with a side of deep-fried potatoes. [①]

Link（1983）将原子与加合分成两类：一类是"单纯原子"（pure atoms）和"单纯加合"（pure sums），单纯加合只对单纯原子起作用；另一类是"非单纯原子"（impure atoms）和"非单纯加合"（impure sums），非单纯加合只将非单纯原子作为部分（part）。

这两种复数可以通过群体形成（group formation）算子"↑"和成员凸显（member specification）算子"↓"两个算子进行转换。

(15) "↑"是一个从单纯加合（pure sums）到非单纯原子（groups）的函数。
(16) "↓"是一个从非单纯原子（groups）到单纯加合（pure sums）的函数。

---

① 源自网站 https://www.wikihow.com/Make-Fish-and-Chips。

我们举例说明群体复数的形成过程。假设 David，Chris，Jerry 三人都是 pop star（流行明星），他们三人组成了一个流行组合名为 The Wonder。例（17）、例（18）分别是单数和累加复数的指称。

(17) 〚 *pop star* 〛 = {David, Chris, Jerry}

(18) 〚 *pop stars* 〛 = {David⊕Chris, David⊕Jerry, Chris⊕Jerry, David⊕Chris⊕Jerry}

如果构成一个组合，要经历以下操作：首先谓词 Talking Head（成员为 David，Chris，Jerry，Tina 四人）的指称为例（19），经过加合操作，幂集去除空集后的 *Talking Head 指称为例（20），接着通过最大化算子 σ 挑选出最大的集合，如例（21），由于这个过程应用了最大化算子（相当于英语中 the 的语义），因此团体具备了"有定性"特征。接下来应用群体形成函数"↑"，最后的结果是得到一个集合的集合，即三位成员构成一个群体的复数，如例（22）。朴素地说，形成一个团队复数，经历了"加合+最大化挑选+打包"三个过程（引自 Landman 1989：584）。

(19) 谓词 Talking Head 的指称是：
{{d}, {c}, {j}, {t}}
(20) 谓词 *Talking Head 的指称是：
{{d}, {c}, {j}, {t}, {d, c}, {d, j}, {d, t}, {c, j}, {c, t}, {j, t}, {d, c, j}, {d, c, t}, {c, j, t}, {d, c, j, t}}
(21) σx. *Talking Head (x) 的指称是：
{d, c, j, t}
(22) ↑ (σx. *Talking Head (x)) 的指称是：
{{d, c, j, t}}

这种分析可以解释为什么群体复数并不继承个体所具有的特征，并且不要求参与性，以及在句法上表现为单数。上文例（18）谓词性成分

be pop stars 是个体集合｛｛David｝，｛Chris｝，｛Jerry｝｝所拥有的特征，而形成群体复数后，David，Chris，Jerry 三者已经"打包"成了一个集合｛｛David，Chris，Jerry｝｝，集合成员不再是个体而是集合（集合的集合），这个集合拥有了自身的其他特征。因此，群体复数既不继承个体的特征，也不要求参与性，此外"打包"成群体后，集合可以看作单数个体（entity），因此句法上谓语可以使用第三人称单数。

Barker（1992）也比较了群体复数名词（group terms）、复数名词（plural terms）和并列结构（conjoined terms）在真值和接受度上的区别，再次确立了群体复数名词的独立地位。

(23)	Group terms	plural terms	conjoined terms
	the committee	the men	Bill and John
	that group	those people	the men and the women
	the list of reasons	the members of group	the chairman and the secretary

假设 Bill and John 两个人都是男人（the men），组成了一个委员会（the committee），那么三种名词复数形式的外延是相同的，但是使用三种不同方式编码。Barker（1992：71—73）从以下五个方面比较了三者在句法语义上的差异。

(24) a. The men died.
　　 b. Bill and John died.
　　 c. The committee died.

例（24a、b）句子要为真满足的条件是相同的，即 Bill 和 John 都去世。但是例（24c）的解读不同，如果例（24c）为真是一种比喻的用法，指的是这个组织作为一个整体解散或者不存在，并不意味着 Bill 和 John 去世。就算二者去世，组织也不一定不存在，可以有新的成员加入①。

(25) a. The men fathered two children. 这两个男人是两个孩子的父亲。
b. Bill and John fathered two children. 比尔和约翰是两个孩子的父亲。
c. The committee fathered two children. ???这个委员会是两个孩子的父亲。

Barker（1992）认为，例（25c）并不是例（25a）和例（25b）的蕴含（entailment）意义，也就是说，群体复数不能继承它的成员的性质。上文的 Landman（1989）也采用了这一观点。

(26) a. The men first met ten years ago.
b. Bill and John first met ten years ago.
c. The committee first met ten years ago.

同样，例（26a）和例（26b）两句具有相同的语义，但是例（26c）句难以接受，尤其是加上副词 first（第一次）之后。假如委员会在比尔和约翰第一次见面后几年内成立的话，这个句子就更难接受了。

(27) a. The men are members of the committee.
b. Bill and John are members of the committee.
c. The committee is a member of the committee.

有一些性质是团队成员具有的，但是团队本身不具有。比如，例（27a）和例（27b）两句中的"be members of the committee"（是委员会的成员），因此例（27a）和例（27b）都是合理的，但是例（27c）句是

---

① 作者也提到一些人认为 c 句和 a，b 句相同的意义，但是此时已经不再将 the committee 看作一个整体，不再表示"委员会"的意义。

自相矛盾的。

同理，也有一些性质是团队具有的而团队成员不具备，如"had two members"（有两位成员）因此下面的句子中，例（28a）和例（28b）不合理，但是例（28c）成立。

(28) a. #The men had two members.
　　　b. #Bill and John had two members.
　　　c. The committee had two members.

Barker（1992）提供的五种测试的核心思想是群体复数和累加复数的成员的性质是不同的，群体复数是一个原子（atom），累加复数是一个集合（set），三种复数指称形式可以表示为 ⟦ *the men* ⟧ = {Bill, John} ≠ ⟦ *the committee* ⟧ ；⟦ *the committee* ⟧ = ↑ {Bill, John} = {{Bill, John}}。因此出现在相同的事件中产生的解读不同。

Barker（1992）还提供了一种操作性的定义，群体复数名词能够带一个包含复数成分的 of 结构，如 the **group** of armchairs/ *armchair，a **team** of rivals/ *rival，而累加复数是不可以的。

总结 Landman（1989）和 Barker（1992）中的测试方法，群体复数与累加复数的句法语义区别可以归纳为四点：一是句法上群体复数引发谓语动词单数一致性（agreement），累加复数引发复数一致性；二是语义上群体复数名词具备的特征不能传递给个体，累加复数具备的特征可以传递给个体；三是群体复数不要求参与性，累加复数要求参与性；四是形式上群体复数名词能够带一个包含复数成分的 of 结构。

在上文中学者们普遍认为，一旦群体形成，就得到了一个新的个体。群体作为新的个体具有了自身的生命力，与团队中成员的性质不再相同。但是，团队毕竟是由其中的成员组成，它们之间的连接并没有中断。群体复数内聚性的强弱会影响特征传递的合法性以及在分配性谓词句中的解读：内聚性强的群体复数，更难接受特征传递，接受分配解读的能力较弱；内聚性弱的群体复数，更容易进行特征传递以及获得分配解读。尽管如此，同为典型的群体复数名词，专名群体和非专名群体复数的语义是有区别的，专名类群体复数更难以接受特征传递，更难以产生分配解读，内聚性更强。

但是，也有一些证据表明，群体复数和累加复数二者可以进行转换。这似乎又说明复数名词的群体意义不完全取决于名词自身，可能是谓词或者其代表的事件带来的。

首先，并不只有群体名词才能产生群体复数解读，David and Tina 还有 The boys 这样典型的累加复数名词，Link（1983）认为也能有群体解读。但是，它们群体解读的产生，显然是和谓词表达事件的性质甚至语境相关，不是名词本身具有群体复数意义。

一种是惯常组合（conventionalized coordinations），Winter（2001）曾举出例（29）这个例子。句法形式上 Simon and Garfunkel 是一个并列结构，一般来说属于累加复数，当 Simon and Garfunkel 作为一个惯常组合时，已经构成一个群体，因此 a 和 b 两个句子并不具有蕴含关系。比如说，当只有 Garfunkel 在唱歌，Simon 在弹吉他时，a 句是成立的，但是 b 句不成立。

(29) a. Simon and Garfunkel are singing in Central Park. ↛ b. Simon is singing in Central Park.

另一种是有定复数也可以不表示全体成员，如在例（30）中，"the reporters"是一个典型的累加复数名词，但是在语境中，a 句为真不一定要满足所有的记者都问了总统问题，也就是说，符合了群体复数名词不必具有"参与性"特征。此时，在场的记者可以被看作一个整体，只要有人问了总统问题即为真。

(30) a. At the end of the press conference, the reporters ask the president questions. ↛ b. Every reporter ask the president a question (Dowty 1987).

Simon and Garfunkel 和 the reporters 是在特殊语境中获得了群体解读，也是集合解读，这种解读是谓词或者语境外的信息带来的，并不是 Simon and Garfunkel 以及 the reporters 词汇本身具有的群体复数的特征。

此外，只有"有定复数"（plural definites）才有群体复数解读，无定的复数就没有群体复数解读。因此，有定性和群体解读是相关的，在前辈的研究中虽然认为 group，committee 等是群体名词，但是在实际的分析中都是用 the group 或 Committee A 等有定形式。Champollion（2017，2020）也意识到了有定性对集合与分配谓词判断的差异，在刻画这两类谓词时特意选择了无定的主语形式。只有满足例（31a）到例（31b）蕴含关系的谓词才是分配谓词。

（31）a. Three people PRED.
b. Three people each PRED.

其次，群体复数名词也可以产生累加复数语义解读。Landman（1989：578）认为应用成员凸显函数"↓"，可以将群体复数转化成累加复数，consist of 关系可以看作这种转换的语法显现，如例（33）。

（32）↓（↑（σx. ***The Wonder** (x)））= {David⊕Chris⊕Tina}
（33）The Wonder consists of pop stars.

此外，一些情况下，部分群体复数名词充当分配型谓词的主语时，既有累加特征性质（能够进行特征传递），也能够产生分配解读，从 a 句到 b 句的蕴含关系可以成立。

（34）a. Every one of the team sat down. →b. The team sat down.
（35）a. Every one of the team died in a plane crash→b. The team died in a plane crash.

Barker（1992）将上述解读称为"群体—分配解读"（group-distributive reading），在句法上，也有单复数一致性表现，如例（36）中，The committee 既能引发单数也能引发复数"一致性"（agreement）。但是他认为这种用法出现在某些美国英语方言中，另一些英语方言中只能接受 a 句，b 句是不合法的。

(36) a. The committee is old.
　　b. The committee are old.

当群体复数名词 The committee 引发复数一致性时，不再能够看作一个整体，而是指称群体中成员，例（36b）的意思是"委员会中的成员年纪很大"，此时相当于累加复数解读。但是，当群体名词用于具有累加特征的谓词前，群体复数名词必须具有参与性，如 The team died in a plane crash 这个句子要成立，必须是所有团队成员都在一次飞机失事中丧生。上文提到，群体复数名词的一大特征是，不要求参与性，如例（37）中，团队有成员缺席时句子依然成立。因此我们认为这种语义只是在特定语境中获得的，不是群体复数名词本身的语义。

(37) The team gave a concert last night.

但是，并不是所有的群体复数名词在分配性谓词语境下都能获得累加复数解读，对于专名类的群体复数，特征传递不成立，会导致句子的不合法，例（38）和例（39）中从 a 句到 b 句的蕴含关系不成立。这说明这一类群体复数名词群体性更强，难以被分配型谓词分配。

(38) a. Every one of the Wonders is a pop star. →b. $^{???}$The Wonders are pop stars.
(39) a. 吴奇隆是30多岁，苏有朋30多岁，陈志朋30多岁。→b. *小虎队30多岁。

在上文中，学者们普遍认为，一旦群体形成，就得到了一个新的个体。群体作为新的个体具有了自身的生命力，与团队中成员的性质不再相同。但是，团队毕竟是由其中的成员组成，它们之间的连接并没有中断。群体复数内聚性的强弱会影响特征传递的合法性以及在分配性谓词句中的解读：内聚性强的群体复数，更难接受特征传递，接受分配解读的能力较弱；内聚性弱的群体复数，更容易进行特征传递以及获得分配解读。尽管如此，同为典型的群体复数名词，专名群体和非专名群体复数的语义是有区别的，专名类群体复数更难以接受特征传递，更难以产生分配解读，内聚性更强。

综上所述，群体意义是群体复数内在的语义，不完全是由谓词决定的，因此群体复数和累加复数可以看作两类不同的复数。

二 普通话复数标记"们"的研究

汉语中的复数标记十分丰富（参见彭晓辉 2008；李蓝 2008 等），几乎所有汉语方言中的人称代词都有复数标记，一些语言中的复数标记更是扩展到了表人名词甚至普通表物名词后。对于汉语的复数研究而言，最深入的当属普通话的"们"，"们"与英语复数标记的差异更是引起了全世界语言学家的关注。我们这一节介绍"们"的研究中，学者们重点关注的汉英差异以及需要解释的语言事实。

汉语中的"们"无疑是受到最多研究者关注的表复数义标记。传统语言学对"们"的研究主要是对其来源的研讨，祖生利（2005）从"们"缀的书写形式，来源和用法三个方面综述了 20 世纪 40 年代以来对"们"的研究。从来源上看，有三种主流的看法：来源于"辈"，来源于"物"和来源于"门"。这三种看法都有大家的支持，至今仍然没有达成共识。近年来，江蓝生先生（2018）进一步从方言材料出发论证了"们"来源于"物"的观点。历时的研究关注的多是语音和词源上的演变。从共时的角度看，研究清楚共时状态下"们"的分布和用法，再与历史上及方言中"们"的各种可能来源进行对照，即所谓的"普方古"相结合的研究方法可能是较为可靠和全面的。

从语法角度对"们"字进行的研究也非常多，综述可见：彭晓辉（2008：98—103）、陈俊和（2009）、林若望等（2020）等。我们接下来主要介绍共时层面"们"的几种典型分析。

（一）吕叔湘（1985）："们"的用法超出西文复数词尾以外

吕叔湘先生 1949 年在《国文月刊》中发表的《说"们"》就曾关注到"们"的特殊性。在《近代汉语指代词》中，吕叔湘（1985：61—85）进一步对"们"的一些基本用法进行了介绍，认为"们"字的作用不完全是化单为复，超出西文的复数词尾的作用以外。我们将主要的观点摘录如下：

第一,"们"字最常见也是最重要的用法是加在代词"我、你、他、咱"以及准代词的尊称、谦称之后,造成一种复数形式。

第二,名词后头附加"们"字,有点儿像西文的复数变化但是不完全相同。一方面,不是所有指多个事物的名词都必须或者可以加"们"(如有例外多出现在元代,可能是语言接触的结果)。也就是说,"们"表复数不具有强制性且具有对名词的选择性。

第三,名词前面有了确定的数目,后头就不再加"们",我们说"孩子们""客人们"但是不说"两个孩子们""十个客人们"。但"这些""那些"之后常见。

第四,在一个名词包括某一类人物的全体,即所谓"类数"(the generic number)的时候,照例不加"们"字。如"女儿是水做的骨肉,男人是泥做的骨肉(《红楼梦》2.10)"中,"女儿"和"男人"都不加"们"。

第五,"们"字有"真性复数"和"连类复数"两种意义,"人名+们"可以表达连类复数的意义。此外,还有"父子们"总括两个有关系的名词的用法,跟一个连词异曲同工,"父子们=父亲和儿子"。

吕先生的基本观点还是认为"们"是一个复数标记。这种观点广为接受,如陶振民(1991),袁梅(1996),张斌(1998),储泽祥(2000),李艳惠、石毓智(2000),伍雅清、胡明先(2013)等。

吕先生对"们"的观察奠定了后期对"们"研究的基础,尤其是从汉语"们"和英语复数标记比较中提出了"们"的独特之处。在此基础上,童盛强(2002)提出"们"具有表达"有定"的意义。张谊生(2001)提出"们"的主要功能是表达"群体义"。而"连类义"和"交互义"有越来越萎缩的趋势。专有名词后的"比况义"有所发展,连类义逐渐减少。杨炎华(2015)则提出"们"不一定要作统一分析,用在普通名词或普通名词短语后的"们"是复数标记;用在专有名词和专有名词短语后是集合标记。这种观点与赵元任等人的观点是一脉相承的(Chao 1968;Norman 1988;Cheung 2003;Hsieh 2008)。

针对"们"和数量短语不共现的现象,学界也先后进行了大量的研究,胡裕树(1981),陈光磊(1987),袁梅(1996),储泽祥(2000),伍雅清、胡明先(2013),桑紫宏(2016)等都认为"名词+们"不能被表示确量的数量短语修饰。但是，邢福义（1965）发现，"名词＋们"可以被表示不定数或者概数的词语共现，如"一批青年同志们"。储泽祥（2000）和杨炎华（2015）认为，"们"应该是表不确定量的复数助词或者复数标记。此外，更新的研究发现，表示确数的数量短语并非完全排斥和"名词＋们"共现，陈玉梅（2015）在语料库中发现了大量的用例，早在西原史晓（2009）通过"们"和数量表达的共现频率，得出了"确数结构＜数词连用型概数结构＜使用概数词'多、来'的概数结构＜使用不定数词'几'的概数结构＜不使用量词的概数结构＜使用集体量词的概数结构"。以上都说明，量化成分和"名词＋们"的共现可能具有一定的倾向性。但是，造成这种倾向性的原因是什么？这是值得进一步研究的问题。

林若望等（2020）对"们"的使用限制进行了更详细的考察，在综合了前人看法并且核对语料后发现，"们"需要一个名词短语（DP）作为其"补语"（complement）。英语中的复数标记则是选择一个名词（NP）作为补语，这可能是汉语"们"和英语－s的重大区别之一，这一区别会产生一系列的"连锁反应"。

此外，由于汉语和印欧语复数的差异，"们"也吸引了国外许多学者的关注。尤其随着新的语言学理论的发展，学者们对"们"的兴趣一直延续至今，希望能为"们"的复杂用法提供统一的解释，甚至是对汉语和其他语言复数标记用法进行统一解释。

（二）胡裕树（1981）和 Iljic（1994）等："们"是"群体"或"集合标记"（collective marker）

胡裕树（1981）、宋玉柱（1982）、陈光磊（1994）、张斌（1998）和张谊生（2001）等主要通过"们"不和表确数的数量短语共现，认为"们"具有"群体"的语法意义。赵元任（1968）认为，"N们"指集体，所以不能加数词修饰。张斌（1998：216—217）等也认为，加数量词是把事物一个一个来计算的，"们"则是把事物当作一个整体，因此不能说"三个同学们"。

Iljic（1994）最早在西方语言学界提出汉语中的标记"们"并不是复数标记（plural marker）而是集合标记（collective markers），准确地说是一种主观集合（personal collective）标记。"们"由一些已经设定的元素构建出一个群体（-men constructs a group from several already posited elements）。在文章的第 94 页，他又提到所谓的 collective（集合）与 group（群体）意义是等同的。这个群体意义是如何得出的？Iljic（1998）给出了四点理由：

首先，"N-们"不可能获得类指解读（generic reading）。这一点吕叔湘（1985：69）也有提及。

(40) a. 他们是老师。
  b. *他们是老师们。

其次，"N-们"总是表有定，指向语境中锚定并且有定的群体。因此不能用于"有"字存现句的宾语位置。

(41) a. *有人们   有人
  b. *没有人们 没有人

再次，在演讲的场合，这个群体由说话人以及与他有关的人所决定（the group is defined by the speaker relative to himself），对着听众演讲时，说话人构建了这个群体。"女士们先生们""朋友们"的意义相当于英语中一个描述性的"你们"（qualified *you*）。在叙述中，当一个名词被"们"附缀，通常有一个"主题—定位成分"（subject-locators），是这个群体最容易被看见的人。

(42) a. <u>司马光</u>和小朋友们。
  b. 水手们称他<u>张舰长</u>。

这种与定位成分的深层联系在英语的翻译中通常使用"领属形容词"（possessive adjective），它的功能不是标记"所有"，而是表达与某个特定人物的相关的"定位"关系。

最后，当语境中只有说话人而没有"定位成分"时，就会产生一种情态意义（modal value）。有学者称之为"共情"（sympathy），在台词的语境下，可以表达作者与所描述的人情感联系，如例（43）中的"们"可表达对战士们的喜爱和亲近。

  （43）太阳再热，也热不过战士们的心去。

  由于此时没有"定位成分"，只有描述者或说话人。把说话人看作第一人称"我"，那么被描述的"N-们"就是第三人称。此时"们"是一个"共情标记"（sympathy markers）。当"定位成分"与"说话人"不同时，总是"说话人"决定了看问题的视角，"们"所选择的视角与主观态度有关。因此"们"应该被称为"主观集体"（personal collective）标记。这也可以解释为什么"们"很少出现在客观（impersonal）的语境中，比如法律语境（尽管法律也涉及任何人之间的关系）。

  从这个角度来说，"N-们"与人称代词（复数）非常相似，二者甚至具有平行关系。根据 Benveniste（1971：204，转引自 Iljic1994：97），人称代词的功能是计算与主观源头（subjective origin）的位置关系。第一人称是与说话人相同，第二人称是与说话人不同，第三人称是与说话人没有关联（disconnection）。所谓的人称代词复数形式并不是元素的增加，而是根据他们与源点的关系，将人组合成一个整体。英语中的 We 不是多个 I 的叠加，而是由 I 代表的群体。汉语的"们"是一个与"主语—定位成分"有关的群体组合函数（a grouping relative to a subject-locator, termed "personal collective" which is a quintessential function of -men, after both nouns and pronouns）。

  Iljic（1994）的"集合标记说"虽然与我们前文中提到的"群体复数"术语上有所不同，但是基本的意义上是相通的，关注的是"X们"中 X 与群体之间的关系，集合构成了一个群体，而不仅是个体的加合关系。这或许是"们"和英语复数标记的主要区别之一。此外，这种分析对人称代词和普通名词后的"们"进行了统一解释。

  但是，这种分析主要还是基于人称代词和专有名词上的，群体形成需要有"定位成分"的参与，当语境中只有说话人而没有"定位成分"时，如例（43）中的"战士们"，作者并没有给出具有说服力的解释。"集体复数"在语义本质上是什么意义？如何进行更为精确的定义与刻画？这是我们在本文中需要进一步推进的。

（三）李艳惠（Li 1999）："们"句法上实现在限定语 D 位置

英语"NP-s"中的复数标记可以加在光杆名词之后，但不能加在代词后，且英语中的光杆名词是谓词性（predicative）的，不能充当论元。英语中的复数标记 -s 是一个作用于名词 NP 之上，实现在 ClP 位置的成分（Borer 2005），位于 DP 内部。汉语中的复数标记"们"可以作用于人称代词，而人称代词是具有指称的 DP 成分，从历时角度看，"们"及其同类成分最早应用于人称代词（朱庆之 2014；张帆等 2017；吴越 2019：218）之后，后来才扩展到普通名词。从这个角度来看，"们"是作用于 DP 的复数标记[①]，不可能生成在与英语复数标记相同的句法位置。

基于汉语"X 们"的有定性以及量词与复数标记不共现的事实，Li（1999）提出，汉语的"们"是一个复数标记，但是与英语中的 -s 不同，它实现在 D 位置。

文章总结了"们"的以下性质：

第一，"们"附缀在人称代词、专有名词和一些普通名词之后。

第二，普通名词加"们"表有定。

第三，专有名词加"们"有复数（plural）和集合（collective）两种解读。

第四，数量表达（数词+量词）可以加在"人称代词/专有名词+们"后，但是不能位于其之前；"普通名词+们"后面不能跟数量表达；专有名词之后加数量表达只有集合解读。

代词和专有名词是典型的生成在限定语 D 位置的成分，他提出"们"是附加在 D 成分上的复数标记，只有当普通名词移位到 D 位置时，"们"才能加在普通名词之后。这可以解释"普通名词+们"的有定性问题。此外，这种分析还有一个好处是可以解释为什么有"普通名词+们"，但是没有"数量+普通名词+们"这种表达。

[①] 关于"们"是作用于 DP 的成分这一事实，近年来受到了越来越多的关注，请见林若望等（2020）。

(44)

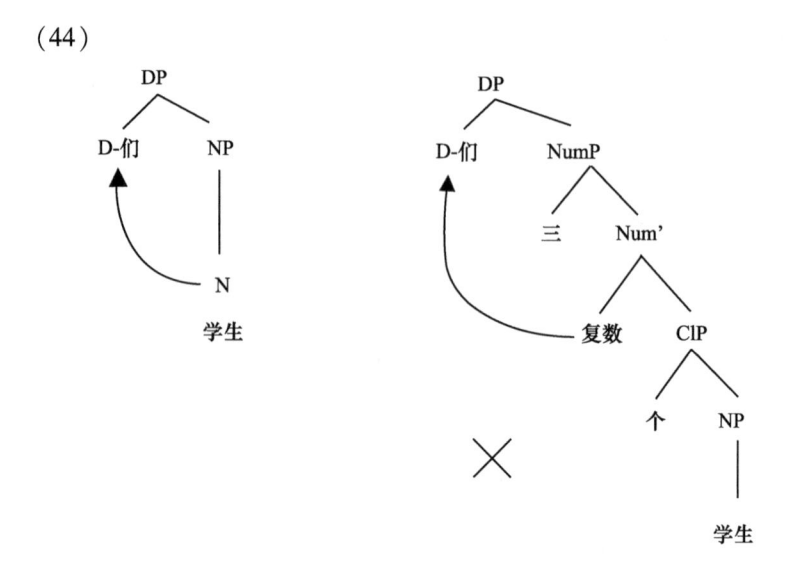

图1—2　Li（1999）对"们"的句法分析

首先，如例（44）左边的树形图所示，普通名词可以通过移位到 D 位置，形成"学生们"的形式，同时 D 位置是有定的，因此"学生们"是有定的。而"三个学生们"之所以不能成立，是因为"们"基础生成在 D 的位置且具有黏附性，"学生"必须往上移动到 D 与"们"进行组合，而"*三个学生们"中"们"依然停留在名词 NP 位置（Li 1999：83），没有进行移位，因此该表达不成立①。

此外，"*学生们三个"同样不成立是因为从名词到限定语移位受到了量词和数词的阻断。从例（44）右边的树形图可以看到，要形成"学生们三个"这样的结构，"学生"必须往上移位到 D 的位置和"们"进行组合，但从核心到核心的移位有一条基本原则就是不能跨越其他的核心成分，而"量词"和"数词"都在核心的位置，会阻断名词 N 的移位。因此，该结构也是不被接受的。

总结来说，"*三个学生们"以及"*学生们三个"之所以都不能被

---

① 很多文献中引用 Li（1999）时提到"*三个学生们"不成立是因为量词阻断了"们"的移位，但是从文献原文来看，这种说法并非作者的本意。作者认为该表达不成立是因为"们"停留在原位，核心移位的阻断效应是在讨论"*学生们三个（人）"的时候提出的。

接受，前者是因为"学生"没有进行移位而停留在 NP 位置，后者是因为移位时有量词进行阻断，无法进行移位。这两种效果，都是因为"们"是在 D 位置造成的。因此，从句法上说，这种分析可以很好地解决"们"的有定性和与数量短语共现这两条表现。蒋鲤（Jiang 2017）接受了李艳惠的一部分观点，认为"们"是一个表复数的语素，但是她不认为"们"基础生成在 D 位置，并且认为汉语中缺乏 DP 结构。

（四）Kurafuji（2004）："们"语义上是有定标记（definite markers）

Kurafuji（2004）同意李艳惠（1999）认为"们"是一个复数标记，并且认为它在语义上是有定标记。以学生（student）为例，首先，他根据 Chierchia（1998a, b）的观点，认为汉语的"学生"是一个论元性的成分（语义类型为 <e>），如例（45a）；接着通过 ∪ 算子将论元谓词化例（45b），因为"们"是一个最大化算子，要求作用于一个谓词性的成分例（45c），最后得到一个有定的大于一的学生例（45d）。

(45) a. 〚 *xuesheng* 〛 = STUDENT　　　　　　　　　　<e>
　　 b. 〚 *xuesheng* 〛 = ∪STUDENT　　　　　　　　　<e, t>
　　 c. 〚 *men* 〛 = λPi [σx [PL (Pi) (x)]]　　<<e, t>, e>>
　　 d. 〚 *xuesheng-men* 〛 = σx [PL (∪STUDENT) (x)]
　　　　　　　　　　　　　　　　　　　　　　　　　　<e>

（Kurafuji 2004）

这种分析可以很好地解释"X 们"的有定性，以及为什么不能被数量短语等量化成分修饰，因为数量短语和其他量化成分相当于一个函数，语义类型为 <<e, t>, <e, t>>，需要作用于一个 <e, t> 类型的成分，而"普通名词 + 们"是具有有定性的 <e> 类型成分，因此无法进行组合。

（五）李旭平（2021）："们"是最大化算子

李旭平（2021）提出，英语复数标记 –s 是加合算子，但是由于汉语光杆名词本身是"通数"解读，不需要"们"充当加合算子就可以表复数。因此，"们"不是真正意义上的复数标记，不参与"构造"（make）复数标记的过程，只起到"标示"（mark）复数个体的作用，在语义上是

最大化算子 σ。"们"的有定性来自"们"的最大化算子功能。这种分析不仅可以分析普通表人名词后的"们",还能对代词后的"们"进行统一分析。

这种观点在 Kurafuji（2004）的基础上更进一步明确了"们"最大化算子功能,并区分了复数标记"构造复数"和"标示复数"两种不同类型。

三　方言中的复数标记研究

（一）方言中的个案研究与类型

汉语的复数表达包括由"和""以及"等连接的并列短语,也包括由"个个 N""一些 N"等量化结构形成的复数短语,本书不研究这几类复数短语,仅将研究目光投向复数标记,研究带复数标记的名词或名词短语。是因为词汇手段的复数表达形式多样,讨论范围过大,不利于本书的展开和深入的讨论；更重要的是形态化程度更高的"标记"一直是语法研究的重点,也更有利于进行跨语言的比较。也就是说,我们研究的对象是"X + 复数标记"这一类名词成分。

汉语是比较缺乏形态的语言,汉语中"复数标记"也是一个被难以定义的概念。汉语表达复数概念的成分众多,比如根据盛益民（2018）对吴语人称代词复数标记的考察,复数标记可以从处所词或数量短语虚化而来,但是虚化到何种程度能够算作"标记"？我们采取的标准主要参考了彭晓辉（2008）的研究。

目前在各类复数的描写材料中,都会涉及"名词的类型"这一参数,该参数并不是正与负二分的,而是呈现出一种等级性。如世界语言中复数标记所标记的范围和生命度相关,一些复数标记只能加在人称代词后,一些只能加在表人名词后,一些可以加在有生名词后……Corbett（2004：56）归纳出了"第一人称 > 第二人称 > 第三人称 > 亲属 > 表人 > 有生 > 无生"这一复数标记所能黏附名词的生命度等级。目前对汉语普通话以及方言中复数标记的研究方兴未艾,越来越多的语言材料被挖掘出来,为我们的研究提供了充实的语料。

因为我们研究的是附加型的复数短语"X + 复数标记",我们分别从所标记的名词类型"X"和"复数标记"自身的意义来源两方面看汉语中复数标记的类型。

从所标记的名词类型来看，我们首先以能否标记代词将复数标记分为"代词型"和"名词型"复数标记。根据 Smith-Stark（1974），Corbett（2004：39）提出的复数标记的生命度等级，人称代词是最容易受到复数标记的一类词。Greenberg（1984）在对 30 种语言进行调查的基础上，提出了普遍共性第 41 条："所有的语言都有至少包括三种人称和两种数在内的代词范畴"。在汉语中，人称代词复数标记也是最为常见的，许多语言中只有代词拥有强制性的复数标记，其他名词不能添加复数标记（彭晓辉 2008：182）。增加标记的方法是汉语方言中最常用的方法之一，根据李蓝（2008）的抽样考察，汉语代词后的复数标记有 63 类之多（不排除同一个复数标记不同研究者用了不同的字，少数情况下可以合并），可见汉语中代词复数标记之发达。在《汉语方言地图集·语法卷》中介绍了人称代词复数的主要表示方法，如图 1—3 所示：

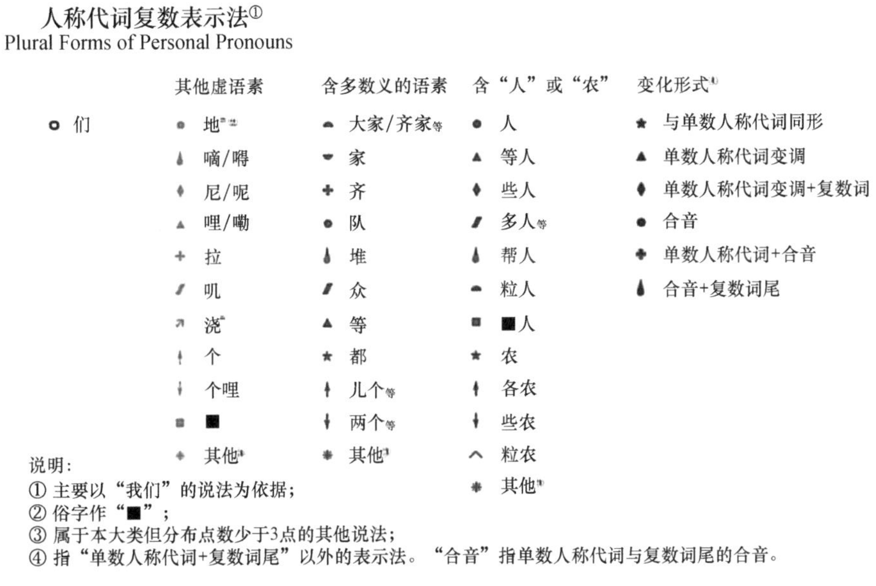

人称代词复数表示法[①]
Plural Forms of Personal Pronouns

	其他虚语素	含多数义的语素	含"人"或"侬"	变化形式[④]
○ 们	● 地	▲ 大家/齐家	● 人	★ 与单数人称代词同形
	▲ 嘀/嗯	▼ 家	▲ 等人	▲ 单数人称代词变调
	● 尼/呢	✚ 齐	● 些人	◆ 单数人称代词变调+复数词
	▲ 哩/嘞	● 队	✚ 多人	● 合音
	✚ 拉	✚ 堆	✚ 帮人	✚ 单数人称代词+合音
	✚ 叽	✚ 众	✚ 粒人	✚ 合音+复数词尾
	✚ 浇	▲ 等	■ 人	
	✚ 个	★ 都	★ 侬	
	✚ 个哩	✚ 几个等	✚ 各侬	
	■ ■	✚ 两个等	✚ 些侬	
	✚ 其他[③]	✚ 其他[③]	∧ 粒侬	
			✚ 其他[③]	

说明：
① 主要以"我们"的说法为依据；
② 俗字作"■"；
③ 属于本大类但分布点数少于 3 点的其他说法；
④ 指"单数人称代词+复数词尾"以外的表示法。"合音"指单数人称代词与复数词尾的合音。

图 1—3 汉语方言人称代词复数表示法

汉语中只有代词区分单复数，普通名词具有通数性质，既可以表示单数也可以表示复数，因此我们把能否用于代词后作为一项标准区分不同类型的复数标记是有价值的。代词后加复数标记可以认为是表达复数的客观需要，那为什么表示通数的普通名词也加复数标记？这是值得探讨的一个问题。

在 WALS 中，人称代词复数和普通名词复数是不同的章节分别介绍的，ID 编号分别为 33A Coding of Nominal Plurality 和 35A Plurality in Independent Personal Pronouns，说明区分代词型复数标记不只是汉语的情况，对于世界语言而言同样如此。人称代词复数标记是汉语中最普遍的，李蓝（2008）和彭晓辉（2008）都曾有过概括，能够加在普通名词后的复数标记相对较少。我们主要用到了以下语料：

官话区：临夏话"们"（实地调查）、河北武邑"们"（张晓静、陈泽平 2015）、河北武邑"家"（张晓静 2020），青海贵德"们"（周晨磊 2016）、湖北仙桃（黄芳 2018）、湖南凤凰（丁加勇、沈祎 2014）等。

湘语区：湖南常德"俺"（刘娟 2010；丁加勇、刘娟 2011）、祁东"一各"（彭晓辉 2008；胡静 2017）、湖南南县"家伙"（淳佳艳 2010）、湖南东安"东西"（胡乘玲 2019）。

赣语区：湖南洞口"哩啦"（林彰立 2012）、江西安福"物"（雷冬平、胡丽珍 2007）、安徽岳西"几个"（吴剑锋 2016）、宜春话"家伙"（作者母语）。

徽语：安徽祁门"旺"（陈瑶 2011）。

吴语：苏州话"笃 toʔ"，上海话、嘉兴话、绍兴话、东阳话"拉"等（xxx①）。

表1—4 空间有限，分布相同（相似）的复数标记仅选取 3—4 种作为代表。

补充说明：

（1）一般而言，复数只考虑名词的复数，但是部分复数既可以标记名词也能标记动词短语、形容词等，但是此时表示的是名词化的事件或者特征，我们依然将其放在 X 的类型参数中一起考虑。（2）北方官话区

---

① 吴语语料参考了孙晓雪的整理，未发表，谨此致谢！

表1—4　　　　　　方言中复数标记"X的类型"参数表现

语言	类型	标记形式	人称代词	亲属称谓	专有名词	表人普通	动植物	无生普通	不可数	形容词	事件
	人称代词型										
普通话	+	们	+	+	+	+	-	-	-	-	-
甘肃临夏	+	们	+	+	+	+	+	+	+		
宜春	+	人	+	-	-	-	-	-	-		
丽水	+	侬	+								
宜春	+	俚	+	-	-	-	-	-	-		
安福	+	物	+	+	+						
岳西/宜春	+	几个	+	+	+	+	-	-	-		
常德	+	俺	+	+	+	+	+	+	+		
临夏	+	们	+	+	+	+	+	+			
贵德	+	们	+	+	+	+	+	+			
洞口	-	哩啦			+	+	+	+			+
宜春/南县	-	家伙/东西	-	+/-	+	+	+	+		+	+
凤凰	-	这些/果些		+	+	+	+				+

复数标记以"们"为主,内部一致性较高,为避免重复,仅选取几种语言作为代表。(3) 空白处表示该项没有被描写。+/- 表示在这一方言区该参项内部还有分化,部分能使用部分不能使用。从表1-4中我们可以发现,目前汉语总研究最多的是用在人称代词后的复数标记,这类复数标记也是最容易被调查到的;一些复数标记不能加在人称代词后,这类复数标记研究还比较薄弱。依据"X+复数标记"中X的范围,大致以"人称代词"为界分成两种类型:可以用在人称代词后的复数标记,我们称之为代词型复数标记,在这种类型中有三小类:一类是只能用在代词后的复数标记,一类则扩展到了表人名词,最后一类则扩展到了表物名

词。不能用在人称代词后的复数标记称为非代词型复数标记，这一类复数标记，一般来说可以标记除代词外的所有生命度等级名词，甚至不可数名词和非名词（形容词），等等，我们会在第二、第三章讨论非代词型的复数标记。

从复数标记自身的词汇来源看，盛益民（2013）根据吴语中人称代词复数标记的来源，将复数标记分为"处所型"和"数量型"两大类型。潘悟云（2010）认为，汉语中复数的两大来源是表多数的语素加上表"人"的语素，以及处所词。

从我们的考察来看，除了上述来源，至少还有一种复数标记的确定来源："表物名词"。如宜春话中的复数标记"家伙""东西"来自表示"器具"义的名词，这类复数标记的典型特点是不能加在人称代词、表人专有名词之后。

综合学者们的观点以及我们的考察，从复数标记来源上看，我们将汉语复数标记分为四大类型："表人型""处所型""数量型"和"表物型"①。各举两例表示：

表人型：人（江西宜春）、侬（浙江丽水）
处所型：俚（江西宜春）、家（河北武邑）
数量型：几个（江西宜春/安徽岳西）、这些/果些（湖南凤凰）、两个（湖南祁东）
表物型：东西（江西宜春）、家伙（江西宜春/湖南南县）

（二）汉语方言复数标记系统研究

彭晓辉（2008）的博士学位论文《汉语方言复数标记系统研究》及其系列文章（彭晓辉、储泽祥 2008，彭晓辉 2014a、2014b、2018、2019 等）在语言类型学、认知语言学等理论指导下对汉语方言中的复数标记系统进行了整体研究。

博士学位论文《汉语方言复数标记系统研究》从语法意义、结构功能和普遍性（泛化程度）等方面界定了汉语方言复数标记，我们也基本

---

① 还有一些复数标记语源暂不明确，未列入。

沿用了这一判定标准。此外，该文章还将复数标记分为"附加型（包括前加式和后加式）""屈折型""合音型"，并且主要介绍了后附型的复数标记。本书也主要介绍后附型的复数标记，一是因为这类复数标记是汉语中被研究最多的，有利于进行跨语言的比较。二是这一类复数标记的形态化程度也较高。该文章还得出了汉语方言中复数标记的许多蕴含共性，我们在各章节中分别引用，此不赘述。

总体而言，彭文着眼于整个汉语方言的整体，材料丰富，侧重于"广度"，同时兼具深度，得出了许多具有普遍性的结论。本书则着重于封闭的语言系统内部，考察不同复数标记的语义差异和分工，侧重于"深度"，同时也将考察其他的汉语方言，具有一定的广度。将二者结合，可以更好地理解汉语及方言中复数标记的情况。

四 研究问题

根据对当前研究的综述，在复数的类型方面，目前的"真性—连类"复数分类只是从"同质性"这一单一角度划分出来的类，并不能很好地解释这两类复数句法语义的异同。"累加—群体"复数的分类目前较少介绍，尤其是表达群体复数的形态标记是否存在，有什么句法语义表现，都还是未知的。因此，我们要研究的第一个问题是：复数有什么基本类型？决定性的参数是什么？如何影响不同复数类型的句法语义表现？具体来说，还包括以下四个方面：

（1）用在人称代词后的复数标记与普通名词后的复数标记语义上有何不同？

（2）数量短语和复数标记共现问题。

（3）复数标记在句法实现上是否具有层级性？

（4）群体复数内部是否需要进行再分化？所谓的"原生"与"后天形成"的群体复数语义这种区别是否会反映在语言中，采用不同的复数形态标记表达？

在普通话"们"的研究方面，Li（1999）以及李旭平（2021）的研究最能系统解释"们"的句法语义表现，如"们"的有定性问题、与数量短语共现问题等。我们想要进一步研究的问题包括：为什么"们"对名词的类型具有选择性？用在人称代词后的复数标记与普通名词后的复数标记在语义上有何不同？复数标记在句法实现上是否具有层级性？"们"属于我们前文提出的复数的何种类型？复数决定性参数是否适用于其他语言的研究？

第三节　研究框架与方法

一　复数语义的描写框架

不一定所有语义上的复数都有形态编码，但是我们在进行跨语言研究时，还是应该尽可能地描写复数的不同语义参数，因为"东边不亮西边亮"，在汉语中用词表达的某种复数意义，在其他语言中可能就有形态标记，反之亦然。比如，Rullmann & You（2006）等学者认为汉语名词具有"通数"（general number）的性质，光杆名词"学生"本身就可以表复数；而英语中具有单复数的对立，复数可以通过-s进行编码。

由于语言内部表达复数的手段多样，跨语言的差异更是巨大。为了进行描写，我们首先需要建立复数语义的描写框架，将所有复数语义所涉及的参数考虑在内，从而进行跨语言、跨方言甚至跨时代的比较，厘清复数标记之间的共性与差异。

回顾 Moravcsik（2003）这一经典文献，补充近年来研究者重点关注的复数"包含性解读"（inclusive reading）和"排除性解读"（exclusive reading）语义[①]（最新的专门研究可见 Martí 2020；Renans et al. 2020），从语义上看，复数的语义可以从七个相关参数进行描写，归纳出复数标记的不同类型（理论上来说可以有 2^7 即 128 种复数类型）。但是 Moravcsik（2003）中对复数语义参数的判定主要是定义上的，在此基础上我们对部分参数增加了测试手段，部分参数依据汉语的情况进行了补充，一些参数依据最新的研究进行了修正。下面将复数语义的七个相关参数归纳并补充如下[②]。

[①] 这一对术语又被称为 "weakly referential/strongly referential"（Mathieu 2014），我们在引用 Mathieu（2014）原文时使用这一对术语，其他地方用 "inclusive/exclusive" 这一对术语。

[②] 大部分内容是对 Moravcsik（2003）原文进行的翻译、整理，补充修正部分一般使用"我们认为"或者其他具体的参考文献标出，特此说明。

(一) 名词的类型 (Types of nominals)

复数集合中的成员可以是不同的名词类型：可以是个体，如英文中 dogs 表示"狗"个体的复数；也可以是种类，如 wines 可以表示不同种类的酒。可以是代词或名词，普通名词或专有名词，有生名词或无生名词，有定名词或无定名词，等等。此外，复数集合的成员本身也可以是复数的，如"孩子们<u>和</u>老师们"则是两个复数集合构成的集合。

在名词的类型这一参数中，Corbett（2004：56）提出了"复数标记等级"（The plural-marking hierarchy），这一等级和名词"生命度"（Animacy）相关：

(46) 第一人称 > 第二人称 > 第三人称 > 亲属 > 表人 > 有生 > 无生

如果复数名词用"X + 复数标记"表示，那么 X 的性质是最为直观的，因此这一参数也是目前学界描写得最为详细的。对于汉语复数研究而言，许多人称代词的复数和普通名词的复数使用的是同一标记，而英语等语言中复数标记不能用在人称代词后。因此，能够用在人称代词后的复数标记与普通名词后的复数标记语义上有何不同？我们会在正文部分进行详细考察。

(二) 列举 (Enumeration)

复数指称的集合可以通过两种方式进行指称：列举与加合或单一总括性词汇（a single cover term）。其中列举又可以分为"穷尽列举"（full listing）和"部分列举"（partial listing），现举例如下[①]：

(47) 列举
a. 穷尽列举

[①] 由于汉语翻译不能完全对应英文意义，尤其是汉语的"们"和英语中复数标记不是同一类型，进行翻译反而会造成误导，本书大部分英文不提供汉语翻译。本书依据惯例用"*"表示句子完全不能被接受，在遇到括号时，"*"在括号内表示括号中内容去掉句子才能成立，"*"在括号外左上方表示括号中内容必须加上才能成立。"#"表示句子句法上合法但是语用上不合法。"?"表示句子接受度低，"?"数量越多表示越难接受。

Bill, Becky, John and Jill arrived.
b. 部分列举

Bill, Becky and the others arrived.

(48) 加合/单一总括性词汇（summing）

The guests arrived.

The family arrived.

世界语言中，采用不同的方式编码这三种复数形式，如英语穷尽列举，一般使用并列结构和"伴随结构"（comitative constructions）等；Ilocano 语使用"第一人称包括双数式"（first person inclusive dual）等；Keplle 语使用"包括结构"（inclusory constructions）等；汉语还可以使用伴随连词/介词"和"连接集合中所有元素，如"小王、小李和小明"。

部分列举复数在很多语言中都存在专门的形态表达，Moravcsik（2003）介绍，在 Bengali 语和土耳其语中可以采用"回声结构"（echo constructions）即重复部分语素的形式表达。例如：

(49) Bengal 语

jima-tama

dress-dress

裙子及其附属品

(50) 土耳其语

kitap mitap

book

书等

汉语中的部分列举可以采用列举助词"等"或"等等"，方言中也有多种表示列举的标记，如"这些、那些"等（丁加勇 2014）。汉语的连类复数结构可以看作部分列举，"祥子们"表达连类复数意义时，是对祥子所在集合的部分列举。

第三小类"加合"复数其实包括两种类型，Landman（1989）将 guests 类称为"累加复数"（cumulative plurals），family 类称为"群体名词"(group nouns),我们会在"复数的类型"部分进行更加详细的介绍。

我们认为,如果从是否列举这一点看,这三类列举形式可以归纳为两类:列举和非列举。穷尽列举和部分列举归纳为"列举"类,在许多语言中,完全列举和部分列举采用的语法形式是相同的,如英语都用 and,汉语的"等等"除了用于部分列举,事实上穷尽列举也可以加"等等"(可参考邹哲承 2007;储泽祥 2017 等对"等"和"等等"的分析)。"非列举"类复数则是以英语的复数标记 -s 和群体名词为代表的类型。

(三) 等级(Ranking)

复数语义的另一个参数是"等级",指的是复数集合中的成员地位是平等的还是不平等的。根据 Moravcsik(2003:478),世界语言的复数中不平等型复数是占主导地位的,甚至是最有可能被认为是平等型的完全列举复数,在一些语言中集合成员之间也可以是不平等的(参见 McNally 1993 对俄语和波兰语并列名词结构的研究)。

(51) Anna　　　s　　　petej　　　napisali　　　pis'mo
　　　A. - NOM　with　P. - INSTR　wrote-PL　letter
　　　Anna and Peter wrote a letter.

俄语中如例(51)这种完全列举复数短语之所以集合成员不平等,是因为二者不是并列关系,而是伴随关系。

在语言中,复数集合的这两种关系也可能用不同的方式编码。我们以英语中的复数为例。Daniel(2000)等学者研究认为,第一、第二人称代词的复数 We 和 You(复数)指称的复数集合成员是不同的(heterogeneous),We 是"说话人与说话人相关的人"的集合,是不平等的。复数 You 既可以指多位听话人的集合,也可以指"听话人与其他不相关的人"的集合,前者是平等的而后者是不平等的。而使用复数标记 -s 所标记的复数集合 engineers 表示的是工程师的集合,这个集合中的成员是平等的。

"包括结构"(inclusory constructions)是典型的集合成员不平等的复数结构。"包括结构"由两部分组成,第一部分是指称所有成员的复数成分,第二部分是集合成员的子集,用于识别,一般而言是集合中最为显著的，识别度最高的。比如，汉语中"小王他们"是典型的"包括结构"，"他们"指称复数集合中所有成员，"小王"是用于识别的整个复数集合的子集。

从 Moravcsik（2003）的定义来看，所谓"平等"针对的是复数集合中的成员的关系。在完全列举、部分列举和加合三类复数中，加合复数集合的成员之间是平等的（如 engineers），部分列举的复数集合成员一定是不平等的，因为被部分列举的部分是语义上更为显著的成分。完全列举可能是平等的（如英语 and 连接的完全列举复数），也有可能是不平等的（如英语 with 连接的完全列举复数）。它们的关系如表 1—5 所示：

表 1—5　　　　　　　　　　列举性与平等性参数

列举类型	平等性	典型句法形式
完全列举	平等	并列结构
完全列举	不平等	伴随结构
部分列举	不平等	连类复数结构
加合	平等	真性复数结构

（四）量化（Numeration）

"量化"指的是复数集合的成员能否被计数，量化的形态化手段包括数词、量化词以及双数、三数、多数和复数标记。以上就是 Moravcsik（2003：480）对"量化"的全部定义，较为简略，我们进行一些补充。

一些复数形式是不允许进行量化的，如"Bill, Kate and Mary"可以看作拥有三个元素的复数集合，但是这个名词短语不能再被数词、量化词如"many"等修饰，不能说"*three Bill, Kate and Mary"也不能接受复数标记；而 students 可以再次进行量化，对集合中的成员计数，如"three students"和"some students"，等等。

量化参数涉及两个重要问题：首先是复数标记的性质，复数标记是加在已经表达复数的名词性成分后标示复数（mark plurality），还是将单数的名词通过复数标记转换成复数（make plurality），在这两种情况下复数标记的功能是不一样的（李旭平 2021）。英语中的复数标记有将单数转化成复数的功能，如从 student 到 students 的转化，因此英语中的复数标记被认为是功能性的,语义是"加合算子"(summing operators；Link 1983；Chierchia 1998a,b 等)。但是对于很多语言而言,复数标记加在一个已经表示复数的短语后,如宜春话的"我三只同学几个"中,"我三只同学"已经表达复数,因此,"几个"没有参与构建复数的过程,这类复数的语义是什么也是我们要研究的问题之一。

第二个问题是量化成分和复数标记关系。量化成分和复数标记共现时,有两种情况。其中的一种情况是句法上的管辖,如 [three [students]] 中,three 是可以管辖 students 中的复数标记的。但是宜春话的"[[我三只同学] 几个]"中,数量短语"三只"只能管辖"同学",无法管辖到"几个",反过来是被"几个"所管辖(第五章将讨论这一现象)。因此,不能根据线性顺序上的相似,判定数量短语和复数标记共现这一问题。

(五) 内聚性(Cohesion)

"内聚性"这一参数针对的是复数集合中成员间的语义联系。以英语中的(52)(53)为例,英语对于例(52)这一类复数的语义,使用复数标记 -s 或者并列结构进行编码,例(52)代表的复数称为"分类复数"(type plurals),分类复数的所有成员都是谓词代表事件同等的语义参与者(Moravcsik 2003：476)。集合成员之间基于相似性(具有共同特征)集合在一起,如 guests 集合中的所有成员都具有相同的身份——guest(客人),成员都是 arrived(到来)这一事件同等的参与者。而例(53)代表的是群体复数(group plural),The family 是一个整体,成员是整体的一部分。例(53)中的 The family 表示"那一家人",集合中也有复数的个体,但是采用词汇手段表达复数语义,没有形态标记(这种语义在其他语言中有专门的形态标记)。英语中也有例(53b)这类句子,复数标记 -s 用在姓氏后表示"库博一家人"的意义。

(52) a. The guests arrived.

b. Mary and Lily are girls.

(53) a. The family arrived.

b. Hello, Coopers. (美剧 *Young Sheldon* 第 3 季第 11 集。)

需要说明的是，基于相似性的复数并不意味着集合成员是完全相同的。以"牛肉和猪肉"与菜品"土豆牛肉"为例。"牛肉"和"猪肉"是不同食物，但在例（54a）中二者的关系也是基于相似性，即都具备"很有营养"这一特征，因此例（54a）可以加分配算子"都"；而如果将"苜蓿肉"作为一道菜的名称而不是两种菜时，集合成员的关系并不是基于相似性，"苜蓿"和"肉"构成一个整体，分别是这道菜的组成部分，因此例（54b）加分配算子"都"时很奇怪。英文中典型的群体复数名词短语还有英国有名的小吃 fish and chips（炸鱼薯条），正因为二者已经构成了一个整体，谓语动词可以使用第三人称单数 is。

（54）a. 猪肉、牛肉都很有营养。
　　　b. ??? 苜蓿肉都很有营养。
（55）a. A **knife and fork** is on the table.（有一副刀叉在桌子上。）
　　　b. **Fish and chips** is a popular take-out food dish from the United Kingdom.（炸鱼薯条是英国一道受欢迎的外卖食品。）

根据 Moravcsik（2003：476）无论是"分类复数"还是"群体复数"，它们都存在上位概念和下位概念。分类复数是"分类学"（taxonomic）上的，下位概念是"例"（tokens），上位概念是"类"（type）。"类"是集合中所有成员性质的交集（intersection）。比如例（52a）中的集合中成员具有各种不同的性质，而作为 guest（客人）是所有成员特征的交集，即共有的特征。"群体复数"是"部分—整体"关系（partonomic），下位概念是"部分"（part），上位概念是"整体"（whole）。整体是集合成员所有特征的集合（union）。

在德语中，有形态的手段区分这两种复数，Wörter 的意思是"孤立的词组成的集合"，而 Worte 表示"在文本中一组连贯的词"，匈牙利语中也有类似现象。此外，在参数二"列举"中提到的伴随结构，"包括结构"等也多是"群体复数"，如 McNally（1993）就提到例（51）在语义上表达的是"群体"（group）意义。

此外，有大量的证据表明，基于"部分—整体"（partonomy）关系的群体复数在历史产生和发展上早于基于"分类"（taxonomy）的分类复数。主要基于以下理由：首先，在一些语言中，至今只有"群体复数"存在形态编码。其次，Lehmann（1995：56—57），Brehm（1997：20—23）等研究发现，在有复数形态的语言如 Bengali 语、Boni 语、波斯语、俄语和汉语等，只有"群体复数"或"集体复数"发展出了"分类复数"标记用法，没有反过来的情况。最后，Biermann（1982：236—237）发现，在匈牙利语、亚美尼亚语和土耳其语中，双数标记来源于"群体复数"。这种演变也得到了儿童语言习得的证据，Markman 等人（1980：161—186，229—230）发现，儿童习得"部分—整体关系"（part-whole relation）早于"类—例"（type-token）关系。

从"群体复数"到"分类复数"的发展演变，与伴随和并列的发展是平行的。类型学上的证据表明，"With 型"比"And 型"连接形式更古老。"with"可以发展成"and"但是反过来是不可以的（Heine et al. 2002：80 - 83；Stassen 2000 等）。

（六）集合—分配解读（Reference）

另一个和复数语义相关的参数是"集合—分配解读"①，指的是复数集合中的成员与谓词之间的关系。谓词作用于集合中的每一个成员，还是作用于集合整体。这两种解读在复数语义的研究文献中，通常被称为"分配性解读"（distributive reading）和"集合性解读"（collective reading）。

有很多测试方法可以区分这两种语义。一个区分手段是，有一些谓词作用于复数集合时，只能作用于个体，如例（56a）中的 died（死了）是一个分配性谓词，只能作用于个体，因此可以改写成 a' 的形式，而例（56b）中的 met（见面）则不能作用于个体，必须同时作用于两个以上个体的集合。另一个区分手段是通过分配算子 each 或者副词 together 等等，如例（57）。

---

① 按照直译应该翻译成"指称"，但是该术语容易与学界通常表达有定、无定等那个"指称"范畴相混淆，因此我们根据该文中的实际意义翻译"集合—分配解读"。

(56) a. John and Jill died. →a' John died and Jill died.
　　　b. John and Jill met. →* b' John met and Jill met.
(57) a. John and Jill each carry a desk upstairs.
　　　b. John and Jill carry a desk upstairs together.

可能有一些语言中有专门的复数标记区分这两类复数的语义，或者某些复数标记只能用于某一种语义情况。这也是本书对汉语方言中复数标记进行考察时需要重点关注的情况。

那么，这种复数语义的区别，是否和上文提到的分类复数（type plurals）和群体复数（group plurals）是同一套概念呢？分类复数和群体复数关注的是复数集合中成员之间的关系，并不涉及谓词。而分配性解读和集合性解读则是关乎于谓词和集合成员的关系。Moravcsik（2003：481）认为，分类复数和群体复数都分别可以有分配性解读和集合性解读。他使用了以下例子：

(58) a. type plural（分类复数）
　　　—with distributive reading（分配解读）：
　　　Sugar and salt dissolve in water. （糖和盐在水中分解。）
　　　—with collective reading（集合解读）：
　　　Sugar and salt mix well. （糖和盐混合得很好。）
(59) b. group plural（群体复数）
　　　—with distributive reading（分配解读）：
　　　The team sat down. （队伍坐下了。）
　　　—with collective reading（集合解读）：
　　　The team dispersed. （队伍散开了。）

"内聚性"和"集合—分配解读"确实是两个不同的语义参数，但是"分类复数"和"群体复数"都分别可以有分配性解读和集合性解读，这种观点似乎说明内聚性和"集合—分配解读"这两个语义参数是完全独立的。我们发现，尽管群体复数可以有分配解读，但是群体复数产生分配解读并非毫无限制，而与群体复数的类型或者谓词的性质有关，如英语中 The team died 这个句子就很难得到"团队每一个成员都死了"的解读，只能表达 the team 作为一个组织、整体的解散或者消失的意义。这一点至关重要，因为虽然"内聚性"参数指的是复数名词短语指称的集合中成员的关系，但是这种关系必须放到具体的句子中进行考察，而这离不开谓词的参与。

1. 名词与谓词的组合关系

以往讨论集合解读或者分配解读时，多考虑论元是累加复数的情况，很少考虑群体复数，de Vries（2015，2017）系统讨论了"群体名词"与不同谓词之间的关系，不过他主要是从谓词"分配性"（distributivity）这一语义出发，我们是从名词的复数角度出发。

自从 Link（1983）和 Landman（1989）后，群体复数从累加复数中分离出来，Landman（1989：559）提出复数名词应该有分配解读、集合解读和群体解读（there is a three-way ambiguity between distributive, collective and group reading）。这一节我们讨论群体复数名词与三种不同类型复数的关系。

Moravcsik（2003）提到，无论是分类复数（累加复数）还是群体复数，都既有集合解读又有分配解读。这两个复数的语义参数划分的标准不同，是相互独立的，前者是基于复数集合中成员的内聚性，后者与谓词相关。群体复数名词意味着复数集合中的成员作为整体，集合解读意味着谓词作用于集合整体而不是个体，二者的意义放在一个句子中被讨论时，难分彼此。在文献中，"集合解读"和"群体解读"（group reading）常常被混用，如 Iljic（1994）最早提出汉语中的标记"们"并不是复数标记（plural markers）而是集合标记（collective markers），但是在该文的正文中，又多次提到"们"的意义在于形成一个群体（groups）。一言以蔽之：当整个句子有群体解读/集合解读，我们很难分清楚这种解读究竟是来自名词自身，还是谓词带来的。

由于三种谓词类型就是在名词是累加复数的情况下划分的，句子解读完全由谓词类型决定。因此，我们只需要分别考察群体复数名词与不同类型谓词的组合关系（见表1—6）。

表1—6　　　　　　　不同类型名词与不同类型谓词组合情况

名词类型	谓词类型	句子解读
累加复数名词	集合谓词	集合
	中性谓词	集合/分配
	分配谓词	分配
群体复数名词	集合谓词	?
	中性谓词	?
	分配谓词	?

（1）累加/群体复数名词 + 集合谓词

群体复数名词作用于集合型谓词的情况并不简单，体现在两个方面：第一，不是所有的累加复数名词与集合谓词组合，都能产生集合解读，很多时候句子接受度不高；第二，不是所有的群体复数名词与集合谓词组合都能产生集合解读，与累加复数相比，有句子接受度的差异。这共同说明，集合谓词不能完全决定句子的解读，句子的解读是由名词和谓词共同决定的。

以典型的专名型群体名词"苏打绿"、委员会（"苏打绿"组合是由吴青峰、史俊威、谢馨仪、龚钰祺、刘家凯、何景扬组成的歌唱团体组合，委员会由小刘、小王、小李组成）等为例。例（60）中的"解散"是一个集合谓词，因此不存在例（60）中 a 到 b 的蕴含关系，句子只有集合解读。但是，并列结构表达的累加复数名词与集合谓词组合，句子并没有产生集合解读例（60b）。但是例（61）两个句子都非常自然，"苏打绿"自身是一个群体名词，"吴青峰、史俊威、谢馨仪、龚钰祺、刘家凯和何景扬"则通过集合谓词"合唱"的作用，从累加复数名词转换成了群体复数名词，此时相当于一个整体。例（62）类似，集合谓词与累加复数和群体复数组合都能产生群体复数意义，此时事件是单一事件。

(60) a. 苏打绿解散了。↛*吴青峰解散了，刘家凯解散了，小威解散了……

b. ???吴青峰、史俊威、谢馨仪、龚钰祺、刘家凯和何景扬解散了。

(61) a. 苏打绿合唱了一首歌。
　　 b. 吴青峰、史俊威、谢馨仪、龚钰祺、刘家凯和何景扬合唱了一首歌。

(62) a. 委员会聚集在一起开会讨论这一提案。
　　 b. 小刘、小王、小李聚集在一起开会讨论这一提案。

Rothstein（2010：381）举了一个与上例类似的例子，当 helped the farmer 是表单一事件，如例（63）中 the boys 作集合解读，the boys 首先是通过最大化算子σBOYS 获得了有定复数解读，然后通过群体形成函数↑（σBOYS）获得了群体复数解读。也就是说，the boys 参与单一事件时，the boys 应用了群体形成函数，产生了群体复数解读。

(63) The boys helped the farmer.

例（60b）和例（61b）的对立说明一个重要问题，群体名词可能要分为"原生的"和后天形成的两种，对于"解散"这类集合谓词，需要一个原生的群体名词，而"合唱"这类谓词则不需要，谓词本身就是名词"群体"意义的来源。

这两种语义区别还反映在"参与性"上，由集合谓词带来的群体复数必须具有参与性，而群体名词本身具有群体性的话，可以不具有参与性。例（64a）"苏打绿"是原生的群体名词，如果有一人因故无法出席，句子依然为真；例（64b）由于"合唱"是集合谓词，在"合唱"这一单一事件中"吴青峰、史俊威、谢馨仪、龚钰祺、刘家凯和何景扬"表达一个整体，同样具有群体解读。如果例（64b）中有任何成员缺席，句子都为假。

(64) a. 苏打绿合唱了一首歌。
　　 b. 吴青峰、史俊威、谢馨仪、龚钰祺、刘家凯和何景扬合唱了一首歌。

所谓的"原生"与"后天形成"的群体复数语义这种区别是否会反

映在语言中，采用不同的复数形态标记表达？我们认为这是可能的，我们发现宜春话的"几个"有两种不同的读音，分别反映了这两类群体复数，详情见本书第五章。

另外，一些群体名词与相互型集合谓词组合时，句子反而不自然。

(65) a. ???苏打绿是同学。
　　　b. 吴青峰、史俊威、谢馨仪、龚钰祺、刘家凯、何景扬是同学。
(66) a. ???委员会是老乡。
　　　b. 小刘、小王和小李是老乡。

以上语言事实说明集合谓词不一定带来名词的群体解读，群体复数名词具有自身的性质，会制约句子的解读。此外，群体复数名词内部还可以进一步划分成原生的群体以及后天形成的群体。

(2) 群体复数名词 + 分配谓词

"群体复数"名词作用于分配型谓词，可以产生分配解读，此时的群体复数名词不再指称群体，而是群体中的成员。

(67) The team sat down.
(68) The soccer team died in a plane crash.

但是，群体复数名词和累加复数名词在"参与性"上是不同的，以典型的累加复数名词为例，对于 Tom, Mike and Tim 来说，如果例 (69a) 句成立，不存在 Tom, Mike and Tim 其中一人不参与 sat down 这一事件的情况，因此例 (69b) 的蕴含关系一定成立，这是典型的分配解读。

(69) a. Tom, Mike and Tim sat down. → b. Tom sat down, Mike sat down and Tim sat down.
(70) a. The three boys died in a car accident. → b. Tom died in a car accident, Mike died in a car accident and Tim died in a car accident.

但是，对于群体复数名词而言，就算能够获得分配解读，也不需要所有成员参与。比如，苏打绿出席某项活动，何景阳因为参加其他节目未到场，其他5位成员出席并且全部坐下，例（70a）句依然成立但是例（70b）句不成立，得不到分配解读所需要的蕴含关系。其他各例类似。

(71) a. 苏打绿坐下了。↛b. 吴青峰、史俊威、谢馨仪、龚钰祺、刘家凯和何景扬坐下了。

(72) The team sat down. ↛a sat down, b sat down, c sat down and d sat down.

(73) The team died in a plane crash. ↛Every one of the team died in a plane crash.

如果严格按照分配谓词的定义，例（71）—（73）都不能当作分配解读。这说明群体复数名词会影响句子的分配解读。

群体复数与累加复数的分配解读还有一种区别在于，群体复数名词，尤其是专名类的群体复数名词难以接受分配解读。如"是男明星"是一个分配型谓词，尽管例（74a）"小虎队"指称的集合成员都是"男明星"，但是句子很难得到小虎队每个人都是男明星的意义，其他例子类似。

(74) a. ??? 小虎队是男明星。
b. ??? 观光团摔了一跤。
c. ?? The committee fathered two children.

而累加复数名词只要语义合理即可成立。假设 The men 集合中有 Tom、Mike 和 Tim 三人。

(75) a. Tom, Mike and Tim are pop stars. →Tom is a pop star, Mike is a pop star and Tim is a pop star.
b. The men fathered two children. →Tom fathered two children, Mike fathered two children and Tim fathered two children.

综上所述，群体复数名词与分配型谓词结合时与累加复数相比有以下几点差异：（1）累加复数名词与分配性谓词结合产生分配解读，存在"X 并且 Y VP"蕴含了"X VP 并且 Y VP"的蕴含关系，但是分配谓词尽管可以作用于组成群体复数的个体，但并不满足上面的蕴含关系。（2）分配型谓词作用于累加复数名词只要语义合理即可成立，群体复数名词在语义合理的情况下，也得不到分配解读。

结合上文，群体复数名词指称的集合内部成员具有内聚性关系，构成了一个整体，而分配性谓词的语义中自带了一个分配算子。我们可以推测当群体复数名词与分配型谓词合用获得分配解读时，是分配算子在发生作用，分配解读能否获得取决于语境中群体复数的内聚性的强弱以及分配谓词的分配作用的强弱。例（76a）中没有显性的分配算子时，句子很难接受，但是加上了显性的分配算子"都""个个"和"每"等之后，句子的接受度提高了。

(76) a. ??? 小虎队是男明星。
　　 b. ? 小虎队都是男明星。
　　 c. 小虎队个个都是男明星。
(77) a. ??? 观光团摔了一跤。
　　 b. 观光团每个人都摔了一跤。

(3) 群体复数名词 + 中性谓词

中性谓词可以理解为既带有分配算子又带有集合算子，或者既不带分配算子又不带集合算子的谓词。我们发现，中性谓词作用于群体复数名词，会排除分配解读。

中性谓词作用于累加复数名词时既能产生集合解读也能产生分配解读。最常用的例子，如例（78）有两种解读，一种解读是 the boys "男孩子们"一起把一张桌子搬上楼，另一种解读是每一个男孩搬一张桌子上楼。例（79）同样有两种解读，一种解读是三个男人共同赚了 100 万元，另一种解读是三个男人分别赚了 100 万元。由于累加复数名词本身不具有内聚性，因此可以说这两种解读完全来自谓词。

(78) The boys carry a desk upstairs.

(79) The three men earned 1 million last year.

但是中性谓词作用于群体复数名词时，只能产生集合解读。sang a song "唱一首歌"是一个中性谓词，因为唱一首歌可以是合唱也可以是独唱。The Wonder 组合（由 David，Chris 和 Jerry 三人组成），理论上可以产生两种解读，但是此时例（80a）只能表示 The Wonders 组合共同完成唱了一首歌，与例（80b）意义相同；不表示团队每位成员将同一首歌唱了一遍例（80c）。

(80) a. The Wonders sang a song.

b. The Wonders sang a song together.

c. *The Wonders each sang a song.

(81) The Wonder is famous around the world. ↛David is famous around the world and Chris is famous around the world and Jerry is famous around the world.

汉语中的群体复数名词同样具有类似的解读，与中性谓词组合时只有集合解读。例（82a）得不到团队成员每个人赚 100 万元的解读，只能是作为组合共同赚了 100 万元，因此不存在例（82a）到例（82b）的蕴含关系，例（83）类似。

(82) a. 今年小虎队赚了 100 万元。↛b. 今年吴奇隆赚了 100 万元，苏有朋赚了 100 万元，陈志朋赚了 100 万。

(83) a. 小虎队今晚开演唱会。↛b. 吴奇隆今晚开演唱会，苏有朋今晚开演唱会，陈志朋今晚开演唱会。

小结：

"累加复数"名词和"群体复数"名词与三种不同类型的名词组合时的不同解读，可以用表 1—7 来表示：

表1—7　　累加复数、群体复数名词与三种谓词组合情况

	集合型谓词	中性谓词	分配型谓词
累加复数	集合解读	集合/分配	分配解读
群体复数	??/集合解读	集合解读	??/分配解读

因此，我们有必要将"累加复数"和"群体复数"名词，"集合谓词"和"分配谓词"以及"集合解读"和"分配解读"三对概念区分开。

"集合解读"和"分配解读"是整个句子的解读。如果句子获得"集合解读"，可能有两种情况：一种是名词自带群体算子，属于"群体复数"；一种是谓词自带群体算子。也就是说，集合解读既可能来自名词也可能来自谓词。如果句子获得分配解读，则只可能是由于谓词是分配谓词。

"累加复数"在句子中的解读完全取决于谓词的性质，而"群体复数"则不同，与"集合型谓词"和"分配型谓词"组合时，一些情况下句子的接受度很低，即难以被"集合"或者难以被"分配"。

"累加复数"和"群体复数"只有在中性谓词环境下才能够获得完全的分立，"累加复数名词 + 中性谓词 = 集合解读/分配解读"，但是"群体复数名词 + 中性谓词 = 集合解读"，因此，这是判定两类复数最为可靠的标准。这也进一步说明，"群体复数"是一类独立的复数，其解读不完全由谓词性质决定。

在英语中，群体复数意义基本上使用词汇手段来表达，如 committee（委员会），group（群体），family（家庭）等。但是并不能排除在一些语言中，可以用形态手段编码这一种复数语义，我们将在第五章证明汉语中有专门的形态标记编码这一种复数类型。

上文我们认为，存在"群体复数"和"累加复数"两种名词复数类型，且群体解读是名词本身具备的性质，但我们也不否认这两类名词间存在转换关系。转化的重要环境和条件是谓词代表的事件的语义，这一部分系统介绍累加和群体复数与谓词的分配和集合性的关系。

我们的基本观点是：名词和谓词都可以带有群体算子。"累加复数"

名词不带有群体算子，但"集合谓词"（collective predicates）自带群体算子，可以帮助"累加复数"名词获得"群体复数"解读。反过来，"群体复数"作为一个整体，本身带有群体算子；"分配谓词"（distributive predicates）带有分配算子，可以对群体复数名词进行分配，获得累加复数解读。只有在"混合谓词"（mixed predicates）即既能做分配解读又能做集合解读的谓词环境下，这两类名词才能显示出自身的性质，这是累加和群体复数名词的唯一判定标准。

根据剑桥大学形式语义学手册"复数"一章（Nouwen 2015），分配型谓词一般的定义如例（84）所示：

（84）一个谓词 VP 是分配性的当且仅当"X 并且 Y VP"蕴含了"X VP 并且 Y VP"。

"受伤"就是一个典型的分配谓词，比如例（84a）可以蕴含例（84b）。

（85）a. Bob and Carl are wounded.
b. Bob is wounded and Carl is wounded.

但是，Champallion（2020）提出，在论元是惯常联合体（conventionalized coordinations）和有定复数时，这种定义很难维持，因此提出了一种操作性的定义，对论元的性质进行了规定，即谓词必须是无定的复数。如果一个谓词（PRED）同时满足例（86a）和例（86b）并且具有互相蕴含关系，那么这个谓词是分配谓词。从这一定义来看，可以说分配性谓词内部自带了分配算子（Link 1983）。

（86）a. Three people PRED.
b. Three people each PRED.

反过来，如果一个谓词不能产生如例（86）的蕴含关系，这种谓词是集合型谓词。集合型谓词必须蕴含一个复数的个体集合，且集合谓词作用于一个群体（collectivity involves predication over groups：Landman 1996，2004；Chierchia 1998b：64；Champollion 2010：210），不作用于集合中的个体成员。

（87）a. 小王和小李是一对。
　　　b. *小王是一对并且小李是一对。

Landman（1996）认为，集合解读等于"群体解读"（group reading），集合解读出现时自带一个隐含的"群体算子"（group operators），如例（88）的集合解读等于例（89）。

（88）the boys carried the piano upstairs.
（89）the boys, as a group, carried the piano upstairs.

他认为集合谓项就是单数谓项的一种（collective predication is an instance of singular predication），集合解读中的累加复数名词的语义角色（thematic role）与单数名词相同。比如，例（90）在集合解读时，不要求所有的男孩都摸到天花板，只要有人摸到了天花板句子就为真，the boys 作为一个整体充当施事的角色（agent roles）。当论元是单数时类似，不要求"I"（我）身体的每一部分都摸到天花板。此时的 the boys 和 I 都是一个整体，摸到天花板的都是整体中的一部分。从这个角度来看，二者是平行的，Landman（1996）将其称为"集合主体构成"（collective body formation）。

（90）The boys touch the ceiling. （男孩_复数摸天花板。）
（91）I touch the ceiling. （我摸天花板。）

第二个共同点 Landman（1996）称为"集合行动"（collective action）。在集合行动中，谓词不需要分别作用于每一位成员，因此，例（92）中不要求每个人都实施了"搬钢琴"这一动作（比如男孩中有人负责在前方举旗子引导路线）。同样，在例（93）中，并不是身体的所有部分都在"搬钢琴",只是身体的一部分。无论是 the boys 还是 I 都被当作一个整体。

(92) The boys carried the piano upstairs. (男孩_复数_搬了这一架钢琴上楼。)

(93) I carried the piano upstairs. (我搬了这一架钢琴上楼。)

最后是"共同责任"(collective responsibility), Lasersohn (1988) 指出,尽管并不要求每一位成员都实施事件,但是他们都分担共同的责任。比如,尽管例 (94) 中不是所有人都实施了杀人的行为,但是他们都对杀人事件负有责任。单数的情况下同样成立,例 (95) 中,Al Capone 就算不是杀人事件的幕后指使者,他依然有可能需要为杀人事件负责。

(94) The gangsters killed the rivals.
(95) Al Capone killed his rivals.

还有一类谓词,既能产生分配解读又能产生集合解读。比如,例 (96a) 既可以是两个人分别写一封信,那么例 (96b) 解读的蕴含关系成立;也可以是合起来写了一封信①。我们把这一类谓词称为"混合谓词"(mixed predicates) 或者"中性谓词"(neutral predicate)。

(96) a. Lily and Mary wrote a letter.
b. Lily wrote a letter and Mary wrote a letter.
c. Lily and Mary, as a group, wrote a letter.

我们可以总结一下典型的"分配谓词""集合谓词"以及两者都可以是"中性谓词"的典型例子。

---

① 此处不用汉语的例子,是因为有学者认为,汉语中的"和"默认解读为集合解读,如"宝玉和黛玉写了一封信"这个句子没有"宝玉和黛玉分别写了一封信"的解读。(李旭平 2019 年第三届"走向新描写主义"论坛发言,杭州师范大学)

"分配谓词"（distributive predicate）：死了，受伤，感冒，是个明星，sleep, run, sneeze, get up, take a breath 等。

"集合型谓词"（collective predicate）：见面，是一个组合，是朋友，结婚，gather 等。

"中性/混合型谓词"（neutral predicates）：抬一架钢琴上楼，唱了一首歌，eat a pizza, carry a suitcase, ask a question 等。

根据 Landman（1996），从事件的角度，这三类谓词的核心区别在于事件是单数事件还是复数事件。集合解读是单一谓词事件作用于原子个体（Singular predication applies a basic predicate to an atomic [singular or group] individual），这种原子个体既可以是单数的个体名词也可以是群体复数名词，因为群体复数名词作为一个整体，也可以看作单数的；分配解读是复数谓词事件作用于原子个体的加合形式，即复数个体（Plural predication applies a plural predicate distributively to a plural sum of such atomic individuals）。

（七）包含性与排除性解读（Inclusive-exclusive reading）

复数的另一种被广为讨论的语义是"弱指称/包含性"（weakly referential/inclusive）和"强指称/排除性"（strongly referential/exclusive）语义（对此最新的专门研究可见 Martí 2020；Mathieu 2014；Renans et al. 2020），"弱指称/包含性"语义指的是复数名词指称的集合既包含大于一的复数，也包含单数原子；"强指称/排除性"解读指的是复数只能指称大于一的复数，不包含单数原子。

英语的复数标记 -s 被认为具有"包含性"解读（inclusive reading），如在疑问句例（97）中对话成立并不要求听话人有多于一个孩子，当说话人只有一个孩子，句子也是成立的。在事件句例（98）中，肯定形式例（98a）句需要种植了多株郁金香才能成立，但是其否定形式例（98b）指的是没有种植任何一棵郁金香，否定的不仅是复数，也包含单数的原子。因此复数形式 children, tulips 都包含单数原子的情况。例句引自（Mathieu 2014；Martí 2020；Renans et al. 2020）：

(97) Do you have **children**?　　　**Yes**, I have **one**.

(98) a. Chicken planted tulips.（Chicken 种植了郁金香_复数，排除单数。）
b. Chicken didn't plant tulips.（Chicken 没有种植郁金香_复数，包含单数。）

Grimm（2013）认为，此时更应该将 children 分析为类指（generic），表达的是一种概念，因此是弱指称的。也有学者（Pearson et al. 2010）通过实验的方法证明，英语中大于一的"复数"意义不是 NP-s 的内建语义，而是语用推理的结果，是一种语用隐含意义（implicature）。

在一些语言中，复数语义与英语不同，只有排除性（exclusive）语义，即指称的集合成员必须大于一。根据 Mathieu（2014），在 Arabic 语中的复数短语表达的不是一个概念，而是指称具体的个体，因此不能出现在例（99）领有句的宾语位置。

(99) ?*hal   ʕindik   burtogaalaat?
     Q   have-you   oranges FEM-PL
     'Do you have oranges?'

根据这一语义参数在不同语言中的表现，Mathieu（2014）提出了复数标记在句法实现上具有层级性，并不是内部统一的。

小结：

在以上七种复数语义的参数中，"名词的类型""列举"和"包含性—排除性"关注的是集合中的成员，具体来说，关注成员的类型、是否被完全列举以及是否包含单数原子。"内聚性""等级"和"量化"关注的是集合中成员的关系，关注它们是由相似性（similarity）连接在一起还是群体性（contiguity），它们内部是否平等的关系，以及它们是否被量化。"集合—分配解读"不再关注复数集合内部，而关注的是名词或名词短语与谓词的关系。

从上文的阐述中我们发现，不同的语言对复数的不同语义参数形态化的程度不同，如在"内聚性"这一参数中，德语中对于复数集合的成员是基于相似性还是群体性有对立的形态编码，而英文中只对基于相似性的分类复数（type plurals）用 – s 进行形态标记，而对群体复数则采用词汇手段表达。其他各项参数情况如何，还需要跨语言的考察。

每一种语义参数本身也都有需要厘清的问题，这为本书的深入研究提供了空间。同时，不同语言选择的参数不同，我们在本书会根据实际情况选择相关的语义参数进行考察，重点考察被形态标记表达的语义参数。

二 复数语义的解释框架

本书主要采用复数分裂理论以及普遍脊假说理论来对观察到的语言现象进行解释。

复数是一个语义范畴，也是一个句法范畴。类型学的研究发现，表达复数的成分语义不同，在句法实现上也不同，内部并非铁板一块。具体来说，不是所有的复数标记都像英语复数标记 – s 一样，实现在 Div^0（Borer 2005）这一层次。一些语言中有多个复数标记，多个复数标记共现时有特定的顺序，如在阿姆哈拉语（Amharic）等语言当中（如表1—8）的双重复数标记形式（Kramer 2016：530）。

表1—8　　　　　　　　阿姆哈拉语的双重复数标记

单数形式 (singular)	不规则复数 (irregular plural)	双重复数 (double plural)	意义注释 (Gloss)
mämhɨr	mämhɨr-an	mämhɨr-an-otʃtʃ	teacher
k'al	k'al-at	k'al-at-otʃtʃ	word
mäs'haf	mäs'ahɨft	mäs'ahɨft-otʃtʃ	book
wäyzäro	wäyzazɨrt	wäyzazɨrt-otʃtʃ	lady

这说明复数标记内部也有层级关系，Mathieu（2014），Mathieu & Zareikar（2015）提出，复数标记有可能实现在 nP, ClP 和 NumP 的核心位置。复数标记实现在不同的句法位置，有不同的语义。

实现在 n 位置的复数是词汇性复数（Lexical PL），这类复数更靠近名词而不是"数"（参见 Lecarme 2002；Acquaviva 2008；Lowenstamm 2008；Alexiadou 2011；Harbour 2011 等），是"无指称的"（non-referential）。

Mathieu（2014：16）认为，这类复数没有经历切分功能（dividing function），表达的是一种"大量复数"（greater plurals or plurals of abundance）。

(100) a. samak　　'fish'　　ʔasmaak　　'a lot of fish'
　　　b. Xayl　　'horses'　　xuyuul　　'a lot of horses'
　　　c. qawl　　'saying'　　ʔaqwaal　　'a lot of sayings'

实现在 Div^0 位置的是切分复数（Classifying PL，以英语的复数标记 -s 为代表），实现为 DivP 或 ClP（Borer 2005），这种复数名词形式是弱指称/包含性的（weakly referential/inclusive），既包含大于一的复数，也包含单数原子。比如，英语中例（101）尽管 children（孩子）使用了复数，如果听话人只有一个孩子，也可以举手。阿拉伯语中也有类似的复数形式，如例（102）并不需要听话人见到多位老师才能成立。

(101) If you have children, please raise your hand.（如果你有孩子_{复数}，请举手）

(102)　hal　　qaabalt　　mudarriseen?
　　　　Q　　meet you　　teachers.
　　　　Do you meet teachers?

之所以会出现复数形式可以包含单数原子的情况，Grimm（2013）认为，更应该将 children 分析为类指（generic）或者谓词性的，表达的是一个概念而不是具体的个体，因此是弱指称的。从这个角度来说，英语的 -s 反而不是真正意义上的复数标记，更有可能是一个区分单复数的切分标记。

但是，还有一些复数标记则必须指称大于一的复数，这类复数被称为实现在 #[0] 位置的计数复数（Counting PL），这类复数名词形式是强指称/排除性（strongly referential/exclusive）的，即这种复数只能指称大于一的复数，不包含单数原子，可能这才是真正意义上的复数标记。

阿拉伯语中有发达的单数化操作，可以将集合名词（collective

nouns）转变为单数，单数名词还可以继续被复数化，如例（103）；与例（104）中的复数名词不同，这类不能指称一种概念，只能指称具体个体，且一定大于一的个体。

(103) a. burtogaal.'oranges'   burtogaala（h）'an orange'
         burtogaalaat.'oranges'
      b. baqar.'cows'   baqara（h）'a cow'
         baqaraat.'cows'
(104) ?*hal   ʕindik   burtogaalaat?
       Q   have-you   oranges FEM-PL
      'Do you have oranges?'

这三类复数的实现位置用树形图如图1—4所示：

```
                    DP
                   /  \
                  D    #P
                      /  \
    Counting PL → #⁰    DivP
                        /  \
    Classifying PL → Div⁰   nP
                           /  \
              Lexical PL → n   NP
                                  collectives
```

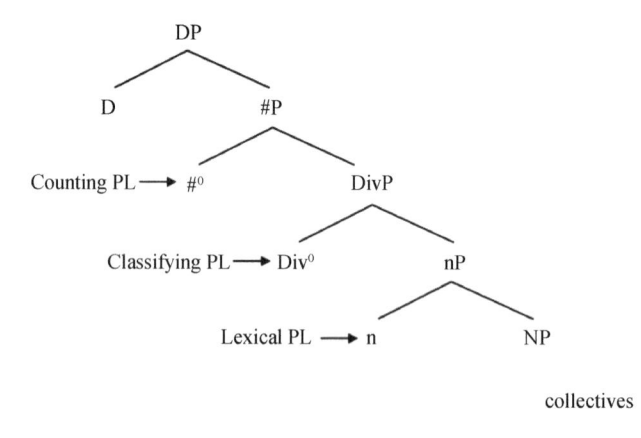

图1—4　复数实现位置示意图（引自Mathieu 2014：17）

从以上复数标记实现的句法位置与语义之间关系看，句法位置由低到高，指称性逐渐增强，从谓词到弱指称到强指称。从语义上看，我们在Link（1983）的经典模型上也能看到这种层次关系，我们将这一模型重复如下：以英语为例，假设apple有以下三个原子成员：a、b、c，我们把单数的apple和复数的apples的关系用以下格子结构表示（如图1—5所示）：

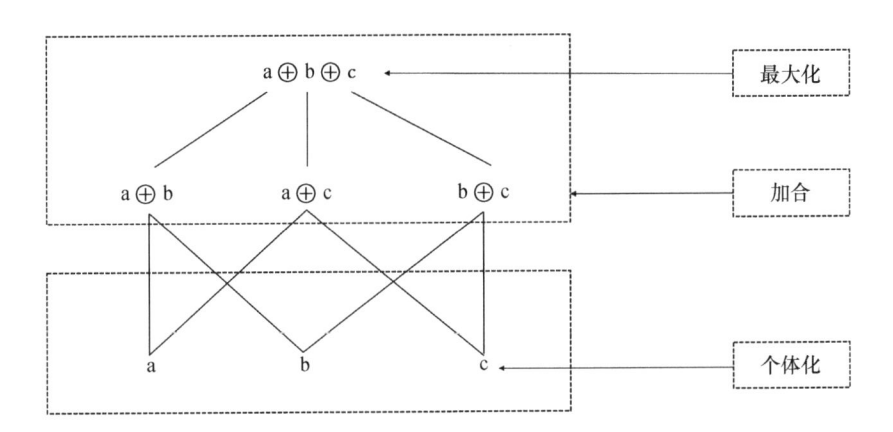

图1—5 复数的语义类型理论假设

这个模型为我们提供了至少三层可以解读的方向和理论假设。在这个模型的最下层，是单原子个体集合，这一层要求表达复数时首先具有可数性，是原子个体，可以对应于个体化/切分复数，是弱指称的，且这一层不能进行计数，因为都是单原子个体，并非集合；上面一层则是经过加合的结果，指称上比个体化复数强，同时这一层可以进行计数，因为存在复数个体的集合；在复数原子个体集合中，挑选出最大的复数个体即 a + b + c，是最大化算子的作用，它也蕴含了大于一的复数个体，且表示有定，这是第三层。在最大化算子应用的基础上，还可以再应用群体算子，将最大的复数个体打包成一个整体。

在此基础上，我们根据 Wiltchchko（2014）提出的普遍功能脊假说的精神，认为复数具有多样性和统一性。多样性指的是复数有不同的类型和语义，但是，这些复数都可以在同一个模型上得到解释，这是复数的统一性。这也是本书的理论假设和解释框架。

在这个模型的最下层，是单原子个体集合，这一层要求表达复数时首先具有可数性，是原子个体，可以对应于切分复数，是弱指称的；上面一层则只有复数原子个体，是强指称的。

但是，本书还提出，在强指称之上，还有两种指称更强的类型，也可以在这个模型的基础上得到解释。一类是有定复数，除了一定表示复数原子个体，还应用了"最大化算子"，表示最大的那个复数原子个体。

在此基础上，我们根据 Wiltchchko（2014）提出的普遍功能脊假说的精神，认为复数具有多样性和统一性。多样性指的是复数有不同的类型和语义，但是这些复数都可以在同一个模型上得到解释，这是复数的统一性。这也是本书的理论假设和解释框架。

三　研究思路及方言点选取

根据奥卡姆剃刀准则，一种语言中如果有多种复数标记，那么它们应该不会表达完全一致的意义，否则将违反语言的经济性原则。既然复数有不同的类型，那么最好的研究方法是选择一种特定的复数标记丰富的语言，根据归纳出的描写参数，对其复数标记内部语义差异和分工进行分析，找出决定性的语义参数。

我们决定采用赣语宜春话中的复数标记作为考察对象。之所以选择宜春话（彬江镇土话）作为代表研究汉语中的复数标记的类型，有两方面的原因：一是宜春话作为笔者的母语，比较有条件进行个案的深入研究。二是尽管我们不能说宜春话复数标记能够代表汉语方言的全部情况，但是宜春话的复数标记比较丰富多样，具有一定的"代表性"以及"独特性"。此外，我们还将在最后一章考察国内其他方言，以检验我们提出来的系统和分类是否具有普适性。

宜春话属于赣语宜浏片（中国语言地图集第二版 B2-20），复数标记丰富，共有四类七个复数标记，分别是：只用在人称代词后的"俚 [li⁰]""等 [tɛ⁰]""人 [ȵin⁰]"；用在人称代词以及表人名词等后的"几个"（几个₁ [tɕi²¹ ko⁰] 和几个₂ [tɕi²¹ ko⁴⁴]）；不能用在代词后，可以用在部分亲属称谓词、表人普通名词、表物有生名词、无生名词甚至谓词事件和形容词后的"家伙 [ka³⁴ fo⁰]""东西 [təŋ³⁴ ɕi⁰]"；以及来源于小称，不能用在人称代词，可以用在表物名词后的复数标记"唧 [tsiʔ⁵]"[①]。

宜春话中的四类复数标记在标记的名词生命度等级上也有显著差异。根据 Corbett（2004：56）曾经提出的复数标记生命度等级"第一人称 >

---

① 根据庄初升（2021）的观点，湘赣方言该小称本字是"崽"，本书采纳此说。但是"崽"在宜春话中依然可以作为"儿子"义实词使用，读音为 [tsai⁴²]。作为小称时，"崽"读音已经弱化，为了表示区别，我们遵循夏俐萍、严艳群（2015）等的写法，写作带口字旁的俗字"唧"。

第二人称＞第三人称＞亲属＞表人＞有生＞无生",宜春话中的复数标记可以分为两类。"俚"和"几个"遵循这一等级,生命度越高越容易受到标记,这两类复数标记都能标记代词,不能标记表物名词,即具有［＋代词,－表物名词］特征;而"家伙""唧"则正好相反,生命度越高反而越不能被标记,尤其是代词不能受到标记,具有［－代词,＋表物名词］特征。

(105) a. 我俚/你俚/渠俚＞*妈妈俚＞*舅舅俚＞*同学俚＞*熊猫俚＞*桌子俚
　　　b. 我几个/你几个/渠几个＞妈妈几个＞舅舅几个＞同学几个＞*熊猫几个＞*桌子几个
(106) a. *我家伙/*你家伙/*渠家伙＜*妈妈家伙＜舅舅家伙＜同学家伙＜熊猫家伙＜桌子家伙
　　　b. *我唧/*你唧/*渠唧＜*妈妈唧＜*舅舅唧＜同学唧＜熊猫唧＜桌子唧

表1—9　　　　　宜春话四类复数标记所标记名词X情况

复数标记	人称代词	唯一亲属称谓	非唯一亲属称谓	表人名词	表物名词
俚/等/人	＋	－	－	－	－
几个	＋	＋	＋	＋	－
家伙/东西	－	－	＋	＋	＋
唧	－	－	－	＋	＋

此外,宜春话中的复数标记具有足够的代表性。根据中国语言资源保护工程采录展示平台①所提供的数据,对其中所有的赣方言人称代词后的复数标记进行了归纳,如表1—10所示:

---

① 网址为https://zhongguoyuyan.cn/,时间截至2021年6月1日。

表1—10　　　　　　　　赣方言人称代词后的复数标记

方言小片		地区	标记形式	国际音标
江西	昌靖片	庐山	个	ko33
	昌靖片	九江武宁	伩	li0
	昌靖片	南昌湾里	几	tɕi0
	昌靖片	九江永修	即	tɕit2
	昌靖片	修水义宁镇	儿	di
	昌靖片	南昌安义	侪	tshai0
	昌靖片	九江德安县	们	mən0
	昌靖片	九江都昌	一傍人	it5bɒŋ323ȵin224
	抚广片	进贤县	箇伩	ko0li0
	抚广片	抚州南城	人/多人	nin0
	抚广片	广昌	人	ȵin0
	抚广片	宜黄	人	ȵin0
	抚广片	资溪	们	mən22
	抚广片	临川	人	ȵin0
	抚广片	南丰	该多人	kɔ22tɔ24ȵin0
	吉茶片	吉安永丰	嘚、几	te55/tɕi31
	吉茶片	吉州		toŋ24
	吉茶片	遂川	伙/嘚	xo31/te31
	吉茶片	井冈山	格	ke55
	吉茶片	安福	屋	vu0
	吉茶片	莲花	国/亲人	kuɛ44
	吉茶片	泰和	喔	uə0
	吉茶片	永新	格	ke55
	吉茶片	峡江	叽	tɕi33
	临川片	乐安	丁	tin0
	宜浏片	新余渝水区	我来	ŋa45lai33
	宜浏片	上高	伩	li31
	宜浏片	萍乡安源	伩	li5
	宜浏片	丰城	个伩	
	宜浏片	上栗	伩	li3
	宜浏片	万载	俚	li213
	宜浏片	分宜	日	ȵi5

续表

方言小片		地区	标记形式	国际音标
江西	宜浏片	宜春袁州区	仂	li0
	宜浏片	宜春奉新	仂	li0
	鹰弋片	景德镇市珠山区	们	mən0
	鹰弋片	铅山县	嘚	tɿʔ0
	鹰弋片	弋阳	堆	tuei33
	鹰弋片	鹰潭月湖区	嘚	tɛʔ5
	鹰弋片	乐平	大家	thai33ka0
	鹰弋片	余干	等人	teŋ0nən0
	鹰弋片	九江彭泽	都/几	tu31/tɕi31
	鹰弋片	鹰潭余江	嘚	t35
	余干片	上饶鄱阳	箇哩	ko0li0
湖南	大通片	岳阳平江	哩/伙	
	大通片	岳阳楼区	哩	li0
	大通片	岳阳临湘	哩	li0
	洞绥片	邵阳洞口	侪	tsɿ41
	吉茶片	株洲茶陵		la（鼻韵）24
	耒资片	郴州（永兴）	们	mən0
	耒资片	郴州（安仁）	#	la（鼻韵）
	耒资片	衡阳耒阳	哩	li334
	耒资片	郴州资兴	家	ka35
	宜浏片	浏阳市	里	li0
	宜浏片	醴陵	里	li0
福建	抚广片	福建三明泰宁	侬	noŋ33
	抚广片	福建三明建宁	多	tai21
安徽	怀岳片	安徽安庆市望江	#几个人/几个	tai55tɕi31ko35ȵin445、tɕi31ko35
	怀岳片	池州市东至县	大式/拉子	ŋo33thʌ33ʂɿ0/lʌ33tʂɿ0
	怀岳片	池州市石台县	大势/拉	ɖe0
	怀岳片	安庆市怀宁县	几	
	怀岳片	安庆市岳西	几个	

续表

方言小片		地区	标记形式	国际音标
湖北	大通片	湖北荆州监利	们	
	大通片	咸宁通城	伖	ɖe0
	大通片	咸宁通山县	伖	lE33
	大通片	咸宁崇阳	嘎呐	kɑ22næ0
	大通片	黄石阳新县	嗲	tɛ 25
	大通片	咸宁嘉鱼	呆	ta44
	大通片	咸宁赤壁	之	tʂʅ
	大通片	黄石大冶	那	lɐ 25
云南	大通片	云南红河河口话	俚	li45

从复数标记所附名词来看，宜春话中有四个代词型和三个非代词型的复数标记。在代词型复数标记中，"俚/等/人"只能用在代词后，代表了汉语方言中复数标记的基本类型。从复数标记的来源看，根据盛益民（2013）的分类，宜春话中的"俚"与中国境内的诸多方言具有类似性，来自处所词，赣语的南昌话中第一人称复数"我里"也来源于处所词（汪化云 2011a）。该标记还出现在湖南汨罗、湘乡、新化、邵东话，吴语区上海崇明、江苏苏州、无锡等地方言中，本字也应该是处所词"里"（陈山青 2011）。

"几个"既能加在代词后，也能加在普通表人名词后，也反映了代词型复数标记的典型配置。"几个"作为来源于数量表达的少量数标记广泛分布于长江中下游的部分赣语、吴语和江淮官话方言点（汪化云 2011a，b），湖南的祁东方言也有"几个"作为少量数标记的用法（彭晓辉 2008：60）。

在非代词型复数标记中，"家伙""东西"除了可以加在名词后表复数，还能加在形容词和谓词事件后，湖南南县方言的"家伙"（淳佳艳 2010）和湖南的东安方言的"东西"（胡乘玲 2019）也表达类似的复数意义，从两位学者的描写来看，分布和用法上大同小异。我们在新的框架下对这一类复数标记进行更加详细的描写和分析。这代表了复数标记的一种特殊类型。

从复数标记本身来看，复数标记可以分为"表人型""数量型""处所型"和"表物型"。宜春话中的复数标记"人"属于典型的"表人型"复数标记，"几个"是典型的"数量型"复数标记，"俚"是典型的"处所型"复数标记，"家伙""东西"是典型的"表物型"复数标记。综上，宜春话中的复数标记具有一定的代表性。

宜春话中还有一些独特的复数标记，对其研究可以拓展我们对复数标记的认识。首先是来自小称标记的复数标记"唧"，小称表复数在世界语言中较为罕见，但是"大称""小称"这类评价性标记并非与"数"范畴完全无关，在阿尔泰语系突厥语族的语言（土耳其语、维吾尔语等）中，大称标记和复数标记是同形的。此外，一些语言中小称标记有做量词的用法（Wiltschko 2006 等）；郭中（2018）也发现，"小称"范畴已经扩展到了"数"范畴；方梅（2007）发现北京话的小称儿化也具有个体化的功能，具有表"量"的意义。"小称"为什么会和"数"范畴发生联系？中间的桥梁是什么？反映了复数的什么特征？

此外，宜春话中的复数标记"家伙""东西"一般用在名词后，但也可以用在形容词以及事件谓词后，为什么会有这种现象？这反映了复数的什么特征？这些都是值得研究的问题。

宜春话中的复数标记既有丰富性，又有代表性，还有独特性。复数标记之间既有相同点又有差异，可以从不同复数标记的对比中看到复数标记的差异和分工，有助于将复数标记研究引向深入。

当然，这并不意味着本书穷尽了复数标记的所有类型，作为宜春话的母语者，希望通过对宜春话复数标记的研究，深化对复数的认识。我们也会在最后一章扩大考察范围，对其他汉语方言的复数标记进行观照，验证我们提出的分类能否涵盖更多的语言，具有更广的适用性。

语料来源：

本书的宜春话语料主要来自笔者的自省和语言调查，发音人主要有刘兵六，男，1939年生，袁州区彬江镇人，小学文化；刘忠生，1959年生，袁州区彬江镇人，小学文化；胡友根，男，1982年生，宜春市袁州区城区人，大学文化；段军，男，1978年生，袁州区南庙人，大专文化。

吴玉鹏，男，1991年生，宜春市袁州区城区人，大学文化。①

其他方言语料来自已经发表的论文（皆随文引用）。

第四节　主要内容及章节安排

在对宜春话中四种复数标记的句法语义表现进行考察后发现，这四种复数与 Link（1983）的模型具有高度的耦合关系。依据第一章第三节的理论模型和假设，句法层级从低到高，我们正文分成四章。

第二章讨论个体化复数，这类复数位于模型的最低层级，即名词区分可数和不可数，根据 Mathieu（2014：9）的研究，这一层的标记可以表现为单数形态（singulative），如阿拉伯语中的单数形态 –t 可以将指称群体的集体名词转化成原子个体，然后可以再被复数化。那么，理论上也存在一种语言，表现为复数形态，因为单数和复数都是［+可数］的下位概念。赣语宜春话中，从小称发展而来的复数标记"唧"只用于区分可数和不可数，只有离散的可数名词才能被标记，由于未应用加合操作，没有得到复数的个体集合，因此这类复数不能被计数，这是个体化复数与加合复数最大的区别。

第三章讨论加合复数，即应用加合算子的复数。加合算子应用的前提是存在单原子，一般认为单原子只能是个体，但是，实际上，单原子也可以是"类"。汉语的光杆名词基本上被认为在个体指称层面不区分单复数，即没有被个体化，那么，如果想要应用加合算子，只能应用于特殊的单原子，即原子化的（atomic）"类"，加合的结果是以原子性的"类"为成员的集合，我们定义为"大类"（super type），宜春话中的"家伙"，湖南东安方言的"东西"（胡乘玲 2019）以及成都话的"些"可能都是这种类型，但是这类复数的价值还没有得到足够挖掘，本书将在第三章讨论这一问题。

第四章讨论最大化复数。由于加合的结果是得到复数个体的集合，在复数个体的集合中，如果选出最大的个体，那么就能够得到最大化复

---

① 由于文章大量涉及语法的测试，对于老年人而言理解较为困难，因此语音部分主要参考老年人的，语法部分主要是调查中青年母语者。

数。最大化复数的特点是表示有定，这是汉语复数标记的主要类型。大多数汉语方言中的复数标记都能够加在人称代词后，通常表达有定意义，如官话中的"们"，这一类复数是最大化复数的典型代表，宜春话中的"俚"也是这样一种类型。

第五章讨论群体复数。群体复数是在最大化复数的基础上，再次进行群体操作（group operation），最后形成一个整体，相当于一个单原子个体，或者严格指称语（rigid designator）。这类复数的有定性强于最大化复数，且不能用于回指或者充当约束变量；与混合型谓词组合时，只有集合解读，显示出更强的整体性。这类复数在汉语方言中的特殊性还未得到足够的揭示，宜春话"几个"是这样的一个复数标记。

在对宜春话四类复数标记进行描写的基础上，第六和第七章分别从语料和理论的角度进行总结。第六章总结了宜春话四类复数标记在各个参数上的表现并且对决定复数句法语义表现的参数进行了分析。第七章对传统的"真性—连类"复数这一对区分进行了反思，提出可以从复数标记的语义性质和指称的强弱对复数标记进行重新分类，对绪论中提出的问题进行了具体回答。

第 二 章

个体化复数[①]

第一节 理论背景与研究问题

名词表达复数意义的前提,是事物被个体化。根据 Mathieu (2014) 对复数不同类型的划分,从句法位置来看,个体化复数处于句法位置最低的复数的类型,如图所示(引用自原文例49,如图2—1所示):

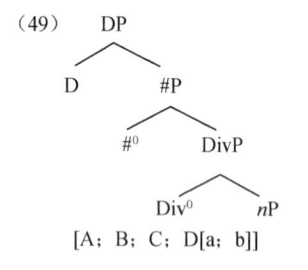

(49)
```
        DP
       /  \
      D    #P
          /  \
         #⁰   DivP
             /    \
           Div⁰    nP
   [A; B; C; D[a; b]]
```

Possible content/flavors of Div⁰
A=plural (Number system 1)
B=numeral classifier (Number system 2)
C=numerals (Number system 3)
D=singulative (Number system 4)
　　a=gender shift
　　b=diminutive

图2—1　Mathieu (2014) 中复数的不同类型

Borer (2005: 93) 指出,Div⁰ 类型的复数的功能并非用来计数 (counting),英语中的 -s 并不一定用来表达"大于一"的意义,而是分类 (classifying) 或者说将不可数的名词个体化 (portioned out) 的作用。她同时提出,计数 (counting function) 和切分 (dividing function) 两个功能是分开的,计数的前提是需要被切分,但是被切分后不一定要计数,如光杆复数是被切分的但并未被计数。既然汉语所有的名词语义上都是

[①] 本章内容在《当代语言学》2023年第3期发表,本书作了适当修改。

不可数的，那么，从理论上说，汉语中有一类复数可能仅仅标记着名词是原子个体，或者说这类复数标记的功能就是将不可数的名词切分为可数的个体。

本章介绍宜春（袁州）话中的小称发展出复数标记用法的现象，这种复数的特点是标记个体化名词但不用于计数。此外，跨语言的证据表明，大称、小称、量词以及复数标记在世界语言中具有相通的功能，本章探讨这一现象的原因及其理论价值。

第二节 复数"唧"的句法分布和语义

一 复数"唧"的句法分布

宜春话中有两个小称标记："哩⁼ [li⁰]"和"唧" [tsi²⁵]，从形态句法功能来看，Li 和 Liu（2019）的研究认为"哩"主要作用于词根，是词尾；"唧"主要作用于词和短语层面，属于词缀或语缀①。其中一个主要的证据是，当两个小称标记共现时，"哩"总是更靠近词根，"唧"在外围。比如例（1）中，"鸟""片"和"篾"都不能独立成词，加上"哩"构成词之后，还能再被"唧"修饰表达小称意义，例句引自 Li 和 Liu（2019：21）。

（1）a. tiɛu⁴²li⁰　　tiɛu⁴²li⁰tsiʔ⁵　　tiɛu⁴²tsiʔ⁵li⁰
　　　鸟哩_鸟_　　鸟哩唧_鸟儿_　　*鸟唧哩
　　b. pʰiɛn⁴⁴li⁰　　pʰiɛn⁴⁴li⁰tsiʔ⁵　　pʰiɛn⁴⁴tsiʔ⁵li⁰
　　　片哩_片状物_　　片哩唧_小片儿_　　*片唧哩
　　c. miɛ⁴⁴li⁰　　miɛ⁴⁴li⁰tsiʔ⁵　　miɛ⁴⁴tsiʔ⁵li⁰
　　　篾哩_竹篾_　　篾哩唧_小片竹篾_　　*篾唧哩

从语义上看，"哩"和"唧"还有主客观的区别，"哩"只能用于客观小量，即只能用于物理上形体较小的事物，如可以说"伢哩_小男孩_"但

---

① 宜春话的小称"唧"少数情况下也可以作词尾。如"簿""竹""鸟"等在宜春话中都不能成词，只有加上"唧"才是一个词，如"簿唧（本子）""竹唧（竹子）""鸟唧（鸟儿）"。

是不能说"老人家哩"。"唧"除了用在形体小的事物上表小，还能用来表亲近、可爱等主观小量。"唧"用在表人普通名词、专有名词后表示年龄小、可爱或亲近等，但不能加在人称代词和大部分亲属称谓后，如例（2a）中"学生唧"可以指年龄、个子小的学生，"老人家唧"指令人亲近的老人家；可加在动物名词后同样表小、可爱或亲近，如"狗唧"是小狗或说话人认为亲近、可爱的狗，"鸟哩唧"指小鸟，而体型大的动物很难加"唧"，如例（2b）的"*大象唧"；"唧"还可以加在无生名词甚至抽象名词和不可数名词后表小或者少量。如"树唧"指的是小的树，"雪唧"指的是少量的雪，如例（2c）。

(2) a. xoʔ⁵ sɛn³⁴ tsiʔ⁵　　çi²¹³ ȵin⁴⁴ tsiʔ⁵　　lian⁴⁴ in³⁴ tsiʔ⁵
　　　学生唧　　　　　细人唧　　　　　莲英唧
　　　*ma³⁴ ma²¹ tsiʔ⁵　　*ŋo³⁴ tsiʔ⁵
　　　*妈妈唧　　　　　*我唧
　b. kɛu⁴² tsiʔ⁵　　tiɛu⁴² li⁰ tsiʔ⁵　　ian²¹³ tsiʔ⁵
　　　狗唧　　　　　鸟哩唧　　　　　燕唧
　　　*tʰai²¹³ çioŋ²¹³ tsiʔ⁵　　*çioŋ⁴⁴ tçin⁴² luʔ⁵ tsiʔ⁵
　　　*大象唧　　　　　*长颈鹿唧
　c. tɕʰy²¹³ tsiʔ⁵　　xo⁴⁴ tsiʔ⁵　　tʰau²¹³ li⁰ tsiʔ⁵
　　　树唧　　　　　河唧　　　　　道理唧
　　　çy⁴² tsiʔ⁵　　çyœʔ⁵ tsiʔ⁵
　　　水唧　　　　　雪唧

除了名词，"唧"还能加在数量短语、形容词或动词短语等后面。加在数量短语后面表示说话人主观认为少（主观小量）或者约量，如例（3a）的"三只唧"既可以表示说话人主观认为少，也可以表示"大概三个"的意思；加在形容词和动词重叠式后面表示程度或动作的减弱，或者表达不确定和缓和的语气，如例（3b）。

(3) a. san³⁴ tçiaʔ⁵ tsiʔ⁵　　sɿ²¹³ çiʔ⁵ si²¹³ tsiʔ⁵
　　　三只唧　　　　　四十岁唧

　　　　san³⁴ tɕʰiɛn³⁴ kʰuai²¹³ tsiʔ⁵ tɕʰiɛn⁴⁴
　　　　三　千　　块　　唧　钱
　　b. yon⁴⁴yon⁴⁴tsiʔ⁵　　　ŋai⁴²ŋai²¹³tsiʔ⁵　　　ɕioŋ⁴²ɕioŋ²¹tsiʔ⁵
　　　　圆圆唧　　　　　　矮矮唧　　　　　　　想想唧

饶星（1981）、Li 和 Liu（2019）分别对宜春话"哩""唧"的小称分布和用法进行了介绍，但都没有提到"唧"的复数标记用法。我们发现，除了表小称，"名词+唧"在一定语境下还能排除单数解读，只表复数。

"小称标记"属于"评价性标记"（evaluative markers），看似与"数"范畴无关，但是小称的类型学研究（郭中 2018）发现，小称的功能已经扩展到了"数"范畴和"量"范畴，世界其他语言中还发现大称标记和复数标记同形，小称标记做量词的用法。"小称"为什么以及如何与"数""量"范畴关联起来？这是本章想要讨论的核心问题。

一般情况下，小称标记作为"评价性后缀"（evaluative），不会对名词的"数"产生影响。汉语光杆名词一般认为具有通数特征，加上"唧"之后依然是通数，既可以表达单数也可以表达复数，如例（4a）；既可以和单数指示短语"葛只_{这只}"也可以和复数指示短语"葛积_{这些}"共现，如例（4b）。

(4) a. pa⁴²kɛu⁴²tsiʔ⁵　　kon⁴²　　tɕʰy³⁴tɕʰiɛ²¹.
　　　 把　狗唧　　　　赶　　　　出去 _{把狗赶出去。}（一条小狗或多条小狗）
　　b. ko²¹³tɕia ʔ⁵/ko²¹³tsiʔ⁵　　kɛu⁴²tsiʔ⁵　　sɿ⁴²ko⁰　　xai⁴⁴ɕi²¹³
　　　 葛只_{这只}/葛积_{这些}　　狗唧　　　死格　　还是
　　　 uœ⁴⁴ko⁰?
　　　 活格？_{这只/这些小狗是死的还是活的？}

但在一些情况下，宜春话中"名词+唧"默认解读为复数意义。假设妈妈在门口看见陌生学生。在例（5a）中，学生一定是多位，要回指只能用复数的"渠哩_他们"而不能用"渠_他"。如果要表达单数，要使用数量短语"一只"且此时"唧"不出现。

(5) a. iu⁴² tʰəŋ⁴⁴ xoʔ⁵ tsiʔ⁵   tsœ²¹³   min⁴⁴ kʰɛu⁴² tɛn⁴² ɲi³⁴,
       有   同学唧   在   门口   等你，
       kʰuai⁴⁴ tɕyʔ⁵lœ⁴⁴ (*kɛ³⁴/kɛ³⁴li⁰)   tɛn⁴²li⁰
       快   出来   (*渠_他/渠俚_他们)   等嘞
       ɕi⁴⁴ fin³⁴ tɕiəŋ³⁴ tɕiɛ²¹³li⁰).
       十分钟   去嘞)。有好几个同学在门口等你，快出来(*他/他们等了快十分钟了)。

但是，假如"我"叫自己熟悉的朋友来家里吃饭，例（6a）中既可以叫了一位也可以是多位同学，例（6b）中"唧"可以出现，表达说话人与同学的亲密关系。

(6) a. ŋo³⁴ xan⁴²li⁰   tʰoŋ⁴⁴ xoʔ⁵ tsiʔ⁵   lœ⁴⁴   tɕʰiaʔ⁵ fan²¹³
       我   喊嘞   同学唧   来   吃饭。我叫了同学来吃饭。
    b. ŋo³⁴ xan⁴²li⁰ iʔ⁵ tɕiaʔ⁵ tʰoŋ⁴⁴ xoʔ⁵ tsiʔ⁵   lœ⁴⁴
       我   喊嘞   一只   同学唧   来
       tɕʰiaʔ⁵ fan²¹³
       吃饭。我叫了一个同学来吃饭。

在例（5）的情境中，"名词+唧"排除了单数解读，表达复数。但例（6）又说明"唧"并不是所有情况都表示复数，即"唧"不是一个专职的复数标记，它的复数解读有一定的条件。

在讨论"唧"复数解读的条件之前，我们首先要回答宜春话表复数义与小称义的"唧"是否为同一个"唧"，是否只是两个读音相同的语素，一个表示复数一个表示小称呢？

我们认为，小称"唧"和复数"唧"是同一个"唧"，并且复数意义的"唧"是后产生的。

首先，宜春话中不能使用小称的名词，也不可能用"唧"来表示复数。也就是说，复数"唧"能附着的名词的集合是小称"唧"附着名词的子集。比如，成年男女"男客人_男人""女客人_女人"，或者一些自身体积很大的物体如"大象""大楼""冰箱"等在宜春话中没有小称形式（如例7a–例7b），"唧"也不可能加在这些词后面表复数（如例7a′–例7b′）。如果"唧"是一个独立的复数标记，很难解释为什么表示复数的前提是该名词能够被小称。因此"唧"表复数意义是从小称中分化出来的。

(7) a. *男客人唧　　　　　lan⁴⁴kaʔ⁵n̩in⁴⁴tsiʔ⁵
　　a′. *蛮多男客人唧　　*man⁴⁴to³⁴lan⁴⁴kaʔ⁵n̩in⁴⁴tsiʔ⁵
　　b. *大象唧　　　　　tʰai2¹³ɕioŋ²¹³tsiʔ⁵
　　b′. *蛮多大象唧　　　*man⁴⁴to³⁴tʰai2¹³ɕioŋ²¹³tsiʔ⁵

其次，如果有复数的"唧"和小称的"唧"，按理说应该允许名词先添加小称，再对小称后的名词复数化，但宜春话中不能出现两个"唧"连用的情况，也不存在任何语音上的变化，如例（8）。

(8) a. tɕʰiɛ²¹³ kai³⁴ɕioŋ²¹ mai⁴²tsiʔ⁵ pi³⁴tsɿ⁰tsiʔ⁵
　　　去　　街上　　买积　　杯子唧
　　　(*tsiʔ⁵) lœ⁴⁴.
　　　(*唧) 来。*去街上买些小杯子来。
　　b. lau⁴²n̩in⁴⁴kaʔ⁵tsiʔ⁵ (*tsiʔ⁵) tsʰœ²¹³
　　　老人家唧 (*唧) 　　　在
　　　sai⁴⁴tʰai²¹³ioŋ⁴⁴
　　　晒太阳。*令人亲近的老人家们唧晒太阳。

最后，我们进一步考察发现，"唧"的小称义和复数义存在竞争关系，"唧"小称义的消失是其复数义涌现的充要条件。一旦句中的"唧"不表示小称时，会获得复数语义；反过来，"唧"表复数时，不再具有小称义。具体表现为两种情况：一是如果有其他小称形式出现，"唧"出现时只表复数；二是当语境中排除了小称使用的环境时，"唧"表复数。这从侧面证明，小称义和复数义的"唧"是同一个语素，复数义是从小称义中分化出来的。下面分别进行介绍。

前文提到，宜春话还有一个小称标记"哩"，一些情况下当名词加上小称"哩"后再加"唧"，此时一般表复数。比如，例（9a – 9c）中的"哩"表小称，此时仍然可单可复，如果再加上"唧"就只表复数。同理，宜春话中表示小鸟的"鸟哩"也可单可复，既可以和单数也可以和复数量化词共现，如例（10a）；但是"鸟哩唧"与复数量化词"蛮多"共现非常自然，被"一只"修饰时不自然。

(9) a. 伢哩_{小男孩}（单/复数）　　a′. 伢哩唧_{很多小男孩}（复数）
　　b. 女哩_{小女孩子}（单/复数）　　b′. 女哩唧_{很多小女孩}（复数）
　　c. 杈哩_{小树杈}（单/复数）　　c′. 杈哩唧_{很多小树杈}（复数）

(10) a. 树上有一只/蛮多鸟哩_{小鸟}。（单数/复数）
　　b. 树上有满多鸟哩唧。
　　c. 树上有一只鸟哩（^{???}唧）。

(11) a. 我有一只/蛮多孙唧伢哩。
　　b. 我有蛮多孙唧伢哩唧。
　　c. 我有一只孙唧伢哩（^{???}唧）。

此外，当语境中排除表小称解读时，"唧"也表复数。假如一位父亲得知自己读高中的女儿在学校被打，去学校找欺负女儿的学生算账。此时例（12）光杆形式的"学生唧"可以使用，但在该语境下显然不能再表亲近可爱或者年龄小等小称义，能且只能表示复数。"唧"可以和复数量化词"棱积"那些共现，如果学生只有一位，"唧"不能出现，如例（13）。

(12) pa^{42}　tɕʰi^{34}fu^{21}ŋi^{34}ko^{0}　xoʔ^{5}sɛn^{34}tsiʔ^{5}　xan^{42}tɛʔ^{5}　tɕʰyʔ loe^{44}.
　　把　欺负你格_的　学生（唧_{复数}）　喊得　出来。

(13) a. pa^{42}lɛn^{34}tsiʔ^{5} tɕʰi^{34}fu^{21}ŋi^{34}ko^{0}　xoʔ^{5}sɛn^{34}tsiʔ^{5}　xan^{42}tɛʔ^{5}
　　把 棱积_{那些} 欺负你格_的　学生（唧）　喊得
　　tɕʰyʔ^{5}loe^{44}.

b. pa⁴²lɛn³⁴tsiʔ⁵ tɕʰi³⁴fu²¹ȵi³⁴ko⁰ xoʔ⁵sɛn³⁴tsiʔ⁵ xan⁴²tɛʔ
把 棱只那个 欺负你格的 学生（*唧） 喊得
tɕʰyʔ⁵lœ⁴⁴.
出来。

这也可以解释为什么上文例（5）中同样是"同学唧"却有两种不同语义，只有当小称意义被取消时，才能强制表达复数。在例（5）中，对于"妈妈"来说，门口的学生是不熟悉的，"唧"不表示亲近等小称义，因此使用"唧"表示的是复数义；而例（6）中，"同学"对说话人来说是亲近的对象，因此这时使用的"唧"表达的是小称意义。

表物名词同样如此，如一些体型很大的蚂蚁可以加上修饰语"大大哩格马燕子大大的蚂蚁"，此时再加"唧"只能表达复数，不表示小称。

不加"唧"时，例（14a）"大大哩格马燕子"既可以表单数也可以表复数；加上"唧"之后，只可以和表复数的"蛮多蛮多"共现，如例（14b），不再能和表示单数的"一只"共现，如例（14c）。

(14) a. 我昨日在土里看到哩大大哩格马燕子。（单数/复数）
　　　b. 我昨日在土里看到哩蛮多蛮多大大哩格马燕子唧。（复数）
　　　c. 我昨日在土里看到哩一只大大哩格马燕子（*唧）。

方梅（2007）考察发现，北京话中小称"儿"具有主观小量、成词、自指、承担转指功能、个体化等意义，并且提出存在"客观小量＞主观小量＞'量'特征"这一语法化链条。一个成分语法化过程中，往往伴随着原有意义的消失，新的意义在某些典型环境下替换旧的意义，某个阶段甚至存在两种意义并存的现象。宜春话中"唧"表复数的确是在某些特定的语境下（表小和爱称等意义被排除）产生的。在宜春话中，这一过程正在进行，"唧"既可以表小称，也可以在一定的环境下表复数。

小称标记和复数标记同形在方言中可能并不特殊，只是少有人将二者联系起来。根据庄初升（2021：1），赣方言中的小称标记有"崽"类（tsai⁰、tsɛi⁰、tsei⁰、tsɛ⁰、tse⁰ 等）、"嘚"类（tɛ⁰）、"欸"类（ɛ⁰）、"伲"类（lɛi⁰、læ⁰）、"哩"类（li⁰）、"咿"类（i⁰）、"姐"类（tsie⁰）和"唧"类（tsi⁰、tɕi⁰）①。根据我们在"语保工程采录展示平台"（截至2021年6月）获得的数据，尽管记音和用字不尽相同，但部分赣语人称代词复数标记的读音与小称高度相似，从声母来看，同样有/ts/类、/tɕ/类、/t/类以及/l/类，且韵母读音相同或类似。

昌靖片：伲 li⁰（九江武宁），几 tɕi⁰（南昌湾里），即 tɕit²（九江永修），儿 di⁰（修水义宁镇）

吉茶片：嘚 te⁵⁵（吉安永丰），叽 tɕi³³（峡江）

宜浏片：伲 li³¹（上高），伲 li⁵（萍乡安源），伲 li³（上栗），俚 li²¹³（万载），嘚 tɛʔ⁵（宜春彬江镇），伲 li⁰（宜春奉新），里 li⁰（浏阳市、醴陵）

鹰弋片：嘚 tɿʔ⁰（铅山县），嘚 tɛʔ⁵（鹰潭余江）

大通片：哩 li⁰（岳阳平江），哩 li⁰（岳阳楼区），哩 li⁰（岳阳临湘），伲 ɗe⁰（咸宁通城），伲 lE³³（咸宁通山县），tɛ²⁵嘚（黄石阳新县）

耒资片：哩 li³³⁴（衡阳耒阳）

尽管语音形式的弱化可能会导致偶然同音，我们目前还没有足够的历史语言学证据证明小称和复数标记一定同源，但是以上系统性的对应应该不只是一种巧合。我们将此作为一种辅助证据列在此处，以便未来继续进行深入考察。

二 复数"唧"的语义特征

普通话的"们"的使用至少有三种限制：一是标记名词类型的限制；二是有定性限制；三是和数量短语共现限制。此外，汉语中"们"的使用不具有强制性，没有"们"不影响句子的合法性。

首先看标记名词类型限制。吕叔湘（1985）指出，汉语普通话的

---

① 数字表示声调，根据原文，以上小称都是轻声，为了印刷方便本书用 0 表示，与原文符号有所不同。

"'们'字只适用于人，不适用于物，我们说'先生们''孩子们'，但不说'石头们'、'花儿们'"。跨语言的研究发现，复数标记的标记范围与体词性成分的生命度相关，Corbett（2004：56）归纳了与数范畴相关的生命度等级，生命度等级越高的越容易受到复数的标记，如例（15）。

（15）第一人称 > 第二人称 > 第三人称 > 亲属 > 表人 > 有生命 > 无生命

根据 Corbett（2004：56）归纳出的这一类型共性，一般来说，如果人称代词和亲属称谓后不允许加复数标记，那么其后的表人名词、有生和无生名词也无法被标记。但是宜春话复数标记"唧"的实际情况恰恰相反，"唧"不能加在人称代词和亲属称谓后表示复数，如例（16），因为这些名词后不能使用小称。而从上文我们看到，表人普通名词、有生名词，甚至无生名词都可以加表复数的"唧"，因此宜春话复数标记"唧"显然不遵循这一生命度等级。

（16）*我唧在吃饭/*你唧来了啊/*渠唧是同学/*舅舅唧在屋里。

普通话中的光杆复数"X们"通常表示有定（Iljic 1994；Li 1999；童盛强 2002 等），不能出现在谓词位置表达一种特征，如例（17）中名词做谓词时，"们"都不能出现。

（17）a. 我们是学生（*们），他们是老师（*们）。
　　　b. 论年龄，她们几个都快老太婆（*们）了，可学电脑上网的热情一点都不亚于青年人。（张谊生 2001：203）
　　　c. 我校七七级毕业留校的青年教师，现在全部都讲师（*们）了。（同上）

宜春话中光杆复数"X唧"可以充当谓词，如例（18）；也可用于通指句，如例（19）。在这方面光杆复数"X唧"的语义表现与英语中的光杆复数是一致的，如例（20）。

(18) a. tsoʔ⁵tsʅ²¹ɕioŋ²¹³ko⁰　tu³⁴ɕi²¹　　tʰai²¹³pi³⁴tsiʔ⁵
　　　 桌子上格　　　　都是　　　大杯子唧，
　　　 mau⁴⁴　ɕi²¹³pi³⁴tsʅ²¹.
　　　 冇　　细杯子。
　　b. tsʰœ²¹³　tʰiɛn³⁴tɕioŋ²¹fi³⁴ko⁰　ɕi²¹　　pʰau²¹³li⁰tsiʔ⁵.
　　　 在　　　天上　　　飞格的　　是　　泡哩唧。

(19) a. tiɛu⁴²li⁰tsiʔ⁵　iu⁴²　lioŋ⁴²tɕiaʔ⁵　tɕioʔ⁵.
　　　 鸟哩唧　　　有　　两只　　　　脚。
　　b. ŋa⁴⁴li⁰tsiʔ⁵　pi⁴²　ŋy⁴²li⁰tsiʔ⁵　liʔ⁵tɕʰi²¹　kɛn⁴⁴tʰai²¹³.
　　　 伢哩唧　　　比　　女哩唧　　　力气　　　更大。
　　c. tɛn³⁴pʰau²¹tsiʔ⁵　ɕi²¹³　ŋoi²¹³tʰi⁴⁴sɛn³⁴　faiʔ⁵min⁴⁴　ko⁰.
　　　 灯泡唧　　　　　是　　爱迪生　　　　发明　　　格。

(20) a. They are students.
　　b. Dinosaurs are extinct.

普通话中的光杆复数"X们"通常表示有定的个体指。宜春话光杆复数"X唧"只能表示无定的个体指，如例（21）；表有定时需要加上其他限定成分，如例（22a）中，"孙唧伢哩唧"之前没有限定成分时是不成立的，必须加上"我格我的""格积这些"等限定成分才能表示有定。

(21) a. ŋo³⁴ɕioŋ⁴²　xan⁴²tɛʔ⁵　tʰoŋ⁴⁴xoʔ⁵tsiʔ⁵　lœ⁴⁴
　　　 我想　　　喊得　　　同学唧　　　　来
　　　 tɕʰiaʔ⁵fan²¹³.
　　　 吃饭。我想叫一些同学来吃饭。
　　b. kʰo³⁴li⁰　iu⁴²tiɛu⁴²li⁰tsiʔ⁵　tsʰœ²¹³　tɕi³⁴tɕi²¹kua³⁴kua³⁴.
　　　 窠里　　有鸟哩唧　　　　　在　　　唧唧呱呱。

(22) a. ???（ŋo³⁴ko⁰）sun³⁴tsiʔ⁵ŋa⁴⁴li⁰tsiʔ⁵　tsœ²¹³　tsʰau³⁴tɕioŋ⁴²ʂoŋ²¹³
　　　 ???（我格）孙唧伢哩唧　　　　　在　　操场上
　　　 sa⁴².
　　　 耍。

b. ???(ko²¹³tsiʔ⁵) tiɛu⁴²li⁰tsiʔ⁵　ŋo²¹³tau²¹　li⁰.
　 ???（葛积）　鸟哩唧　　　饿到　　嘹。

宜春话"X 唧"在指称上的表现不同于普通话的"们",反而和英语中的光杆复数一致。根据 Carlson（1977）,英语的光杆复数同样是无定的,可以充当谓词或者表达类指,需要借助定冠词 the 才能表有定。

再看宜春话的量词和复数标记"唧"共现问题。宜春话中的复数"唧"可以被不定量的量化短语①修饰,如"蛮多很多""积_些"等,如例（23）;但被表示确量的数量短语修饰是不自然的,如例（24）。

(23) a. tɕʰy²¹³ɕioŋ²¹³iu⁴²　man⁴⁴to³⁴　tiɛu⁴²li⁰tsiʔ⁵.
　　　树上　　　有 蛮多　　　鸟哩唧。
b. ŋo³⁴pan³⁴ɕioŋ²¹　iu⁴²tsiʔ⁵ŋa⁴⁴li⁰tsiʔ⁵　man⁴⁴fai²¹³.
　 我 班上　　　有积_些 伢哩唧　　　蛮坏。

(24) a. lɛn³⁴　san³⁴tɕiaʔ⁵　tʰai²¹³kɛu⁴²（???tsiʔ⁵）　tsʰœ²¹³
　　　棱那　三只　　　大狗　　（???唧）　　　在
min⁴⁴kʰɛu²¹sa⁴².
门口　　耍。
b. mai⁴²　san³⁴tɕiaʔ⁵　pʰau²¹³li⁰（???tsiʔ⁵）　lœ⁴⁴.
　 买　　三只　　　泡哩　　（???唧）　　　来。
c. ŋo³⁴　san³⁴tɕiaʔ⁵　sun³⁴tsiʔ⁵ŋa⁴⁴li（???tsiʔ⁵）　tsʰœ²¹³
　 我　三只　　　孙唧伢哩　（???唧）　　　在
lai²¹³li⁰.
哪里?

最后,"唧"对名词类型具有选择性,只选择离散名词,不能将非离散名词个体化。例如,"桌子""蚂蚁"后可以加"唧",但是"面粉"

---

① 不定量的量化短语如"蛮多""一积_些",这些量化短语可以用在离散名词也可以用在非离散名词后,如"蛮多书/水","一积_些学生/面粉",因此我们认为这些量化短语所跟的名词不区分单复数,"蛮多"和"一积"也不具有个体化的功能。

和"水"等非离散名词不可以。

我们将宜春话"唧"的特征总结如下：与普通话相比，宜春话的复数"唧"标记的名词不遵循生命度限制，人称代词、专有名词、亲属称谓等生命度高的名词不能加"唧"表复数，普通名词则可以；用在部分表人还是表物名词后"唧"可以获得复数解读，关键在于"唧"的小称和复数意义的竞争中何种解读取得胜利。如果可以解读出小称义，复数义就更难获得。在指称上，"X 唧"可以充当谓词、表示通指以及表达无定，但是不能独立表达有定，与英语中的光杆复数性质类似，与"们"的区别很大。"X 唧"对名词有选择，只选择离散名词，可以被不定量的量化词修饰，但是不能够被表确量的数量短语修饰。

第三节　大、小称，量词，复数标记与个体化复数

一　评价性标记与"数"范畴

"小称标记"（diminutive markers）在语言学文献中被称为"评价性标记"（evaluatives），与"小称标记"意义相反的评价性标记是"大称标记"（augmentatives）。评价性标记相对主观，但是文献表明，这种主观性的标记却与相对客观的数范畴关系密切。

目前暂未见其他小称标记表"复数"的介绍，相反，文献中有小称标记表"单数"的报道。在伊朗的卧尔曼语（Walman）中，只有单数能够与小称标记共现，复数名词不允许带小称标记（Steriopolo 2013：34）。例如：

(25) a. Ngolu　　　pa　l-o　　　　lapo-l.
　　　食火鸡　　　那　3$_{SG.DIM}$-是　大 - 3$_{SG.DIM}$
　　　那只食火鸡幼鸡体型很大。
　　b. Ngolu　　　pa　y-o　　　　lapo-y.
　　　食火鸡　　　那　3$_{PL}$是　　大 - 3$_{PL}$
　　　那些食火鸡很大。
　　c. *Ngolu　　　pa　l-o　　　　lapo-y.

食火鸡　　那　　3_{SG. DIM} -是　　大 -3_{PL}
那些食火鸡幼鸡体型很大。

d. *Ngolu　　pa　　y-o　　lapo-l.
食火鸡　　那　　3_{PL} -是　　大 -3_{SG. DIM}
那些食火鸡幼鸡体型很大。

例（25）中，小称标记和单数标记是同形的，只能用于表示单数的语境中例（25a），一旦句子表示复数，小称标记也不允许出现例（25c – 25d）。也就是说，小称标记暗含了单数意义。

在宾夕法尼亚德语中，单数使用的小称标记和复数使用的小称标记是不同的，说明小称标记对名词的单复数这一对特征敏感。同样表示小猪，单数小猪"əs saixə"小称后缀使用 xə，复数小猪"di saixər"使用 xər（Seifert 1947）。

阿尔泰语系突厥语族的很多语言中，有大称标记和复数标记使用同一个标记的情况。突厥语中许多语言的复数标记都是 lar/ler[①]，包括土耳其语、哈萨克语、乌兹别克语和维吾尔语等，加在可数名词后表示数量大于一，是显性的复数形态标记（Görgülü 2011；Göksel 和 Kerslake 2005），如例（26）。同时，lar/ler 也承担大称标记的功能，表达尊敬、夸张强调、约量和整体等主观评价意义。阿尔泰语系突厥语族的土耳其语、维吾尔语中的复数标记-lar/-ler/-lir 可以加在单数人称代词"您"和具有唯一指称的"市长夫人"后，如例（27a），表达的不是复数义，而是尊敬，例（27b）表夸张，例（27c）表约量，例（27d）表整体。

(26) Her　　gün　　camlar-ı　　　sil-dir-iyor-lar.
　　 每　　 天　　 窗户._{PL-ACC}　擦 -CAUS-IPFV -3_{PL}
　　 他们每天都擦很多窗户。　（Göksel, Kerslake 2005：132）

[①] 两种发音是由于这些语言有元音和谐现象。有的语言书面语写作 ler 或者 lir 等，实际上都是同一标记。

(27) a. Siz-ler　　　　　nasıl-sın-ız?
　　　您 –AUG/PL　　　怎么样 –2SG-AUG/PL
　　　您怎么样?　　　　（土耳其语 Azertürk 和黎海情 2011：64）

b. Dünya-lar　　　kadar　　　　mal-ı　　　var
　　世界 –AUG/PL　像……一样多　财产 –ACC　　有
　　他有像世界一样多的财产。　（同上）

c. maʃna　saɛt　　sɛkkiz-lɛr-dɛ　maŋ-di.
　　汽车　点钟　　8 –AUG/PL– 在　　走 –PST。
　　汽车大概8点走的。　（维吾尔语 李圃 2017：46）

d. baʃ-lir-im,　　　bɛl-lir-im　　　　aʁri-wati-du.
　　头 –AUG/PL–1SG. POSS　腰 –AUG/PL–1SG. POSS　疼 –PRS-PROG
　　我的整个头、整个腰都疼。　（同上）

突厥语族语言中所谓复数标记的表大量、尊敬、强调、夸张、约量以及整体等用法显然和数范畴无关，而是表达一种主观评价，与小称相对应，属于大称的用法（刘星、敏春芳 2022）。

从类型学角度来看，复数标记与大称标记使用同一个标记在世界语言中也是较为罕见的。为什么小称能有复数标记的用法？

郭中（2018）通过跨方言和跨语种的比较，发现小称范畴不仅是汉语中的显赫范畴，更是一个具有跨语言共性的显赫范畴。小称范畴的意义不仅表"小"，还扩大到格范畴、数范畴、性范畴、量范畴等，如图2—2（郭中 2018：173）所示。

但是，小称标记用于表达"数"范畴在以往的文献中都是表达"单数"（Steriopolo 2013：34）。从认知的角度来看，"大称标记—复数标记"和"小称标记—单数标记"的对应关系是较为合理的，宜春话中"小称标记"和"复数标记"之间的对应关系是如何建立的？这是一个很值得思考的问题。我们认为，这应该与小称具备的"切分/个体化"（divide/individualize）功能有关。

大量的跨语言的事实证明，一些语言中的小称标记可以加在不可数名词后让名词变得可数，如 YIDDISH 语、OJIBWA 语、我国的粤方言等。

第二章 个体化复数　85

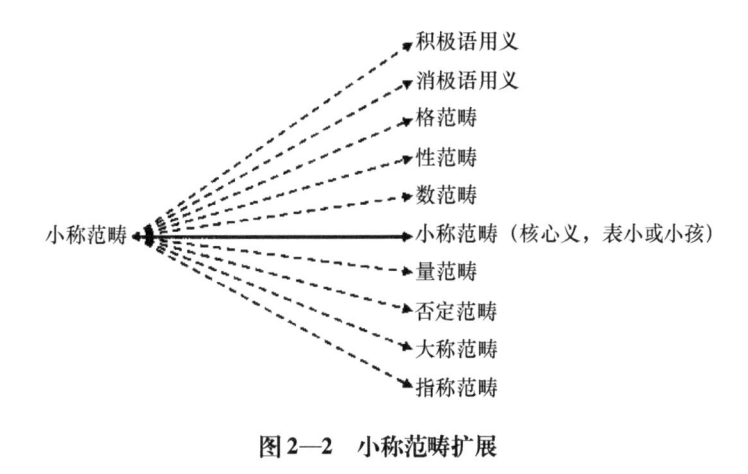

图2—2　小称范畴扩展

Wiltschko（2006）认为，此时小称充当的是"量词"的功能，将不可数名词切分成"小"的部分（表2—1 整理自 Jurafsky 1996：555）。

表2—1　　　　　　　　小称充当"量词"作用的语言

语言	原形式	意义	小称形式	意义
YIDDISH	der zamd	沙子	dos zemdl	沙粒
OJIBWA	goon	雪	goonens	雪花
EWE	sukli	糖	sukli-ví	糖片
BAULE	ajwe	米饭	ajweba	米粒
粤方言	tong^{21}	糖	tong^{35}	块状糖果

德语中的小称标记 - chen 也能将不可数名词转化为可数名词，这种转换的策略和加量词是平行的（Ott 2011：3），如：

(28) a. *zweiHolz　　b. zwei　Stücke Holz　c. zwei　Hölzchen
　　　二　木头　　　二　块.PL 木头　　二　木头.DIM
　　　两根木头　　　　两根木头　　　　　两根木头

例（28a）中，"木头"是不可数名词，不能直接被数词"二"修饰；例（28b）加上量词"Stücke 块"后是成立的；如果不使用量词，也

可以使用小称 - chen，达到相同的效果如例（28c）。这说明量词和小称标记起到的是相同的作用，将不可数名词进行个体化，变成可数名词。

语言学家发现，量词系统和复数标记往往不在同一种语言中出现。如果一种语言使用"量词"作为数量表达的主要模式，那么它在名词上不会有强制性的复数标记，这就是著名的"Sanches-Greenberg-Slobin 共性"。Rijkhoff（2002：29）也认为，语言中"数 + 量 + 名 + 复数标记"的结构类型是非常少见的，在世界语言中几乎没有。

"量词和复数标记不共现"是一条著名的语言类型学共性，本质上反映了"切分/个体化"功能采取的语法策略在同一种语言中不同时使用的经济性原则。Chierchia（1998）从语义的角度给出的解释是：在量词型语言中的光杆名词默认为类指，都可以看作不可数名词，具有内在复数性，因此没有单复数的区分和复数标记。而量词的作用是将不可数名词个体化成原子（atom），再进行计数。因此，在量词型语言中，量词与复数标记不共现。Borer（2005）则认为，量词和复数标记占据同一个句法位置（Div^0），因此不能共现。尽管这两种分析的思路不同，但是都认为，量词和复数标记具有一致的功能。

小称的这种"切分/个体化"功能，是小称范畴的语义扩展图的一部分（郭中 2018：172）。由于量词以及复数标记都是实现"切分/个体化"这一抽象功能的句法方式，小称标记可以在德语、YIDDISH 语、OJIBWA 语中充当相当于量词的作用，将不可数名词个体化成可数名词。那么它也可能充当复数标记，宜春话的"唧"就是这样一个例子。至此，我们建立了小称标记、量词和复数标记三种语法成分之间与"个体化"功能的联系，宜春话中小称标记表复数只是其"个体化"功能运用于复数表达的策略而已。

(29) 小称→个体化 ⟨ 不可数名词后：量词（德语、YIDDISH语等）
　　　　　　　　　　可数名词后：复数标记（宜春话）

小称的个体化功能在汉语其他方言中也有体现。根据方梅（2007），北京话中的小称儿化虽然不强制表复数，但是也具有"个体化"的功能，是体现"量"意义的一种手段。具体表现在儿化只能用于个体指,不能用于类指和无指。如例(30)在类指和无指句中,都不能出现"儿",只能用光杆名词。

(30) a. *你看那个仓颉造字儿也不是现在这个正楷。(北京话 方梅2007:8)
　　 b. *猫哩唧喜欢吃老鼠。(宜春话)

事实上,汉语中的量名短语也不能表类指和无指,只能表个体指,量词同样承担了个体化功能(任鹰2013:362),从这个角度来看,小称"儿"和量词的功能是一致的。根据Chierchia(1998),汉语中的名词都是不可数名词,默认表类指,如果要表个体,需要量词进行类型转换。北京话中光杆名词加上"儿"一定表个体指,说明"儿"也可以起到这一作用。因此,量词和小称"儿"二者在类型转换方面的功能是一致的。

需要说明的是,北京话儿化的功能在于表示个体指,不能用于类指和无指,而小称标记"唧"不仅可以用于个体指,也能用于类指和无指。我们认为,个体化的功能也可能有强弱之分。根据Mathieu(2014)的考察,光杆复数的指称分为两类:一类是"弱指称的"(weakly referential),可以用在表类指或者无指的情况下。另一类是"强指称的"(strongly referential),具体表现为这类光杆复数只能表个体指,不能用来表类指。英语的光杆复数是弱指称的,既可以用来表无指,如例(31a);也可以用来表个体指(无定个体指),如例(31b)。但是,阿拉伯语的复数只能表示强指称的个体指,不能用来表无指,如例(32)。

(31) a. Do you have children?　　——Yes, I have one.
　　 b. There are apples on the table.　　(弱指称型,英语)
(32) ?*hal ʕindik burtogaalaat?　　(强指称型,阿拉伯语)
　　 Q 有$_{-2SG}$ 橘子$_{FEM.PL}$
　　 拟表达:你有橘子吗?　　Mathieu(2014:11)

因此,北京话的儿化在指称上可能是强指称的,宜春话中的"X唧"

和英语中的光杆复数是类似的,是弱指称的。与英语的光杆复数类似,优先解读为类指,获得个体指需要语境(如存在量化环境),或者需要限定词的参与。

宜春话是量词型语言,如果已经使用量词承担"切分/个体化"的作用,为什么同时又有复数标记承担相同的功能?量词和复数标记在承担"切分/个体化"功能时有何不同?

同一种语言采取多种方式(量词以及复数标记)实现"切分/个体化"功能并不是孤立的现象,只是一般而言量词和复数标记不能在同一个短语中共现。Borer(2005:95)提到,亚美尼亚语(Armenian)既有量词形态也有复数形态,如例(33)和例(34)。和汉语一样,量词在名词前而复数标记是后缀(suffix),但是在同一个短语中这两种形式不会共现,如例(35)。

(33) Yergu　had　havanoc　uni-m
　　 两　　CL　 伞　　　有 -1_{SG}
　　 我有两把伞。

(34) Yergu　havanoc-ner　uni-m
　　 两　　伞 $_{-PL}$　　　有 -1_{SG}
　　 我有两把伞。

(35) *Yergu　had　havanoc-ner　uni-m
　　 TWO　CL　 伞 $_{-PL}$　　 有 -1_{SG}
　　 拟表达:我有两把伞。

亚美尼亚语的量词是可选的(optional)而非强制性出现的,数词可以直接接在复数名词后,如例(34),无须量词。宜春话则是一种量词发达型语言,在计数时量词是不可缺少的。宜春话中的量词和复数标记"唧"也是互补的,量词用于需要计数的环境而"名词+唧"表复数时只能用在非计数的环境。

(36) a. ŋo^{34}ko^{0}　sun^{34}tsiʔ^{5}ŋa^{44}li　lœ^{44}li^{0}.
　　　 我格　 孙唧伢哩唧　　 来嘞。(复数)

b. ŋo³⁴ko⁰ san³⁴tɕia?⁵ sun³⁴tsi?⁵ŋa⁴⁴li (⁽²²²⁾tsi?⁵)   lœ⁴⁴li⁰.
　　我格　三只孙　　唧伢哩（⁽²²²⁾唧）　　　来嚟。

英语中同样有复数标记和量词承担"切分/个体化"功能。在此我们需要对英语中的复数标记以及"切分"这一功能进行详细介绍。主要是介绍 Chierchia（1998）和 Borer（2005）两种不同的分析思路。

Chierchia（1998）认为，英语的光杆名词是区分可数和不可数的，不可数名词具有内在复数性，可以直接充当论元；光杆可数名词是谓词性的，需要经过复数化操作或者在限定词的帮助下才能充当论元。汉语所有光杆名词都能自由充当论元，与英语中的不可数名词一致，因此，汉语所有名词都是不可数名词。如果按照 Chierchia（1998）的观点，光杆名词做论元的语言不可能有表示"切分/个体化"功能复数标记，因为这类语言的光杆名词具有内在复数性。只有光杆名词区分可数和不可数名词的语言才具有真正的复数标记，复数标记的作用是将单数原子个体的集合通过"加合"（sum）操作变成复数个体的集合。宜春话中的名词表达"通数"（general number），既没有单复数区分，也就无法实现"加合"这一功能。

Borer（2005：93）则认为，不光是汉语，所有语言（包括英语）中的所有名词都是不可数的，需要被部分化（portioned out），然后才能够被计数，可数与不可数的区分是在句法的"量词短语"（ClP）层面通过切分（Div⁰）核心投射形成的。这种投射在汉语中实现为量词，在英语中实现为复数标记（plural inflection）、不定冠词（indefinite article）等，没有 ClP 投射时，名词解读为不可数。

我们采纳 Borer（2005）的观点，认为在量词型语言中也存在实现"切分/个体化"功能的复数标记。宜春话和亚美尼亚语一样，同时存在量词系统并且正在发展出复数标记系统，量词和复数标记都承担切分功能，因此不能在一个短语中共现。但一个可能的问题是，如果宜春话中光杆名词"X"已经被复数标记"唧"切分，为什么"X 唧"不能像亚美尼亚语一样直接被数词计数。

(37) a. *ŋo³⁴ iu⁴² san³⁴ sun³⁴tsi?⁵ŋa⁴⁴li⁰tsi?⁵.

*我 有 三   孙唧伢哩唧。
b. *iu^{42} n$_1^{42}$ p^{h}au^{213}li^{0}tsiʔ^5 tsʰœ^{213} tʰiɛn^{34}ɕioŋ^{21}
*有 五   泡哩唧   在   天上
fi^{34}.
飞。

首先，并不是有复数标记的成分就能够被计数，Borer（2005：96）提出，计数（counting function）和切分（dividing function）两个功能是分开的，计数的前提是需要被切分，但是被切分后不一定要计数，如光杆复数是被切分的但并未被计数。一些语言中数词和复数标记不共现，如土耳其语中的复数标记"lar"非常发达，可以用在所有生命度的名词之后表复数，但是，如果前面有表示确量的数量短语时，复数标记不出现，如例（38），例引自 Göksel, Kerslake（2005：148）。乌兹别克语中同样如此[①]，如例（39）。

(38) a. üç   çocuk
       三个   孩子
    b. yirmi beş dakika
       二十五   分钟
(39) a. ikki   talaba（*lar）
       两个   学生
    b. o'n   pahlavon（*lar）
       十个   英雄

宜春话中表复数的"唧"和量词都能充当"切分/个体化"的功能，但是，二者语义上是有差异的。计数时，使用量词进行切分；非计数时，使用复数标记"唧"承担切分功能。宜春话和普通话一样，量词是高度发达的，可以切分所有的名词，然后进行计数。而"唧"则只能选择部

---

① 例句来自乌兹别克斯坦博士留学生史翰松。需要说明的是，一些情况下 lar 可以加，但不是表复数而是表约量。

分名词进行复数化操作，只能够被不定量的量化词修饰。

从这个角度来看，宜春话中的量词是由于计数（数词）的需要而产生的（计数需要切分成个体）而不是为了表达复数，这与 Krifka（1995）、Bale 和 Coon（2014）等的观点是一致的。汉语普通话和宜春话中的"量词"一般是不能单用的，量词一定出现在计数的环境，与数词结合；而名词光杆反而是可以单用的。因此，量词和数词的结构关系更为紧密。宜春话的小称"唧"可以表示约量，表约量时加在数量短语和名词之间，而不能加在数词和量名短语中间，如例（40）；此外，数词和量词可以组合成一个成分独立回答问题，如例（41）。以上两例说明数词和量词的关系更为紧密。

(40) a. ŋo³⁴iɛu⁴⁴ tɕʰiʔ⁵koʔ²¹tsiʔ⁵ ȵin⁴⁴ pon³⁴ŋo³⁴ tsʅ⁴⁴sʅ²¹³.
　　　 我　要　　 七个唧　　　　　 人　　 帮我　　　做事。
　　b. *ŋo³⁴iɛu⁴⁴ tɕʰiʔ⁵tsiʔ⁵ koʔ²¹ȵin⁴⁴ pon³⁴ŋo³⁴ tsʅ⁴⁴sʅ²¹³.
　　　 *我　要　　 七唧　　　　 个人　　　 帮我　　　做事。

(41) a：你要几个人？b：七个。

"唧"则是名词表达复数的需要而产生的（复数也要切分成个体），但不一定需要被计数①。这种分工是符合语言经济性原则的。

因此，同一种语言内部可以出现量词和复数标记，量词是满足数词的需要，复数标记是为了满足名词表"复数"的需要，"计数"（counting）和"复数"（plurality）是两种不同的机制，只是都需要进行切分。

---

① 此处要解释"X唧"不出现在计数环境，为何还能被不定量的量化短语如"蛮多"等修饰。我们认为，宜春话中的"蛮多"是一个表量（quantity）的修饰语，不是生成在计数短语（#P）下的功能性成分。理由如下：首先，英语中不定量修饰成分区分可数和不可数（如 many students/*much students），而宜春话中没有这种区分，不可数名词前也可以用"蛮多"等量化成分，如"蛮多水"。其次，宜春话中的"蛮多""一积"等量化成分后，可以加相当于普通话定语标记"的"的成分"格"，如"蛮多格学生唧都戴哩眼镜 很多的学生都带了眼镜""格积格学生唧蛮听话 这些学生很听话"，根据 Li 和 Rothstein（2012），普通话中带"的"的数量短语是计量的，因此我们认为"蛮多"等并不是用于计数的，而是计量的。

二 个体化复数的实现层次

宜春话中的小称标记"哩"没有复数标记的用法，Li 和 Liu（2019）认为其是作用于词根层面承担名词化定类语素（root nominalizer），主要有以下理由：首先，宜春话部分词根不能单独使用，如"桃"，但是加上"哩"之后可以成词。

（42） a. ŋo³⁴   mai⁴²li⁰   iʔ⁵tiʔ⁵   tʰau⁴⁴（*li⁰）.
　　　　　我　　买嚟　　一粒　　　桃*（哩）。
　　　b. ŋo³⁴   kʰon⁴⁴tau²¹   iʔ⁵tɕia ʔ⁵   tiɛu⁴（*li⁰）.
　　　　　我　　看到　　　　一只　　　鸟*（哩）。

尽管上文我们也提到，一些情况下"唧"也有成词的作用，但是数量很少。尤其是在"哩"和"唧"共现的时候，"哩"更靠近词根而"唧"附着在"X 哩"之后，如例（43）。此外，"唧"可以加在形容词甚至是数量短语后，而"哩"没有这种用法。

（43） a. 桃哩唧 tʰau⁴⁴li⁰tsiʔ⁵   *桃唧哩 *tʰau⁴⁴tsiʔ⁵li⁰
　　　b. 鸟哩唧 tiɛu⁴li⁰tsiʔ⁵   *鸟唧哩 *tiɛu⁴tsiʔ⁵li⁰

为什么作用于词根的"哩"不能表复数，要从为什么"唧"可以表复数谈起。"唧"能表复数是因为"小称"可以实现切分（dividing）功能，将不可数名词个体化。如果将"切分"当作一个函数的话，作用的对象是谓词性的成分。

按照 Borer（2005）的观点，英语中承担"切分"功能的是复数标记 –s 和不定冠词 a，它们作用的光杆名词 NP 是谓词性的，例（44）中的 apple 表示的是一种属性，是一个以世界上所有的苹果个体为元素的集合。如果要表达"某个/些具有苹果属性的个体在桌子上"，需要对光杆名词进行切分，an apple 是苹果的单数个体集合，apples 是苹果的复数个体集合。

(44) a. *Apple is on the table.
　　 b. There are apples on the table.
　　 c. There is an apple on the table.

宜春话的"唧"之所以能够承担"切分/个体化"功能表复数，是因为它作用于谓词；而"哩"作用的是词根，因此不承担切分功能，也就不能表复数。这也可以解释为什么"唧"不能加在人称代词、专有名词和亲属称谓后，因为人称代词和专有名词在宜春话中都是有定的，是强指称的而不具有谓词性，亲属称谓属于关系名词，指称性也较强。本身指称性强的成分已经拥有个体性，不需要再被切分。因此，"唧"不符合 Corbett（2004）提出的复数标记生命度等级，倾向于加在生命度低的名词后。

但是，这并不意味着词根后不能有复数标记，只是说作用于词根的复数标记不是承担"切分/个体化"功能的复数标记。在阿拉伯语中，实现在名词化定类语素 n 位置的复数是词汇性复数（Lexical PL），这类复数更靠近名词而不是数，是"无指"的（non-referential）。Mathieu（2014：16）认为这类复数没有经历切分功能（dividing function），表达的是一种"大量复数"（greater plurals or plurals of abundance）。

(45) a. samak　　'fish'　　ʔasmaak　　'a lot of fish'
　　 b. Xayl　　'horses'　　xuyuul　　'a lot of horses'
　　 c. qawl　　'saying'　　ʔaqwaal　　'a lot of sayings'

在北美洲的哈尔魁梅林语（Halkomelem）当中，复数标记也是作用于词根的，句法表现与小称标记类似。正是由于它作用于词根，实现为一个修饰语（modifier），不与上一层的 Div⁰ 核心竞争同一个句法位置，因此，这种复数标记可以和量词共现，如例（46—47）（Wiltschko 2008：666，李旭平 2022）。

(46) tsel　　kw'éts-l-exw　　(te)　　lhxw-álesilyó:lexwe.

1.SG.SBJ 看-TR-3OBJ DET 三-CL 老人·PL
我看到了三个老人。
(47) iwólem (te) lhq'áts-ále swóweles.
玩 DET 五-CL 男孩·PL
五个男孩在玩耍。

以上语言事实从反面进一步证实了Borer（2005）的观点，量词与复数标记不共现的本质在于实现"切分/个体化"功能的量词和复数标记生成在同一个句法位置。而复数标记有不同的类型，如果复数标记不承担"切分/个体化"功能，那就可以与复数标记共现。

从语法化的角度也可以解释为什么"哩"不表复数而"唧"表复数。根据庄初升（2021）的研究，在存在多种小称的语言中，小称的历史层次是不同的。其中宜春话中的"唧"很有可能是从周边的湘方言借入的，因此产生了功能分工，"哩"作为宜春话原始的小称标记，主要承担构词形态功能，表达客观小量；"唧"作为外来的小称标记，主要承担主观小量的功能，根据小称标记"客观小量＞主观小量＞'量'特征"这一语法化链条，主观小量向表"量"特征成分发展是更为便利的，容易实现。

第四节　小结

本章介绍了类型学上的一种罕见现象：宜春话的"唧"具有充当复数标记的功能。"唧"的复数标记功能出现的前提是小称义的消失。宜春话的复数"唧"与普通话"们"有诸多不同之处，不能用于人称代词、专有名词、亲属称谓之后，违反了Corbett（2004）提出的复数标记标记范围的共性，同时，也不强制产生有定解读。与"们"相同的是，宜春话的量词也不能和复数"唧"在同一个短语中共现。

德语、YIDDISH语、OJIBWA语等语言中小称标记有充当量词的作用，而宜春话选择使用小称标记表达复数意义。承担"切分/个体化"功能是宜春话中小称标记表复数的根本原因，这可以解释宜春话中量词与复数标记不共现的现象。尽管承担相同的功能，但是二者依然有所分工。宜春话中量词的出现是计数的需要，而复数标记"唧"不能用于计数的语境，是出于名词表达复数的需要产生的。"量词"和"复数标记"是"切分/个体化"这一抽象功能的两种具体表现，具有不同的功能。

由于量词和复数标记的本质都是实现"切分/个体化"功能，这种功能可以将光杆名词从"特征"（property）转换成具体"个体"（individuals）（Chierchia 1998），相当于"类转换器"（type shifter），与"指称"息息相关。

从语义—语用互动（semantic-pragmatic interaction）角度来看，大称和小称标记等"评价性标记"之所以在语言中能够充当复数标记和量词，可能也是因为这类评价性标记是强语境相关的（strongly situation-related），所评价的事物是现实世界中具体的个体，而不是个体集合所归纳出的特征。因此大称、小称加在光杆名词后时同样承担了"类转换器"的功能。

从更大的方面看，大称、小称、量词（numeral classifiers）和复数标记都可以看作名词分类词（classifiers）的一种，分别从大、小，个体性和可数性等方面对名词进行范畴化，因此我们推测其他的名词分类词如"性"（gender）、"格"（case）标记也有可能成为类转换器，相关现象有待挖掘。

名词被个体化是加合的先决条件，也就是说，个体的加合要求存在原子个体的集合，对于汉语这种光杆名词表通数的语言来说，光杆名词没有单数意义，因此没有办法对个体进行加合。那么，汉语中是否存在加合复数呢？在下一章讨论这一问题。

第 三 章

加合复数

第一节　理论背景与研究问题

第二章介绍了个体化复数，个体化复数的功能在于将名词个体化，以此区分可数和不可数，在 Link（1983）的经典模型中，在个体化的基础上，可以通过加合算子操作，结果是产生个体数量不同的复数个体，构成一个复数个体集合。由于汉语普遍被认为是一种"通数"型语言，即光杆名词不区分单复数，宜春话中虽然产生了个体化复数"唧"，但是还在萌芽阶段，"唧"并没有发展出加合意义，不能被计数。但是，这不意味着汉语不存在加合复数，本章将介绍一种特殊的加合复数"类的加合"。

汉语的光杆名词不仅包含"类"（type）和"例"（token）两个层次，在"类"之上，还有更大的类，我们称为"大类"（super type），尽管汉语中没有对个体进行加合的复数，但是"类"却可以加合成复数，共同构成"大类"，三者的关系和例子如下：

(1) a. 个体　　苹果1，苹果2……　　apple1，apple2…
　　　 类　　　苹果　　　　　　　　apples
　　　　　　　　　　　　　　　　　　　　　　个体加合

　　 b. 类　　　香蕉、梨、苹果……　apples, bananas, pears
　　　 大类　　水果　　　　　　　　fruit
　　　　　　　　　　　　　　　　　　　　"类"的加合

英语中的加合复数－s 是对个体进行加合，个体具有共同的特征，如例（1a）中的 apple1，apple2……都具有苹果的特征，构成一个"类"，每一个个体都是"类"具体的"例"。本章介绍的"类"的加合构成"大类"同样具有共同的特征，如例（1b）中的"香蕉、梨、苹果"都具有相同的特征，构成一个更大的类"水果"，每一个"类"都是"大类"的具体的"例"。个体加合的复数是普遍被认识的复数的代表，但对"类"的复数来说，其句法和语义特点都没有得到很好的揭示，其理论价值还没有受到重视。

第二节　复数"家伙"的句法分布和语义

一　"家伙"的句法分布

宜春话中复数标记"家伙[ka^{34} fo^{0}]"和"东西"（二者是自由变体，本章以"家伙"为例）如果从"及其他"和"异质性"两个参数进行判定，属于连类复数。光杆复数"X 家伙"表达的是以 X 为代表的"类"（type）的复数，即"X 及其他类"。与例（2）中"杨大个儿们"不同，例（3）中"熊猫家伙"默认表示通指，用在通指句的主语位置，表达的并非某只熊猫个体及其他个体，而是熊猫这一类动物及其他具有相似特征的类。我们称为"类的连类复数"（associative type plural）。

(2) <u>杨大个儿们</u>一齐叫了声"哥们儿"。
(3) a. $\varepsilon i\partial \eta^{44}$ mau^{21} ka^{34} fo^{0}　εi^{21} fon^{34} $t\varepsilon^{h}ia?^{5}$　$t\varepsilon u^{44}$ $tsi?^{5}$
　　　熊猫家伙　　　　喜欢　　吃　　竹唧。熊猫和其他动物喜欢吃竹子。
b. $k^{h}u\eta^{42}$ $l\partial \eta^{44}$ ka^{34} fo^{0}　$t\varepsilon^{h}i\varepsilon^{44}$ $t\varepsilon i\partial \eta^{42}$ li^{0}.
　　　恐龙家伙　　　　绝种　　嘹。恐龙和其他动物绝种了。

也就是说，如果将"X + 复数标记"的指称看作一个集合，"杨大个儿们"这个集合元素都是个体，且"杨大个儿"是唯一的、有定的个体。而"熊猫家伙"这个集合元素都是"类"，包括熊猫类和其他类的事物，从这个角度来看,"熊猫"作为一个类也是独一无二的"类",是另一种形式上的"个体"。湖南南县方言的"家伙"(淳佳艳 2010)和湖南的东安方言的"东西"(胡乘玲 2019)也表达了类似的复数意义,从两位学者的描写来看,分布和用法上大同小异。我们在新的框架下对这一类复数标记进行更加详细的描写和分析。

"家伙/东西"本义在宜春话中指的是"工具""武器"等器物。普通话中的"家伙/东西"可以表示对人的蔑称,宜春话的"家伙/东西"不用于指人。

(4) a. 那个家伙太坏了。(普通话)
　　b. *棱只_{那个}家伙/东西太坏嘅* lɛn³⁴ tɕiaʔ⁵ ka³⁴ foʰ tʰɛʔ⁵ fai²¹³ li⁰ (宜春话)

Moravcsik(2003)从跨语言的角度对典型的"连类复数"有过如表3—1 的刻画:

表3—1　　　　　　　　典型连类复数语义表现

语义参数	典型连类复数语义表现
名词类型	有定,大多是指人名词,也可能是有生个体
列举性	部分列举
内聚性	基于群体(group-based)
等级	1. 等级型(ranked),集合中成员不平等 2. "锚定成分"(focal referent)以单数、有定、表人、个体名词为主导,遵循"专有名词 > 有定亲属名词 > 有定职位名词 > 其他有定名词 > 表人名词"偏向性等级 3. "相关成分"(associatives)也是有定表人名词为主导,与锚定成分性质相当。存在以下倾向性等级:(a)表人名词 > 有生名词;(b)家庭关系 > 朋友关系,共同参与活动关系 > 临时组合关系

续表

语义参数	典型连类复数语义表现
量化	双数、复数；不能再接受复数标记、数量词、量化词的量化①
"集合—分配"	集合解读和分配解读都有可能
"包含—排除"	排除解读②

但是，我们考察后发现连类复数标记"家伙"却和典型的连类复数有着完全不同的分布和意义，下面我们详细介绍宜春话"家伙"的分布，光杆复数的用法以及在其他复数参数上的表现。

首先，从"家伙"标记的名词类型来看，与典型连类复数不同，"家伙"用在表人名词后的情况极为有限，反而最常用在普通无生命名词后。不符合 Corbett（2004：56）归纳的与数范畴相关的生命度等级"第一人称 > 第二人称 > 第三人称 > 亲属 > 表人 > 有生命 > 无生命"。

"家伙"不允许用在人称代词、表人专有名词以及具有唯一性的亲属称谓词之后，如例（5）和例（6）。用在非唯一性的亲属称谓后，使用场景也极为有限，光杆形式的"亲属称谓 + 家伙"只能用于通指句（包括特征句和类指句，李旭平 2018：39），表达的是一类人物所具备的某种特征，比如例（7a）指的是"舅舅"为代表的这一类的娘家亲人（如外公、外婆、舅舅）在外甥女结婚的时候坐头席；用于"事件句"（episodic sentence）做主语时需要加上表示限定的成分如代词"你"，否则句子不成立，如例（7b）。

（5） *ŋo^{34}ka^{34}fo^{0} / *ȵi^{34}ka^{34}fo^{0} / *kɛ^{34}ka^{34}fo^{0} / *uoŋ^{44}tʰau^{34}ka^{34}fo^{0}
*我家伙/*你家伙/*渠家伙/*王涛家伙

---

① 这一条是笔者所补充，Moravcsik（2003）原文只有"dual"（双数）"plural"（复数）两条。"双数"和"复数"之所以被分开，是因为复数有严格定义和宽松定义之分，严格定义下的"复数"不包括"双数"和"三数"，因为"双数"和"三数"在一些语言中有自身独特的标记。

② 这一点是笔者根据该参数的定义归纳得出的，并非来自作者原文，归纳过程见第一章。

(6) a. *pa²¹ pa⁴⁴ ka³⁴ fo⁰ i ʔ⁵ pon³⁴ tu³⁴ ɕi²¹³ toŋ³⁴ ka³⁴ ko⁰.
　　　*爸爸家伙　　一般　　都是　　当家　　格。

b. *pa²¹ pa⁴⁴ ka³⁴ fo⁰ lœ⁴⁴ li⁰.
　　*爸爸家伙　　来嘞。

c. *ȵi³⁴ pa²¹ pa⁴⁴ ka³⁴ fo⁰ lœ⁴⁴ li⁰.
　　*你爸爸家伙　　　来嘞。

(7) a. tɕʰiu²¹ tɕʰiu⁴⁴ ka³⁴ fo⁰ i ʔ⁵ pon³⁴ ŋœ²¹ saŋ³⁴ ȵy²¹ tɕiɛ⁴⁴ fun³⁴ ko⁰
　　　舅舅家伙　　　　一般　外甥女　　结婚格
　　　ɕi⁴⁴ tsi ʔ⁵ tsʰo²¹³ tʰɛu⁴⁴ ɕi⁰ ɛ.
　　　时唧　坐　头席　　耶。舅舅、外公外婆什么的在外甥女结婚的时候坐头席。

b. *(ȵi³⁴) tɕʰiu²¹ tɕʰiu⁴⁴ ka³⁴ fo⁰ lœ⁴⁴ li⁰.
　　*(你) 舅舅家伙　　　　来嘞。你舅舅、姨什么的来了。

光杆形式的"表人普通名词+家伙"同样多用于"通指句"作主语或者充当"是"字句的谓词，表达"X+其他类别"的意义，如例（8a）可以表达"大老板、明星、运动员"等是最有钱的，"大老板"只是具备"有钱人"特征集合的一个代表，同样复数集合中的成员是复数的"类"而不是个体。用于"事件句"时，无论是表有定还是无定，都需要加上一些限定成分，如"蛮多"表无定，"渠格他"表有定，等等，如例（9）和例（10）。

(8) a. tsui²¹³ iu⁴² tɕʰiɛn⁴⁴ ko⁰ ɕi²¹³ tʰai²¹³ lau⁴² pan⁴² ka³⁴ fo⁰.
　　　最　有钱格　　是　大老板家伙。最有钱的是大老板什么的。

b. tɕʰy ʔ⁵ min⁴⁴ tsʰœ³⁴ uai²¹³ xai⁴⁴ ɕi²¹ iɛu⁴⁴ kʰau⁴⁴
　　出门在外　　　　还是　要　靠
　　pʰəŋ⁴⁴ iu²¹ ka³⁴ fo⁰.
　　朋友家伙。出门在外还是要靠朋友什么的。

c. lau⁴² sɿ³⁴ ka³⁴ fo⁰ ɕi²¹³ kuɛ⁴⁴ ka³⁴ tan³⁴ ui²¹ ko⁰.
　　老师家伙　　是　国家单位　　格。老师什么的是国家单位的。

(9) a. kɛ³⁴ pa⁴² * (kɛ³⁴ ko⁰/tsʰɿ²¹ tɕi³⁴ ko⁰) pʰəŋ⁴⁴ iu²¹ ka³⁴ fo⁰

渠 把 *（渠格/自己格）朋友家伙
tɛʔ⁵tsʰi² ¹li⁰.
得罪 嚓。

b. kɛ³⁴ iu⁴² *（man⁴⁴to³⁴） pʰən⁴⁴iu²¹ka³⁴fo⁰.
渠 有 *（蛮多）朋友家伙。

(10) a. *lau⁴²sɿ³⁴ka³⁴fo⁰ tsʰœ²¹³ min⁴⁴kʰɛu²¹ ua³⁴sɿ²¹³.
*老师家伙 在 门口 话事₍说话₎。

b. *iu⁴² lau⁴²sɿ³⁴ka³⁴fo⁰ tsʰœ²¹³ min⁴⁴kʰɛu²¹ ua³⁴sɿ²¹³.
*有 老师家伙 在 门口 话事。

c. iu⁴² man⁴⁴to³⁴ lau⁴²sɿ³⁴ka³⁴fo⁰ tsʰœ²¹³ min⁴⁴kʰɛu²¹
有 蛮多 老师家伙 在 门口
ua³⁴sɿ²¹³.
话事。

"家伙"最常加在表物名词后，包括可数名词以及不可数名词，甚至可以加在表物的唯一性名词如"月晓₍月亮₎"等后。光杆复数同样用作通指，不表示个体指称。

(11) a. pʰin⁴⁴kuo²¹ka³⁴fo⁰ tɕʰiaʔ⁵li⁰ tui⁴⁴n̠in⁴⁴ xau²¹³.
苹果家伙 吃嚓 对人 好。

b. mau⁴⁴iu⁴² ɕy⁴²ka³⁴fo⁰ n̠in⁴⁴tɕʰiu²¹ui²¹³ sɿ⁴².
冇有 水家伙 人就会 死。

c. n̠œʔ⁵ɕiɛu⁴²ka³⁴fo⁰ li⁴⁴ ŋo³⁴li⁰ man⁴⁴yon⁴²man⁴⁴yon²¹³.
月晓₍月亮₎家伙 离 我俚 蛮远蛮远。

如果要在事件句中用作个体指，也需要限定成分的参与，包括无定限定语"蛮多""发积₍一些₎"和有定限定语，等等。

(12) a. *kɛu⁴²ka³⁴fo⁰tsʰœ²¹³ kuo²¹³ ma⁴²lu²¹³.
*狗家伙 在 过 马路。

b. ???iu⁴² kɛu⁴²ka³⁴fo⁰ tsʰœ²¹³ kuo²¹³ ma⁴²lu²¹³.
   ???有 狗家伙 在 过 马路。

c. iu⁴² man⁴⁴to³⁴ kɛu⁴²ka³⁴fo⁰ tsʰœ²¹³ kuo²¹³ ma⁴²lu²¹³.
   有 蛮多 狗家伙 在 过 马路。

d. ŋo³⁴ko⁰ kɛu⁴²ka³⁴fo⁰ tsʰœ²¹³ uai²¹³miɛn²¹ sa⁴².
   我格 狗家伙 在 外面 耍。

(13) a. ȵi³⁴ pa⁴²??? (tsiʔ⁵) pʰin⁴⁴kuo²¹ka³⁴fo⁰ foŋ²¹³tau²¹
    你 把??? (积那些) 苹果家伙 放到
    lai²¹³li⁰?
    哪里?

b. ???iu⁴² pʰin⁴⁴kuo²¹ka³⁴fo⁰ tsʰœ²¹³ tsoʔ⁵tsʅ²¹lau²¹ ʂoŋ²¹³.
   ???有 苹果家伙 在 桌子 脑上。

c. iu⁴²faʔ⁵tsiʔ⁵ pʰin⁴⁴kuo²¹ka³⁴fo⁰ tsʰœ²¹³ tsoʔ⁵tsʅ²¹lau²¹ ʂoŋ²¹³.
   有 发唧一些 苹果家伙 在 桌子 脑上。

d. pa⁴² tsoʔ⁵tsʅ²¹ ʂoŋ²¹³ lɛn³⁴tsiʔ⁵ pʰin⁴⁴kuo²¹ka³⁴fo⁰
   把 桌子上 棱积那些 苹果家伙
   tɕʰiaʔ⁵kuæʔ⁵ kɛ³⁴tɕʰiɛ²¹.
   吃过 渠去。

有种情况下"X家伙"做论元时前面可以没有限定词,如句中其他位置出现量化成分进行约束,例(14)"X家伙"之后加上表示全称的"一下""都"等时句子也是可以成立的。

(14) a. ŋo³⁴pa⁴²tɕʰy²¹³ka³⁴fo⁰ iaʔ⁵ tso⁴⁴kuæʔ⁵ li⁰.
    我 把 树家伙 一下全部 斫过完 嘞。

b. kɛ³⁴pa⁴² pʰəŋ⁴⁴iu⁴²ka³⁴fo⁰ tu³⁴tɛʔ⁵tɕʰi²¹li⁰.
   渠把 朋友家伙 都 得罪 了。

宜春话"X唧"在指称上的表现不同于普通话的"们",反而和法语光杆复数是一致的。根据 Chierchia (1998a:355) 的研究,法语的光杆复数是谓词性的，不能单独充当论元成分。

(15) a. *<u>Enfants</u> sont venus chez nous.
'Kids have come by us.'
b. *J'ai mangé <u>biscuits</u> dans mon lait.
'I ate cookies with my milk.'

除了标记名词性成分，"家伙"还能标记动词短语表示的事件，以表示事件的复数。表达事件复数时，可以放在主语或宾语位置，这里我们采取朱德熙等（1961）的观点，并不认为这是一种"名物化"的结果，而是兼具名词和动词功能的"名动词"，因为它们还能用于真正的动词位置。比如，例（17a）中"唱嚓歌家伙"用在副词"还"之后，是动词短语，且此时表示"唱了歌＋做了其他事情"的事件复数意义。同样，例（17b）中的"炒粉家伙"用于表示进行体的"在"之后，是真正的动词短语。

(16) a. kɛ³⁴ tsɿ⁴⁴ sɿ²¹³ ka³⁴ fo⁰　　man⁴⁴　sai⁴⁴.
渠　做事家伙　　　蛮　杀厉害。
b. ŋo³⁴　ɕi⁴²fon³⁴　tɕʰioŋ⁴⁴ko³⁴ka³⁴fo⁰.
我　喜欢　　唱歌家伙。
(17) a. tɕʰy⁴⁴kuæʔ⁵　tɕʰiaʔ⁵fan²¹³, tsʰo⁴⁴ȵi²¹　ŋo³⁴xai⁴⁴
除过　　吃饭，　　昨日　我还
tɕʰioŋ²¹³li⁰ko³⁴　ka³⁴fo⁰.
唱嚓歌　　　家伙。
b. ŋo³⁴tsʰœ²¹³ tsʰau⁴²fin⁴²ka³⁴fo⁰, piʔ⁵iɛu²¹³　lœ⁴⁴tsʰau⁴²ŋo³⁴.
我　在　炒粉家伙，　　　不要　来吵　我。

最后，形容词后也可以加"家伙"，通常会在形容词和"家伙"中间加入"啊"，形成"形容词＋（啊）＋家伙"结构。表达的是形容词所代表的特征的复数，如例（18a）可以表达"累、苦、无聊等都不怕，就怕工资低"的意义，"累啊家伙"表示的集合中可以有｛累, 苦, 无聊｝

等特征。

(18) a. ly²¹³（a³⁴）ka³⁴fo⁰ tu³⁴ piʔ⁵pʰa²¹³, tɕʰiu⁴²pʰa²¹³ kuŋ³⁴tsɿ²¹ ti³⁴.
累（啊）家伙　都　不怕，　就怕　工资低。

b. ta⁴²tɕin³⁴, tʰəŋ⁴⁴（a³⁴）ka³⁴fo⁰ ɕi²¹³miɛn⁴²piʔ⁵liɛu²¹³ ko⁰.
打针，痛（啊）家伙　是　免不了　格。

除了可以加在单个的名词之后，"家伙"还常用在多个名词、形容词和事件后，表示列举未尽的意义，即"部分列举"。

(19) a. ɕy³⁴, tsoʔ⁵tsɿ²¹, tsʰoŋ³⁴tsɿ²¹ka³⁴fo⁰ tu³⁴ mœʔ⁵kon³⁴tɕʰin²¹³ lœ⁰.
书、桌子、窗子家伙　都　抹　干净　来。

b. ly²¹³（a³⁴），kʰu⁴²（a³⁴）ka³⁴fo⁰ tu³⁴ piʔ⁵pʰa²¹³,
累啊、苦啊家伙　都　不怕，
tɕʰiu⁴²pʰa²¹³ kuŋ³⁴tsɿ²¹ti³⁴.
就怕　工资低。

c. kɛ³⁴tsɿ⁴⁴n̠in⁰, tsɿ⁴⁴sɿ²¹³ka³⁴fo⁰ tu³⁴ man⁴⁴xau⁴².
渠做人、做事家伙　都　蛮好。

以上是"X家伙"中，X所能够出现的词类介绍。

(20) *代词/*唯一亲属/非唯一亲属/普通表人名词/有生非表人名词/无生名词/动词短语/形容词

在分布上，"家伙"最大的特点是不能加在代词后，但是能够加在名词、动词短语以及形容词之后。朱德熙等（1961）认为，动词、形容词本身就有和名词一样的性质，只是在某些句法环境中被实现了，实际上，

"无论它们已经实现出来的性质(做主语、受定语修饰等)或是蕴含在内的性质(在这种具体环境里不能重叠、不能做谓语等),都是动词和形容词本来的性质。"

在我们看来,名词、动词、形容词共同的性质之一就是可以充当谓词,表达某种特征(property),语义类型为<e,t>,可以充当函数(function),带上论元(argument)后构成一个命题。比如,例(21)中"学生"是"他"所具备的一种特征,"很美丽""吃了饭"同样是"他"具备的一项特征。

(21) a. 他是<u>学生</u>。
b. 他<u>很美丽</u>。
c. 他<u>吃了饭</u>。

(22) a. 〚学生〛 = λx. 学生(x)
b. 〚美丽〛 = λx. 美丽(x)
c. 〚吃了饭〛 = λx. 吃了饭(x)

在指称上,"X家伙"最显著的特点是不能独立充当论元,主要充当谓词,默认表类指,表示一种性质或者具有某种性质的一类事物。

下面我们考察"X家伙"其他方面的语义,主要是量化特征、"集合—分配"解读和"包含—排除"解读。

与普通话中的"们"不同,宜春话中的"X家伙"可以被量化,数量短语等量化成分可以在"X家伙"之前,对"X家伙"集合中个体的数量进行量化。"X家伙"被数量短语修饰时表示个体指,绝对不能被表单数的数量短语修饰,如例(23)都是不合理的;被大于一的数量短语修饰时,"X家伙"中表示的集合中成员是不同质的。比如,例(24a)中的"三只苹果家伙"表示的是苹果和其他类型的水果个体总数为"三",不能表示苹果的数量为"三"。从组合来看,可以是两个苹果加一个其他水果,也可以是三种不同类型的水果等,只要满足种类大于二,个体数量为三即可。

(23) a. *ko²¹tɕiaʔ⁵/tɕiəŋ⁴² pʰin⁴⁴kuo⁴²ka³⁴fo⁰ man⁴⁴ xau⁴²tɕʰiaʔ⁵.

＊格只/种　　　苹果家伙　　　　蛮　好吃。
　　b. ＊iu⁴² i?⁵tɕia?⁵ ŋy⁴⁴tsi?⁵ka³⁴fo⁰　tsʰœ²¹³ xo⁴⁴li⁰ iu⁴⁴.
　　　＊有　一只　鱼唧家伙　　　在　　河里　游。
（24） a. ko²¹³san³⁴tɕia?⁵　pʰin⁴⁴kuo⁴²ka³⁴fo⁰　ɕi²¹³ma⁴⁴ma²¹mai⁴²ko³⁴.
　　　葛这三只　　苹果家伙　　　是　妈妈　买　格。
　　　　　　　　　　　　　　　　　（如1苹果，1梨，1香蕉）

　　b. pa⁴²lɛn³⁴san³⁴tʰiɛu⁴⁴ kʰu²¹³ka³⁴fo⁰　ɕi⁴²kuæ?⁵.
　　　把 棱那三条裤家伙　　　　洗过。
　　　　　　　　　　　　　　　　　如2条短裤，1件衬衫

　　由于"家伙"还可以加在不可数名词后，在借助量词的情况下，可以被计数。同样满足类别数量大于二，数词表示个体的数量。如例（25a）"三碗水家伙"可以表示一碗水、一碗酒、一碗饮料，也可以表示两碗水、一碗酒，但是不能表示三碗全部是水，即"类"的数量要大于二。

（25） a. pa⁴²lɛn³⁴　san³⁴uon⁴²　ɕy⁴²ka³⁴fo⁰ tœ?⁵tɛ?⁵kuo²¹³lœ²¹.
　　　把　棱　三碗　　　水家伙　　端得　过来。
　　b. ŋo³⁴mai⁴²li⁰ n̩⁴²tʰœ²¹³miɛn²¹³fin⁰ka³⁴fo⁰.
　　　我 买嚟　五袋　面粉家伙。

　　但是，数量短语修饰"X家伙"也有限制，首先是量词选择的限制。由于X与"家伙"首先进行组合再被数量短语修饰，因此量词必须要同时修饰X以及语境中表示的其他类。比如，例（26a）"被伙"可以用量词"床"来计量，语境中所含的其他类也必须能用"床"计量，如"毯子""席子"等在宜春话中也是用"床"这个量词，因此"三床被伙家伙"才能表示被子、席子什么的总数为三床。例（26b）同理。

（26） a. ko²¹³　san³⁴tsʰoŋ⁴⁴　pi²¹³fo²¹ka³⁴fo⁰　　　kon³⁴li⁰.
　　　葛这　三床　　被伙家伙 三床[被子和其他东西]　干嚟。
　　b. ŋo³⁴mai⁴²li⁰ n̩⁴²tɕia?⁵pʰin⁴⁴kuo⁴²ka³⁴fo⁰.

我　买嚟　　五只　　苹果家伙。

其次是名词的类要能出现在同一个语义场中，有一个共同的上位概念，且能够和谓词进行搭配。比如，虽然河和被子都能用量词"条"计量，但例（27a）中的"三条河家伙"不能表示"河"和"被子"的总数为三条。因为"河"的"干"是水枯而干涸的意义而"被子"的"干"是干燥的意义，二者不在同一个语义场，不具备相同特征。同理，例（27b）虽然"姑姑"和"狗"都用量词"只"但是二者不在同一个语义场，也难以成立。

(27) a. #lɛn³⁴ san³⁴tʰiɛu⁴⁴ xo⁴⁴ka³⁴fo⁰ kon³⁴li⁰.
　　　 #棱　 三条　　　河家伙　　 干嚟。语境：{一条河＋两条被子}
　　 b. #ŋo³⁴san³⁴tɕiaʔ⁵ ku³⁴ku⁴⁴ka³⁴fo⁰ pʰiɑŋ²¹³li⁰.
　　　 #我　三只　　　姑姑家伙　　病嚟。语境：{两只姑姑＋一只狗}

从指称来看，宜春话中的"数量名＋家伙"是强无定的表达。如果要表达有定，一定需要指示词、代词等有定成分的修饰。

(28) a. lœ⁴⁴li⁰ san³⁴tɕiaʔ⁵ tʰən⁴⁴xoʔ⁵ka³⁴fo⁰.
　　　 来嚟　　三只　　　　同学家伙。
　　 b. san³⁴tɕiaʔ⁵ tʰən⁴⁴xoʔ⁵ka³⁴fo⁰ lœ⁴⁴li⁰.
　　　 *三只　　　同学家伙　　　来嚟。
　　 c. ŋo³⁴ san³⁴tɕiaʔ⁵ tʰən⁴⁴xoʔ⁵ka³⁴fo⁰ lœ⁴⁴li⁰.
　　　 我　 三只　　　　同学家伙　　　来嚟。

Moravcsik（2003：476）根据内聚性将名词分为分类复数和群体复数（group plural），分类复数是分类学（taxonomic）上的，下位概念是"例"（tokens），上位概念是"类"（type）。"类"是集合中所有成员性质的交集（intersection）。群体复数则是依据整体与部分关系形成的，复数名词短语指称一个整体，构成整体的部分是复数的个体，如英语中的 committee（委员会）词一定蕴含多位成员，每位成员是委员会的组成部分。

我们认为，虽然"家伙"表连类复数，实际上是典型的分类复数标记，要求集合成员具有交集性质而不要求"X 家伙"表达整体意义。上文提到，"X 家伙"表达的集合中的元素是"特征"，"家伙"标记的是"特征"的复数。

首先，使用"家伙"列举事物时，所列举的事物应该在同一个语义场，具有同一个上位概念或者能够共同具备某一性质。这种特征可以是名词本身具备的特征，如"苹果、香蕉、桃立家伙"可以归纳出"水果"这一特征，因此例（29a）可以理解为这些类的水果很好吃。也可以是谓词或者语境中提供的共同特征，"苹果、香蕉、地球"似乎不在同一个语义场，一般情况下很难成立，因为难以拥有交集的性质。但是，如果在某种语境下，能将三者的共同特征"是名词"提取出来，句子也是可以成立的，如例（29b）。

(29) a. $p^h in^{44} kuo^0$, $\varcion^{34} t\varcieu^0$, $t^h au^{44} li^0 ka^{34} fo^0$ man^{44} $xau^{42} t\varc^h ia?^5$.
　　　苹果、香蕉、桃立家伙　　　　　　蛮　　好吃。
　　b. $p^h in^{44} kuo^0$, $\varcion^{34} t\varcieu^0$, $t^h i^{213} t\varc^h iu^{44} ka^{34} fo^0$ $\varci^{213}$
　　　苹果、香蕉、地球家伙　　　　　　　　　是
　　　$t^h əŋ^{213} ts^h ʅ^{44}$.
　　　名词。

也就是说，集合中的成员能够具有交集的特征是使用"家伙"的前提条件，从这个角度来看，"家伙"和英语中的累加复数（cumulative plural）具有相同的表现。英语中的复数标记 -s 标记的是这一类具有相同特征的名词，英语中的光杆名词 N 是谓词性的（Chierchia 1998a 等），能用复数 N-s 表达的集合，集合成员需要共同具备 N 表达的特征。

(30) a. The students came.
　　　b. I like apples.

正是由于分类复数是特征的集合，因此满足"累加指称特征"（cumulative reference property，Landman 1989），如例（31）前后句存在互相蕴含的关系。

(31) a. 苹果、香蕉、桃立家伙蛮好吃。↔苹果蛮好吃，香蕉蛮好吃，桃立蛮好吃。
     b. 我同学家伙对我蛮好。↔我同学对我蛮好，我朋友对我蛮好，我家人对我蛮好……

以上表现与典型的"连类复数"表达的群体复数关系不同，群体复数不需要成员之间具有相似性，也不仅是成员个体的加合关系，而是需要成员之间构成一个组合（set）或者整体。比如，"小虎队"和"旺旺大礼包"作为典型的"群体名词"（group noun），指称的是一个整体，其中的成员属于整体中的部分，并不满足例（32）的蕴含关系，甚至后句根本就是不成立的。

(32) a. 小虎队成立30年了。↛*苏有朋成立三十年了，陈志朋成立三十年了，吴奇隆成立三十年了。
     b. 旺旺大礼包里面有很多零食。↛*旺旺仙贝有很多零食，旺仔QQ糖有很多零食……

此外，与"中性谓词"（neutral predicate）组合时，群体复数只有集合解读，而分类复数既能产生集合也能产生分配解读。例（33a）既有同学朋友等人一起唱歌的意义，也有分别唱歌的意义。例（33b）既可以表示将苹果之类的东西一起放到篮子里，也可以表达分别放到篮子里。

(33) a. ŋo^{34}tʰəŋ^{44}xoʔ^{5}ka^{34}fo^0 tsʰœ^{213} tɕʰioŋ^{21}ko^{34}.
        我 同学家伙   在   唱歌。
     b. pa^{42}pʰin^{44}kuo^{42}ka^{34}fo^0 foŋ^{44}tau^{213} lan^{44}li^{21}.
        把 苹果家伙   放到   篮里。

根据 Moravcsik（2003），典型的连类复数标记是群体（group-based），

如第五章介绍的宜春话的"几个",在例(34a)中只有集合解读,表达以"我"为代表的群体合唱了一首歌的意义。例(34b)同样只有合送一张卡片的意思。

  (34) a. 我同学<u>几个</u>在唱歌。
     b. 小王<u>几个</u>送了一张卡片给老师。

  普通话中的"们"也具有群体的指称,集合成员之间不是完全基于相似性而构成集合,而是必须具有紧密的关系。张帆等(2017)发现,"们"的使用与"同盟性"特征相关,汉语复数标记在产生之初显示出较强的立场倾向性,相较于"数"范畴,更像是(正)同盟立场范畴标记。

  以"我们"为例,"我们"在使用时不仅表达"我+其他人",而应该是"我以及我的同伴",二者的区别就在于前者单纯强调加合关系而后者强调了"我"与集合成员的紧密关系。这种关系既可以是与社会亲疏程度相关的,如朋友、亲人等关系;也可以是共同参与某一活动而临时建立的。

  比如,在现实世界中,在中国的"我"和远在美国的美国前总统"奥巴马"互不相识,我唱了一首中国国歌,奥巴马唱了一首美国国歌。如果按照"我们"="我+其他人"的观点,那么例(35a)的命题理应成立,表达"我唱了一首歌并且奥巴马唱了一首歌"的意义,但是实际上该句子语用上很难成立,例(35a)倾向于表达"合唱了一首歌"的意义。同样,例(35b)也倾向于表达共同完成一个项目的意义。如果要表达分别完成一个项目的意义,要加上"都""分别"等表"分配"的成分。

  (35) a. 我们唱了一首歌。
     b. 学生们完成了一个项目。

  从以上对宜春话"X家伙"和英语以及汉语"们"在"内聚性"参数上的对比来看,连类复数"X家伙"与英语真性复数"X-s"表现一致,都属于分类复数。而普通话中的"X们"则是群体复数。

  "包含—排除"解读指的是光杆复数指称能不能包含单数原子。以英语为例，假设 apple 在世界中有以下三个原子成员：a，b，c，那么复数形式 ⟦apples⟧ = {a⊕b，b⊕c，a⊕c，a⊕b⊕c}，还是 {a，b，c，a⊕b，b⊕c，a⊕c，a⊕b⊕c}？前者是"排除"的语义，后者是"包含"的语义。

英语中的光杆复数一般被认为具有"包含"语义。因为只有"包含"解读的光杆复数可以出现在例（36a）对应结构中（Mathieu 2014 等），此时句子表达的是"是否具有满足 orange（橘子）特征的事物"，不预设有多个橘子，从例（36b）回答可以看出包含了单数原子。普通话中的"X 们"则很难出现在这一结构中，因为"X 们"指称的只能是具体的有定个体而不是概念，是排除性的。

（36）a. Do you have oranges?
　　　b. Yes, I have **one**.

（37）a. *教室里有同学们吗？
　　　b. *你学校有老师们吗？

宜春话的"X 家伙"出现在类似的领有结构中是非常自然的，上文也提到，"X 家伙"常用作谓词，表达的是一种特征或者概念。按照 Grimm（2013）分析，如果光杆复数指称的是概念而不是具体的个体，那么它就是包含性的复数。

（38）a.　　ȵi^{34} iu^{42} pʰin^{44} kuo^{42} ka^{34}fo^{0}　mo^{0}?
　　　问：你　有　苹果家伙　　　么？
　　　　　iu^{42}, iu^{42}　iʔ^{5}tɕiaʔ^{5}tʰau^{44}li^{0}.
　　　答：有，有　一只　　桃哩。
　　　b.　　ȵi^{34} iu^{42} lau^{42}tʰi^{0}ka^{34}fo^{0}　mo^{0}?
　　　问：你　有　老弟家伙　　么？
　　　　　iu^{42}, iu^{42} iʔ^{5}tɕiaʔ^{5}　lau^{42}tʰi^{213}　iʔ^{5}tɕiaʔ^{5} mœ^{213}mœ^{0}.
　　　答：有，有 一只　　老弟　　一只　妹妹。

从例（38a）的问答来看，"苹果家伙"不仅仅指称"苹果"这一概念，而且还是表达"苹果"的上位概念，该句子可以表达相当于"你有水果吗"的意思，因此在进行肯定回答时，还可以回答除了"苹果"之外的水果。同样，例（38b）"老弟家伙"可以表达"兄弟姊妹"这一上位概念，回答内容可以超出"老弟"的范围。

此外，"包含—排除"解读还可以通过否定形式进行测试。进行否定时，否定的不仅是复数，而且包含单数原子，如例（39a）的肯定形式不能用在收获一个土豆的情况下（单数），只能用在收获了多个土豆的情况下（复数）；但是例（39b）否定形式并不只否定"收获了多个土豆"这一命题，而是表达没有收获任何土豆，即否定了"收获一个土豆（单数）"的情况（Martí 2020）。在这种情况下，不能补出例（39c）中的后半句。

(39) a. Lina harvested tomatoes.
b. Lina didn't harvest tomatoes.
c. Lina didn't harvest tomatoes；#she planted only one tomato.

宜春话的"X 家伙"同样在肯定句中一定指称多于一个类别，如例（40a）指的是"我有弟弟以及其他兄弟姊妹，如妹妹姐姐等"。其否定形式与例（40b）类似，不仅否定复数意义，还表达没有任何兄弟姊妹的意义，因此也包含单数原子。同样不能补出例（40c）中的后半句。例（41）类似。

(40) a. ŋo^{34}iu^{42}　　　　lau^{42}tʰi^{0}ka^{34}fo^0.
　　　我 有　　　　　　老弟家伙。
b. ŋo^{34}mau^{44}　　　lau^{42}tʰi^{0}ka^{34}fo^0.
　　　我 冇　　　　　　老弟家伙。
c. ŋo^{34}mau^{44}　lau^{42}tʰi^{0}ka^{34}fo^0, #ŋo^{34}　tɕiʔ^{5}iu^{42}　lau^{42}tʰi^0.
　　　我 冇　　老弟家伙，　　　#我　只有　　老弟。
(41) a. ŋo^{34}tɕʰiaʔ^{5}li^{0}pʰin^{44}kuo^{42}ka^{34}fo^0.
　　　我 吃嘞　苹果家伙。
b. ŋo^{34}mau^{44}　tɕʰiaʔ^5　pʰin^{44}kuo^{42}ka^{34}fo^0.

我　有　吃　苹果家伙。
c. ŋo³⁴ mau⁴⁴　tɕʰiaʔ⁵　pʰin⁴⁴kuo⁴² ka³⁴fo⁰, #tɕiʔ⁵ tɕʰiaʔ⁵li⁰
　　我　有　吃　苹果家伙，　　　#只　吃嘹
pʰin⁴⁴kuo⁴².
苹果。

普通话中"们"与"家伙"不同，在上一测试中普通话中的"们"是排除性的解读。假如合唱团的老师约定了和合唱团的二十位同学一起排练，例（42a）只能表示多位同学，例（42b）中的"同学们"是有定的复数集合，听说双方都明确其所指。既可以用在一位同学都没到的情况下，也可以用在只有一位同学的情况下，例（42c）可以补出后半句。也就是说"同学们"只指称特定的复数个体的集合，可以排除单数。

(42) a. 我看见同学们了。
　　　b. 我没看见同学们。
　　　c. 我没看见同学们，只看见一个同学来了。

从"包含—排除"解读参数来看，宜春话中的"X 家伙"是包含性解读，与英语中的光杆复数是一致的，指称的是概念而不是具体个体；汉语的"X-们"是排除性的，指称的不是一个概念而是具体的个体。

二 "家伙"的语义特征

从分布和指称性质来看，"家伙"具有如下性质：

（1）"家伙"所标记名词从生命度来看，不符合 Corbett（2004）提出的复数标记生命度等级，生命度越高反而标记的难度越大，人称代词、专有名词以及具有唯一性的亲属名词不能被标记。"家伙"最常见的是标记在无生命名词后，甚至可以标记在不可数名词和具有唯一性的表物名词如"月晓_{月亮}"等后。

（2）"家伙"还可以加在其他谓词性成分如动词短语以及形容词之后。名词、动词短语和形容词都可以表达特征，从这个意义上，"家伙"可以统一为表达"特征"的复数。

（3）"X家伙"表示的复数集合是非同质的，表示"X+其他种类"。最无标记的用法是用在"通指句"（包括类指句和特征句）中，用在"事件句"中做论元表有定、无定时需要在之前加上限定词或者句中有其他的限定成分。

（4）宜春话中的数量短语等量化成分可以对"X家伙"进行量化，"数量名+家伙"表达强无定特征。

"X家伙"的以上性质类似于吴语中的光杆名词（李旭平 2018）和英语中的光杆复数（bare plural），具有强谓词性，默认表示通指。如果要做论元，需要其他限定成分的参与，吴语中可用量词，英语中则通常使用有定或者无定的限定词等。

第三节 "家伙"的加合复数分析

从语义上看，我们认为，"家伙"和英语中的 -s 一样是加合算子，不同的是， -s 是针对个体的加合，"家伙"是针对"类"和特征的加合。

根据 Link（1983）和 Chierchia（1998a）等，加合算子作用的对象是单数原子构成的集合，即名词本身指称单数。复数标记 -s 是加合算子，操作过程如下：假如 a，b，c 为符合 X 特征的个体，单数的 X 指称如例（43a）所示，光杆复数的"X-s"即是应用加合操作，得到复数个体的集合，如例（43b）。

(43) a. ⟦X⟧ [= {a, b, c}
　　 b. *⟦X⟧ = ⟦X-s⟧ = {a⊕b, b⊕c, a⊕c, a⊕b⊕c}

上文提到，"X家伙"的使用需要存在一个抽象的上位概念，如"老弟家伙"可以指同胞姊妹，"苹果家伙"指以苹果为代表的水果。如果我们将这一上位概念记作 Y，那么宜春话中 Y 对应于例（44）英语中的 X。也就是说，英语中的"X-s"中，X 就是集合成员的共享特征，如 students 中集合成员都具备 student 这一特征；但是，对于宜春话，这一共享特征是抽象的、显性形式的 X 只是 Y 的一个代表。我们以"苹果家伙"为例,如果语境中上位概念为水果。假设世界上只有三类水果,其中一类是苹果[k①],还有两类是其他水果 b^k 和 c^k。

(44) a. 〚水果〛 = {苹果^k, b^k, b^k}
　　 b. *〚水果〛 = 〚苹果家伙〛 = {苹果^k⊕b^k, b^k⊕c^k, 苹果^k⊕c^k, 苹果^k⊕b^k⊕c^k}

因此,"苹果家伙"并不是对"苹果"个体进行加合,而是对符合苹果的上位概念 Y 的"类"进行加合。无论是 Chierchia(1998a, b)还是 Borer(2005),都认为汉语中的光杆名词语义上为不可数名词,这也是学界目前的基本共识,我们同意这种观点。从逻辑上说,由于汉语的光杆名词不表单数,因此汉语中不存在对个体进行加合的复数。但这并不意味着汉语中不存在"加合复数"。如果加合算子要发挥作用,可以针对"类"(kind)进行加合,此时的"类"是另一个维度的单数,Champollion(2017)称之为原子性(atomic)的"类"。宜春话中的"家伙"就是针对原子性的"类"进行加合的复数形式,"家伙"语义是加合算子。

如果这种分析成立,需要解释的一个问题是"苹果家伙"的指称中包含 {b^k⊕c^k} 这一集合,集合中并没有"苹果"这一元素,即"苹果家伙"不一定有"苹果"。

我们发现,尽管宜春话"X 家伙"集合中一般情况下 X 个体需要在集合中,但并非强制,只是一种语用隐含意义(implicature),可以被取消。比如,例(45)中 A 说话人说的"腊肉家伙"只是表达过年的肉类年货的意义,不一定必须有腊肉这一类。因此 B 可以在没有买腊肉的情况下依然作肯定回答。因此,我们对"家伙"的加合算子分析应该是可以成立的。

(45) A：kuo^{213} ȵiɛn^{44}li^0,　mai^{42}fa^{21}tsiʔ^5　　laiʔ^{5}ȵiu^{21}ka^{34}fo^0
　　　　过年嚟,　　　　买　发唧　　　腊肉家伙

---

① 我们用在表"类"的名词后加上标 k 来区分个体的"苹果"和表示类的"苹果^k"。

tɕiaʔ⁵ xa²¹³ tsiʔ⁵.

吃下唧。快过年了，买点腊肉什么的吃一吃吧。

B：tsau⁴² tɕʰiu²¹³ mai⁴²xau⁴²li⁰, piʔ⁵kuo²¹³ tɕin³⁴ȵiɛn²¹ mau⁴⁴
早就　　买好嘞，　　　不过　　　今年　　　冇

laiʔ⁵ȵiu²¹ mai²¹³ mai⁴²li⁰ ɕioŋ³⁴tɕʰioŋ.
腊肉　　卖，　买嘞　香肠。早就买了，但是今年没有腊肉卖，买了香肠。

除此之外，还有一个问题是，加合复数算子对"类"的加合，结果是得到"类"的复数，但是被数量短语修饰时，得到的依然是个体复数的意义。从例（46）中的个体量词"袋"可以发现，这个句子并不表达"面粉"等类的食物有五类，而是面粉等食物的个体数量为五袋。这又如何解释呢？

(46) ŋo³⁴mai⁴²li⁰ ȵ₁⁴²tʰœ²¹³miɛn²¹³fin⁰ka³⁴fo⁰.
　　　我 买嘞　　五袋　　　面粉家伙。

前文提到，"X家伙"得到的意义是X的上位概念的意义，如"面粉家伙"事实上指称的"食物"这一集合名词。英语中，"食物"（food）、"水果"（fruit）这类名词都是不可数的，不能被数量短语修饰。但是，宜春话（以及普通话）中，这类名词都能被数量短语修饰，也就是说，表示个体的数量短语，可以修饰非个体性的非集散或集合名词。这说明"类"的加合复数分析得到上位的更大的"类"的分析是合理的，只是这种数量短语修饰非离散名词的机制尚不明确。例如：

(47) a. tɕiɛ⁴⁴　　kai³⁴ɕioŋ⁰ mai⁴²li⁰　　tɕi⁴²tʰoi　liaŋ⁴⁴ɕi⁰.
　　　去　　　街上　　买嘞　　　几袋　　　零碎。食物
　b. ŋo³⁴　mau³⁴ɕia⁴⁴fan²¹³, ɕia⁴⁴li⁰　lioŋ⁴²tɕiaʔ⁵ ɕy⁴²kuo⁴².
　　　我　　冇　吃饭，　　吃嘞　　两只　　　水果。

(48) a. 房间里空空荡荡，一共只有<u>三件家具</u>——一把扶手椅、一个搁着蜡烛台的小阅读架、一张厨房用的长桌。（普

通话，来自 BCC 语料库，下同）
b. 在经济许可的情况下，除每日三餐外每天可加食<u>1～2 个水果</u>。
c. 据说，当初是<u>十三个动物</u>一起，猫的文化高，担任主持。

第四节　小结

从分布和指称性质来看，"家伙"具有如下性质：

1）"家伙"所标记名词从生命度来看，不符合 Corbett（2004）提出的复数标记生命度等级，生命度越高反而标记的难度越大，人称代词、专有名词以及具有唯一性的亲属名词不能被标记。"家伙"最常见的是标记在无生命名词后，甚至可以标记在不可数名词和具有唯一性的表物名词如"月晓_{月亮}"等后。

2）"家伙"还可以加在其他谓词性成分如动词短语以及形容词之后。名词、动词短语和形容词都可以表达特征，从这个意义上，"家伙"可以统一为表达"特征"的复数。

3）"X 家伙"表示的复数集合是非同质的，表示"X + 其他种类"。最无标记的用法是用在"通指句"（包括类指句和特征句）中，用在"事件句"中做论元表有定、无定时需要在之前加上限定词或者句中有其他的限定成分。

4）宜春话中的数量短语等量化成分可以对"X 家伙"进行量化，"数量名 + 家伙"表达强无定特征。

无论是 Chierchia（1998a，b）还是 Borer（2005），都认为汉语中的光杆名词为不可数名词，这也是学界目前的基本共识，我们同意这种观点。因此从逻辑上说，汉语中不存在对个体进行加合的复数。但这并不意味着汉语中不存在"加合复数"。如果加合算子要发挥作用，只能针对"类"（kind）进行加合，此时的"类"是另一个维度的单数。宜春话中的"家伙"就是针对"类"进行加合的复数形式，"家伙"语义是加合算子。

在这里再讨论一下个体化复数和加合复数的根本区别。我们认为，能否被数量短语修饰，即能否被计数，是二者的本质区别。对于个体化复数而言，由于只区分单复数，没有被加合，无法形成可供选择的复数个体集合，而数量成分的语义类型是 <e, t>，需要从复数个体的集合中选择满足数量要求的个体，因此，只有经历加合之后的复数才能够被计数。那么，英语中的复数标记 –s 到底是个体化复数/分类复数（classifying）还是加合复数呢？我们认为 –s 兼而有之，一方面它起到了选择可数名词的作用，甚至在一定的语境下将不可数名词可数化，如 wines 可以表示不同种类的酒，同时，它也承担了将单数转变为复数的功能，可以被数量短语修饰。但是，在一些语言中，个体化和计数是分开的，或者说个体化复数还没有发展出加合复数的功能。

第 四 章

最大化复数

第一节 理论背景与研究问题

根据 Smith-Stark（1974），Corbett（2004：39）提出的复数标记的生命度等级，人称代词是最容易受到复数标记的一类词。Greenberg（1984）在对 30 种语言进行的调查基础之上，提出了普遍共性第 41 条："所有的语言都有至少包括三种人称和两种数在内的代词范畴。"在汉语中人称代词复数标记也是最为常见的，许多汉语方言中只有代词拥有强制性的复数标记，其他名词不能添加复数标记，名词的"数"蕴含了代词的"数"（彭晓辉 2008：182—186）。根据李蓝（2008）的考察，汉语代词后的复数标记有 63 类之多[①]，可见汉语中代词复数标记之发达。

根据第一章综述，汉语中包括"们"在内的大多数复数标记都是能够用在人称代词后的代词型复数标记。以普通话的"们"为例，"们"和英语的 -s 这样的复数标记有所不同，主要体现在以下三方面：第一，英语复数标记对名词的选择上，没有生命度的限制，非表人名词也可以加复数标记，如"tables"（多张桌子），而包括普通话"们"在内的许多汉语复数标记都对所标记名词的生命度有要求，不能说"桌子们""杯子们"等。第二，英语光杆复数（bare plurals）没有有定性的解读，而汉语许多复数标记只能加在有定的名词后，光杆复数具有有定性（吕叔湘

---

① 不排除同一个复数标记不同研究者用了不同的字，部分情况下可以合并，但这种情况应当是较少的。

1985；Iljic 1994；童盛强 2002；Li 1999 等）。第三，英语的复数标记可以和数量短语等量化成分共现，如"three students"，但普通话中的"*三个学生们"这类确数与"们"共现的形式是不合法的（胡裕树 1981；陈光磊 1987；袁梅 1996；储泽祥 2000；Li 1999：83；伍雅清、胡明先 2013；桑紫宏 2016 等）。

英语中普通名词的复数标记 - s 不能加在代词上，只能加在普通名词上表达真性复数，如例（1）。人称代词的复数与普通名词的真性复数有不同的指称结构（Cysouw 2003；Corbett 2004：83 - 84；Moravcsik 2003 等），反而与连类复数具有相同的结构和语义（Vassilieva 2005）。而普通话和众多汉语方言中的人称代词复数和普通名词复数是同形的，如例（2）中普通话的"们"；甚至大多数方言中的复数标记只能用于代词后，如例（3）的宜春话复数标记"俚"。根据彭晓辉（2008）的考察，汉语中的复数标记大多数是代词型的复数标记。

*I-s	*you-s	student-s	teacher-s
我们	你们	学生们	老师们
我俚	你俚	*学生俚	*老师俚

既然汉语普通话和方言中的复数标记大多是代词型的，而英语中的复数标记是非代词型的，二者可能是不同的两大类型。根据 Moravcsik（2003）归纳的复数六大语义参数，在已经被研究的前三种参数上截然相反，还有三项参数待考察。如表4—1 所示：

表4—1　考察前英语复数标记与宜春话"几个"语义参数表现对比

语义参数	- s 语义表现	代词型复数标记"几个"
名词类型	没有有定性要求；可数名词，对生命度没有限制	加在有定名词、指人名词后
列举性	加合型	部分列举/完全列举
等级	非等级型，成员间地位平等	等级性，X 被凸显
内聚性	分类复数	待考察

续表

语义参数	-s 语义表现	代词型复数标记"几个"
量化	双数、复数；可以被数量短语、量化词修饰	待考察
集合—分配解读	集合解读和分配解读都有可能	待考察

赣语宜春话中能够加在人称代词后的复数标记主要有两个[①]，分别是"俚"和"几个"。从复数标记的来源看，根据盛益民（2013）的分类，宜春话中的"俚"与中国境内的诸多方言具有类似性，来自处所词，比如例（1）中宜春话的"俚"有两种解读，一种是处所解读，一种是复数解读。赣语的南昌话中第一人称复数"我里"也来源于处所词（汪化云 2011a）。该标记还出现在湖南汨罗、湘乡、新化、邵东话，吴语区上海崇明、江苏苏州、无锡等地方言中，本字也应该是处所词"里"（陈山青 2011）。该标记还有学者使用"里、俚、哩"等记音字表示，由于该复数标记只能加在人称代词后，本书依据大多数学者习惯写作"俚"。

(1) a. fon^{34}in^0 lœ^{44} ŋo^{34}li^0.
    欢迎   来   我俚。欢迎来我家里做客。

宜春话（孙多娇 2007：20）

b. 我俚七个同学下在我俚姐她俚吃个饭。我们七个同学都在我姐姐她家吃的饭。

湖南汨罗话（陈山青 2011）

赣语宜春话中的三身代词为你、我、渠，只能表示单数。人称代词复数标记"俚"只能用在人称代词后；"几个"和普通话"们"类似，既可以用在人称代词后，又能够用在表人普通名词、亲属称谓词和专有名词等后（见第五章详细介绍）。例如：

[①] 宜春市袁州区彬江镇有四个，分别是表"人"型，只能加在第一人称代词后，如"我人"；"等"类，"我等""你等""渠等"。"处所"型，"我里""你里""渠里"以及数量型"我几个""你几个""渠几个"。

(2) a. 我俚 ŋo³⁴li⁰　　　　你俚 n̠i³⁴li⁰　　　　渠俚 kɛ³⁴li⁰
　　b. *同学俚 *tʰəŋ⁴⁴xoʔ⁵li⁰　　*桌子俚 *tsoʔ⁵tsʅ²¹li⁰
(3) a. 我几个 ŋo³⁴tɕi²¹ko⁴⁴　　渠几个 kɛ³⁴tɕi²¹ko⁴⁴
　　b. 同学几个 tɕi²¹ko⁴⁴　　杰伢几个 tɕʰiɛ⁴⁴ŋa　tɕi²¹ko⁰

此外，这两种复数标记还能共现，但是共现时遵循一定的线性顺序。如例（4）和例（5）所示，"俚"只能位于"几个"之前，"几个"总是处于外围。

(4) 我俚几个 ŋo³⁴li⁰tɕi²¹ko⁴⁴　　你俚几个 n̠i³⁴li⁰tɕi²¹ko⁴⁴
(5) *我几个俚 *ŋo³⁴tɕi²¹ko⁴⁴li⁰　　*你几个俚 *n̠i³⁴tɕi²¹ko⁴⁴li⁰

这说明尽管这两类复数标记都能置于代词之后表达复数，但是依然存在差异。否则不会在例（4）中出现双重复数标记，也不会有例（5）这种共现限制。

这一章重点在探讨"俚"的句法语义性质。但由于"俚"分布上较为单纯，只有"我俚/你俚/渠俚"三种形式。所以我们通过与同是代词型复数标记的"几个"对比来锚定"俚"的性质。具体来说回答以下两个问题：

一是同样表达代词复数意义，"代词+俚"和"代词+几个"的共同点和区别到底是什么？在"代词+俚+几个"两个复数标记共现的情况下，作用分别是什么？

二是例（5）的使用限制从何而来？即共现时"俚"为何总是要在"几个"之前出现？

第二节　复数"俚"的句法分布和语义

一　复数"俚"的句法分布

在这一部分，我们将分析"代词+俚"与"代词+几个"这两个结构的差异，然后分析何种差异可以回答上述提到的问题。

由于宜春话中"我俚"和"我几个"都能成立，对于"我俚几个"

能够成立但是"我几个俚"不能成立这一问题，可能的思路有两种：一种是"附缀"思路，认为"我俚/我几个"先构成一个成分，"几个"可以附缀于"我俚"但是"俚"不能附缀于"我几个"；第二种是"插入"思路，认为"我俚几个"是"我几个"插入"俚"形成的，但"我俚"之间不能插入"几个"。

我们认为，第二种"插入"思路是不成立的，如例（6）的三项式同位同指组合中，"同学"在"我俚"和"几个"中间，说明"同学"的左右"我俚"和"几个"都是独立的成分，并不是"我几个"中插入了"俚"。

(6) a. ŋo^{34}li^0 t^{h}əŋ^{44}xoʔ^5 tɕi^{21}ko^{44}.
    我俚$_1$ 同学$_2$ 几个。$_3$ 我们同学几个。
 b. kɛ^{34}li^0 lau^{21}pan^{213} tɕi^{21}ko^{44}.
    渠俚$_1$ 老板$_2$ 几个。$_3$ 他们老板几个。

如果循着附缀思路，我们需要证明"几个"与"俚"共现时，"几个"的句法位置一定要高于"俚"，即证明"俚"与标记的名词结合比"几个"更为紧密。"几个"与名词短语之间可以插入其他成分，如例（7），插入同位短语"渠俚"之后，意义基本不变；而例（8）"我俚"更像一个词，因为"我俚"中间不能插入其他成分。因此，"几个"与其前代词或名词短语之间结合的紧密程度不如"俚"，所以只能在外围。

(7) a. ŋo^{34}san^{34}tɕiaʔ^{5}ku^{34}ku^{21} tɕi^{21}ko^{44}
    我三只姑姑   几个
 b. ŋo^{34}san^{34}tɕiaʔ^{5}ku^{34}ku^{21} kɛ^{34}li^0 tɕi^{21}ko^{44}
    我三只姑姑   （渠俚$_{他们}$）几个
(8) a. ŋo^{34}（*san^{34}tɕiaʔ^{5}ku^{34}ku^{21}）li^0
    我（*三只姑姑）俚
 b. ŋo^{34}（*tɕi^{21}ko^{44}）li^0
    我（*几个）俚

还可以通过提取的方式进行测试。例（9a）画线部分中的"我"可以被提问，如例（9b），说明"我几个"是短语而不是词。但是例（10a）中"我俚"中的"我"不能被提问，如例（10b）是不合法的，说明"我俚"是一个语素不能被提取的凝固成分。

(9) a. ŋo^{34}-tɕi^{21}ko^{44}　　xai^{44}　mau^{44}　tɕʰia^{ʔ5}fan^{213}.
　　　<u>我—几个</u>　　还　有　吃饭。
　　b. lai^{21}ko^{44}-tɕi^{21}ko^{44}　xai^{44}　mau^{44}　tɕʰia^{ʔ5}fan^{213}?
　　　<u>哪个—几个</u>　还　有　吃饭？

(10) a. ŋo^{34}li^{0}　　　xai^{44}　mau^{44}　tɕʰia^{ʔ5}fan^{213}.
　　　<u>我—俚</u>　　还　有　吃饭。
　　b. *lai^{21}ko^{44}-li^{0}　xai^{44}　mau^{44}　tɕʰia^{ʔ5}fan^{213}?
　　　*<u>哪个—俚</u>　还　有　吃饭？

只有短语中的词能够通过提问提取出来，因此"我几个"是短语，"几个"属于语缀；而"我俚"中的"俚"是一个词缀。当"我几个"已经构成一个短语时，"俚"作为词缀不再能对短语进行标记，这可以解释"*我几个俚"为何不合法。

"俚"和"几个"在句法分布上较为单纯，我们在下文还会继续从其他方面论证这一问题。接下来的一个问题是，为什么"我俚"已经表示复数之后，还可以再次加上复数标记"几个"？这两个复数标记在语义及语用上有什么差异？

二 "俚"的语义特征

本节通过考察"代词+俚"和"代词+几个"这一最小对比对在语义和语用上的差异，厘清"几个"和"俚"的语义区别。

从量化特征来看，宜春话中的"代词+俚"或者"代词+几个"都不能再被数量成分等量化。

(11) a. *三只［我俚/几个］san^{34}tɕia^{ʔ}［ŋo^{34}li^{0}/tɕi^{21}ko^{44}］
　　b. *蛮多［我俚/几个］man^{44}to^{34}［ŋo^{34}li^{0}/tɕi^{21}ko^{44}］

c. *大部分［我俚/几个］tʰai²¹³pʰu²¹fin³⁴ ［ŋo³⁴li⁰/tɕi²¹ko⁴⁴］

再看内聚性参数，内聚性参数指的是复数集合中成员是否具有紧密关系，是否凝聚成一个整体（详细定义参见第一章相关介绍）。测试名词自身的内聚性，需要考察在中性谓词（既允许分配解读又有集合解读的谓词）中句子获得集合解读还是分配解读。"代词+俚"在与中性谓词组合时，既能有集合解读也有分配解读；但是"代词+几个"与之组合句子会排除分配解读，只获得集合解读。

(12) a. kau²¹sʅ³⁴tɕiɛ⁴⁴ ko²¹ sʅ²¹tsiʔ⁵ **ŋo³⁴li⁰** ɕia⁴²li⁰
　　　教师节　　格 时唧，**我俚**　写嗾
　　　iʔ⁵tɕioŋ³⁴ kʰa⁴²pʰiɛn²¹³tɛn⁴² li²¹³lau⁴²sʅ³⁴.
　　　一张　　卡片　　　　等给　李老师。
解读1：分别送一张卡片（老师收到三张卡片）
解读2：共同送一张卡片（老师收到一张卡片）

b. kau²¹sʅ³⁴tɕiɛ⁴⁴ ko²¹ sʅ²¹tsiʔ⁵ **ŋo³⁴-tɕi²¹ko⁴⁴** ɕia⁴²li⁰
　　教师节　　格 时唧，**我一几个**　写嗾
　　iʔ⁵tɕioŋ³⁴ kʰa⁴²pʰiɛn²¹³tɛn⁴² li²¹³lau⁴²sʅ³⁴.
　　一张　　卡片　　等　　李老师。
解读：共同送一张卡片（老师收到一张卡片）

(13) a. **kɛ³⁴li⁰** pa⁴²tsoʔ⁵tsʅ²¹ pon³⁴tau²¹ li⁰ œ²¹³lɛu⁴⁴.
　　　渠俚　把 桌子　　搬到　　嗾　二楼。
　　　　　　　　　　　　　　　（集合或者分配解读）

b. **kɛ³⁴-tɕi²¹ko⁴⁴** pa⁴²tsoʔ⁵tsʅ²¹ pon³⁴tau²¹ li⁰ œ²¹³lɛu⁴⁴.
　　渠几个　　把 桌子　　搬到　嗾　二楼。
　　　　　　　　　　　　　　　　（集合解读）

例（12a）中，既可以表达每个人都写了一张卡片，也可以是共同写了一张卡片给李老师。但是例（12b）只能表达共同写一张卡片的意义。例（13）同样存在这种差异。也就是说，但凡用"几个"，句子都表达集合意义，按照第五章的分析，"几个"是表示群体复数的标记，将集合打

包成一个整体。而"俚"做复数标记则没有这种功能。

复数的强指称（strongly referential/exclusive）和弱指称（weakly referential/inclusive）性质。复数弱指称/包含性解读指的是"一个或多个"（one or more），强指称/排除性解读指的是"多于一个"（more than one），即复数形式是否排除了单数原子（最新研究见 Mathieu 2014；Martí 2020；Renans et al. 2020）。我们认为，这种区别是两类复数深层语义的具体表征。从深层语义来看，这种区别反映了光杆复数形式是谓词性的（指称概念）还是论元性的甚至是有定的（指称具体个体）。

英语的复数标记被认为具有包含性解读，如在疑问句例（14）中对话成立并不要求听话人有多于一个孩子，当说话人只有一个孩子，句子也是成立的。在事件句例（15）中，肯定形式例（15a）句需要种植了多株郁金香才能成立，但是，其否定形式例（15b）指的是没有种植任何一棵郁金香，否定的不仅是复数，也包含单数的原子。因此，复数形式 children, tulips 包含单数原子的情况。例引自（Mathieu 2014；Martí 2020；Renans et al. 2020）。

(14) Do you have children?   ——Yes, I have one.
(15) a. Chicken planted tulips.（Chicken 种植了郁金香$_{复数}$，exclusive）
    b. Chicken didn't plant tulips.（Chicken 没有种植郁金香$_{复数}$，inclusive）

Grimm（2013）认为，此时更应该将 children 分析为类指（generic），表达的是一种概念，因此是弱指称的。在一些语言中，复数形式与英语不同，只有包含性（inclusive）语义，根据 Mathieu（2014），在 Arabic 语中的复数短语表达的不是一个概念，而是指称具体的个体，因此不能在例（16）的领有句宾语位置出现。

(16) ?*hal ʃindik   burtogaalaat?
     Q   have-you   orangesFEM-PL
    'Do you have oranges?'（你有橘子吗？）

宜春话中，"代词+俚"与"代词+几个"在强指称和弱指称方面是相同的，二者都只能是强指称的，指称的是具体的个体而不是一种概念。与英语的光杆复数不同，用在否定句中时，否定的是复数的集合，不包括单数原子，因此，后面依然可以补出"只看到你一个人"，而英语中类似的情况则不能补出类似后续句。

（17）a. ŋo³⁴　mau⁴⁴　kʰon²¹³tau²¹　 n̠i³⁴li⁰,
　　　　我　　冇　　看到　　　　**你俚，**
　　　　tɕiʔ⁵　kʰon⁴⁴tau²¹　n̠i³⁴ iʔ⁵ko⁴⁴ n̠in⁵⁵.
　　　　只　　看到　　　　你 一个人。
　　b. ŋo³⁴　mau⁴⁴　kʰon²¹³tau²¹　　n̠i³⁴tɕi²¹ko⁴⁴,
　　　　我　　冇　　看到　　　　　　你几个，
　　　　tɕiʔ⁵　kʰon⁴⁴tau²¹　n̠i³⁴ iʔ⁵ko⁴⁴ n̠in⁵⁵.
　　　　只　　看到　　　　你 一个人。

（18）a. Chicken didn't plant tulips. #He planted only one tulip.
　　b. I don't have children. #I have only one child.

从回答上来看，当说话人说例（19a）时，预设来的人一定是复数，因此回答为单数时，句子不能成立，如例（19b）。例（20）同理。

（19）a. n̠i³⁴**li⁰**　 ɕi²¹pi⁴⁴ɕi²¹³　 tau⁴⁴li⁰?
　　　　你俚　　是不是　　　　到嘞？
　　b. ŋo³⁴**li⁰** tau⁴⁴li⁰, ŋo³⁴iʔ⁵ko²¹³ n̠in⁰ tau⁴⁴li⁰.
　　　　#我俚 到嘞，　我 一个人　　到嘞。
（20）a. n̠i³⁴**tɕi²¹ko⁴⁴**　ɕi²¹pi⁴⁴ɕi²¹³　 tau⁴⁴li⁰?
　　　　你几个　　　是不是　　　　到嘞？
　　b. ŋo³⁴**tɕi²¹ko⁴⁴**　tau⁴⁴li⁰, ŋo³⁴iʔ⁵ko²¹³ n̠in⁰　　tau⁴⁴li⁰.
　　　　#我几个　　　到嘞，我 一个人　　　　到嘞。

代词内部还可以进行切分并不是一个全新的观点，跨语言的研究已经有许多证明代词内部并非铁板一块。我们认为，代词复数内部也不是统一的。

Déchaine & Wilschko（2002）将代词分为 DP 型（pro-DP）、φP 型（pro-φP）以及 NP 型（pro-NP）三种。DP 型代词只能出现在论元位置，作为一个指称性成分，符合约束理论 C（Condition C），不能充当约束变量（bound variable）。NP 型代词则可以出现在谓词位置，不符合约束理论 C，语义上是一个常数（constant），也不能充当约束变量。而 φP 型（pro-φP）的性质介于二者之间，在句法分布上既能做谓词也能做论元，适用于约束理论 B（Condition B），能够充当约束变量。

哈尔魁梅林语（Halkomelem）中的独立代词 tù-tl'ó 是典型的 DP 型代词，只能出现在例（21a）的论元位置，在例（21b）的谓词位置是不合法的。此外，因为是指称性的成分（R-expressions），与英语中的第三人称代词①不同，不能用于回指，如例（22），同样也不能用作约束变量，如例（23），这两种情况下句子都是不合法的。例引自 Déchaine & Wiltschko（2002：412—414）。

(21) a. [Lám]_PRED   [tù-tl'ó]_ARG.
        go   DET-3_SG
     b. *[tù-tl'ó]_PRED-che   te   Bill   kw'e   may-th-óme
        DET-3_SG-FUT   DET   Bill   COMP   help-TR-2_SG.OBJ
(22) *Súq'-t-es   [te swíyeqe]_i   te   kopú-s   [tù-tl'ó]_i.
     search-TR-3_SG.SBJ   DET man   DET   coat-3.POSS   DET-3_SG
     ≠ 'The man_i was looking for his_i coat.'
(23) *[Mékw'ye   swíyeqe]_i   kw'ákw'ets-et-es   te
     every   DET.PL man   looking-TR-3_SG.SUBJ   DET
     [tú-tl'òlem]   stóles-s
     wife-3.POSS   DET-3.PL
     ≠ 'All men_i are looking for their_i wives.'

---

① 根据 Déchaine & Wiltschko（2002：421），英语中的第三人称代词属于 φP 型代词，第一、二人称代词属于 DP 型代词。

英语中的代词 *one* 和日语的人称代词 kare 则属于典型的 NP 型（pro-NP）代词，它们具有典型的名词的句法属性，如代词可以被形容词、领属成分或指示词等成分修饰（Kuroda 1965；Noguchi 1997）。

（24） a. tiisai   kare
　　　　 small   he   'he who is small'
　　　b. watasi-no   kare
　　　　 I-GEN   he   'my boyfriend'
　　　c. kono   kare
　　　　 this   he   'this guy here'

NP 型代词适用于约束理论 C，也不能用于回指和充当约束变量。（例 25—例 26 引自 Déchaine & Wiltschko 2002：420）

（25） a. *[Mary]$_i$ thinks [one]$_i$ is a genius.
　　　b. *[Mary]$_i$ loves [one]$_i$'s mother.
（26） a. *[Everybody]$_i$ thinks [one]$_i$ is a genius.
　　　　 ≠ ∀x, x thinks x is a genius.
　　　b. *[Everybody]$_i$ loves [one]$_i$'s mother.
　　　　 ≠ ∀x, x loves x's mother.

只有 φP 型代词可以用于回指或者充当约束变量。我们认为汉语普通话中的代词和代词复数是典型的 φP 型代词。汉语普通话人称代词既有论元的用法又有谓词的用法。代词做主宾语充当论元是最常见的用法，无须赘述。同时，汉语"代词"可以被形容词、指示词、数量短语等成分修饰，如例（27）；同时，代词能够用于回指和充当约束变量，如例（28）和例（29）。

（27） a. *最好的我*
　　　b. *你早已不是我认识的那个你。*

c. 对于大一的你们来说，现在最重要的是打好基础。

(28) a. 小红$_i$爱她$_i$的妈妈。

b. 小红$_i$觉得她$_i$是天才。

(29) a. 每个人$_i$都爱他$_{i/j}$的妈妈。

b. 每个人$_i$都觉得他$_{i/j}$是天才。

宜春话中的代词以及"代词+俚"和普通话一样，既有代词用法也有谓词的用法。做谓词时可以被限定成分修饰或者在系词的表语（谓词）位置，如：

(30) a. ŋo^{34}ko^{0}kɛ^{34}

我 格 渠$_{我的他=我老公/我老婆}$ （Li 2018：56）

b. ŋo^{34} tsau^{42} tɕʰiu^{213} pi^{44} ɕi^{213}　i^{42} tɕʰiɛn^{44}　tan^{34} tɕʰun^{44} ko^0

我　早就　　　不是　　以前　　　单纯格$_的$

ŋo^{34}.

我。

c. ɕi^{44} si^{213} tsiʔ^5 ko^0　ŋo^{34}li^0　pi^{44} təŋ^{42} sɿ^{213}.

十岁唧　　格 我俚　不懂事。$_{十多岁的我们还不懂事。}$

d. ŋo^{34}li^0　tɕʰiu^{213}ɕi^{21}　ŋo^{34}li^0, pi^{44}iau^{44}　xo^{44}　pʰiɛ^{44}ȵin^{44}ka^{34}.

我俚　就是　　我俚，不要　学　别人家。

但是，"俚"换成"几个"后，"代词+几个"不能被形容词、领属成分等成分修饰，也不能出现在谓词的位置，显示出更强的论元性质。

(31) a. *ŋo^{34} tɕi^{21} ko^{44}　tsau^{42} tɕʰiu^{213} pi^{44} ɕi^{213}　i^{42} tɕʰiɛn^{44}

*我几个　　　早就　　　不是　　以前

tan^{34} tɕʰun^{44} ko^0　ŋo^{34} **tɕi^{21} ko^{44}**.

单纯格$_的$　　　**我几个**。

b. *ɕi^{44} si^{213} tsiʔ^5 ko^0　ŋo^{34} **tɕi^{21} ko^{44}** pi^{44} təŋ^{42} sɿ^{213}.

十岁唧　　格 **我几个**　不懂事。$_{十多岁的我们还不懂事。}$

c. *ŋo³⁴ tçi²¹ ko⁴⁴   tçʰiu²¹³çi²¹   ŋo³⁴ tçi²¹ ko⁴⁴,
   *我几个   就是   我几个,
   pi⁴⁴iau⁴⁴ xo⁴⁴ pʰiɛ⁴⁴ŋin⁴⁴ka³⁴.
   不要   学   别人家。

其次，代词、"代词+俚"与"代词+几个"在回指和充当约束变量时也有不同的表现。代词、"代词+俚"能用于回指，如例（32a、b），但是"代词+几个"不可以，如例（32c）。

(32) a. çiɛu⁴²uoŋ⁴⁴   çi⁴²foŋ³⁴kɛ³⁴   ma⁴⁴ma²¹.
     小王ᵢ   喜欢   渠他ᵢ/ⱼ   妈妈。
  b. ŋo³⁴ko⁰tʰəŋ⁴⁴xoʔ⁵çi⁴²foŋ³⁴kɛ³⁴li⁰ ma⁴⁴ma²¹.
     我格的同学ᵢ   喜欢   渠俚ᵢ/ⱼ 妈妈。
  c. ŋo³⁴ko⁰tʰəŋ⁴⁴xoʔ⁵çi⁴²foŋ³⁴kɛ³⁴tçi²¹ko⁴⁴ko⁰ ma⁴⁴ma²¹.
     我格同学ᵢ   喜欢   渠几个*ᵢ/ⱼ 格的   妈妈。

"代词+俚"可以充当约束变量，但是"代词+几个"不可以。例(33b)和例(34b)都只能表示特定的别人的"妈妈"和"老婆"，不能约束前文的"渠几个"。

(33) a. lai⁴²ko²¹tu³⁴çi⁴²foŋ³⁴ kɛ³⁴li⁰ ma⁴⁴ma²¹.
     哪个ᵢ 都喜欢   渠俚ᵢ 妈妈。
     (=∀x, x 喜欢 x 的妈妈)
  b. lai⁴²ko²¹tu³⁴çi⁴²foŋ³⁴kɛ³⁴tçi²¹ko⁴⁴ko⁰ ma⁴⁴ma²¹.
     哪个ᵢ 都喜欢渠   几个*ᵢ/ⱼ格 妈妈。
     (≠∀x, x 喜欢 x 的妈妈)
(34) a. lan⁴⁴kaʔ⁵n̩in⁴⁴ tu³⁴tsœ⁴²tçʰin⁴⁴ kɛ³⁴li⁰ko⁰   lau⁴²pʰo⁴⁴.
     男客人ᵢ   都在 寻   渠俚ᵢ格 老婆。
     (=∀x, x 在寻找 x 的老婆)
  b. lan⁴⁴kaʔ⁵n̩in⁴⁴ tu³⁴tsœ⁴²tçʰin⁴⁴ kɛ³⁴tçi²¹ko⁴⁴ko⁰   lau⁴²pʰo⁴⁴.

男客人$_i$ 都在 寻 渠几个 $_{*i/j}$ 格 老婆。
(≠ ∀x，x 在寻找 x 的老婆)

从这个角度来看，"代词 + 俚"体现出典型的 ϕP 型代词的性质，而"代词 + 几个"体现出典型的 DP 型代词性质。我们认为，这两种复数代词的性质差异不是 DP 和 NP 的区别，而是有定性强弱的区别。"代词 + 俚"和"代词 + 几个"都是有定的 DP，只是"代词 + 俚"能够被谓词化，有定性相对较弱，而"代词 + 几个"难以被谓词化，有定性更强。

人称代词复数的谓词用法类似于"专有名词的普通名词化"现象（杨锐 2019），如"刘翔"作为专有名词指的是奥运冠军刘翔，是有定的唯一个体。但是在一些情况下，可以表示"像刘翔一样的人，具有刘翔某些特征的人"，如例（35）。

（35）a. 今天我们学校的小刘翔又跑了第一名。
　　　b. 东方红，太阳升，中国出了个毛泽东。

以上测试说明，"代词 + 几个"的有定性高于"代词 + 俚"。前者必须是有定的，只能用于论元位置，是 DP 型的代词形式，具有［+论元，－谓词］的特征；而代词以及"代词 + 俚"既有谓词的性质又有论元的性质，是 ϕP 型代词，句法位置处于 NP 和 DP 之间，具有［+论元，+谓词］的特征。

我们可以总结"代词 + 俚"和"代词 + 几个"的语义和语用上有以下异同：

一是，"俚"只能标记代词，"几个"既能标记代词也能标记普通表人名词。

二是，"代词 + 俚"和"代词 + 几个"都不能被数量短语或者其他量化词修饰。

三是，"代词 + 俚"与混合性谓词组合有集合和分配两种解读；"代词 + 几个"只有集合解读。因此前者内聚性低于后者。

四是，宜春话中的"俚"和"几个"都具有复数的排除性解读（强指称），只能指称大于一的集合，不包括单数原子集合。

那么，"俚"具体的语义是什么呢？我们在下一节讨论这个问题。

第三节 "俚"的最大化算子分析

宜春话中"俚"和"几个"的区别还体现在排他性解读上。"代词＋俚"不会产生排他解读而"几个"则是排他的。比如，例（36a）作为一个命题，表达的是"我俚"具备"是国家未来格希望"的特征。而例（36b）表达的不仅是"我几个"具备这一特征，并且断言了**只有**"我几个"具备"是国家未来格希望"这一特征，而这与事实不符，句子此时是不合理的。同样，例（37b）也会产生排他解读，表示国家属于"我几个"所有的意义，句子不合理。

（36） a. ŋo³⁴li⁰　çi²¹³kuɛ⁴⁴ka³⁴　ui²¹³lœ⁴⁴ko⁰　çi³⁴uoŋ²¹　ɛ⁰.
　　　　我俚　　是 国家　　未来格的　　希望　　诶。
　　 b. #ŋo³⁴tçi²¹ko⁴⁴　çi²¹³kuɛ⁴⁴ka³⁴　ui²¹³lœ⁴⁴ko⁰　çi³⁴uoŋ²¹　ɛ⁰.
　　　　#我几个　　　是 国家　　未来格　　希望　　诶。

（37） a. ko²¹³tçiaʔ⁵　kuɛ⁴⁴ka³⁴　çi²¹³çu⁴²y⁴⁴　ŋo³⁴li⁰ko⁰.
　　　　格只　　　国家　　是 属于　　我俚格的。
　　 b. #ko²¹³tçiaʔ⁵　kuɛ⁴⁴ka³⁴　çi²¹³çu⁴²y⁴⁴　ŋo³⁴tçi²¹ko⁴⁴ko⁰.
　　　　#格只　　　国家　　是 属于　　我几个格。

但是在例（38）中，"我俚"和"我几个"都能使用。

（38） a. ŋo³⁴li⁰　　iaʔ⁵　　kʰun²¹tçʰio⁴⁴li⁰.
　　　　我俚　　一下全部　困着睡着嚟。
　　 b. ŋo³⁴tçi²¹ko⁴⁴　iaʔ⁵　　kʰun²¹tçʰio⁴⁴li⁰.
　　　　我几个　　　一下全部　困着睡着嚟。

这种排除意义与汉语中"我们"和"咱们"的"包括式"和"排除式"的意义并不相同。第一人称代词复数"包括式"是包括听话人在内的人称代词复数形式，即"1＋2＋3"模式，普通话中的"咱们"是包括式的；"排除式"是不包括听话人在内的复数形式（Cysouw 2005；王聪 2016；盛益民 2017 等），普通话中"我们"其中一种用法是排除式的。

宜春话中"我俚"和"我几个"都是包括听话人的，区别在于是否排除说话人和听话人之外的第三者。"我几个"在以上两组句子中都只能表达现场的听话人和说话人，排除了现场外的第三者。而"我俚"既包括说话人和听话人，还包括所有符合描述的现场外的个体，如例（36a）的"我俚"表示符合"是国家未来格希望"特征的所有人，包括现场语境外符合条件的个体。例（37a）"我俚"表示国家的全体人民。正是这种意义使得这个句子合理。

"我俚"的意义会依据不同的语境，指称符合条件的最大的成员，这是最大化算子的功能，因此我们认为，"俚"可以被分析为"最大化算子"（maximality operator）。而根据第五章，此时的"几个"是"几个$_2$"，高度依赖于现场语境，只能在现场语境中获得解读。

"最大化算子"常用来分析英语中定冠词 the 的语义。Link（1983），Sharvy（1980）的定义中，当最大化算子 the 作用于复数时，会选出语境中符合描述的最大的成员（refers to the maximal plural entity that satisfies the description），作用于单数时则指称唯一的成员。

"俚"的最大化算子分析得以成立需要三个条件，首先应该作用于一个复数个体的集合，二是需要语境变量（C）的参与，三是要满足唯一性/最大化要求。

第一，"俚"满足第一个条件。根据李旭平（2021），普通话中的"们"的语义也是最大化算子，在人称代词之后时，"们"作用的不是代词，而是一个隐性的论元，如"参与者"（participants），表示某个语境中的话语参与者，并且从中选取出一个由说话人或者听话人构成的，与当下情景最直接相关的复数个体。对于人称代词后的"俚"来说，同样适用于这一分析。

第二，最大化算子作用的集合是随着语境的变化而变化的。在例（39a）中，最大化算子作用下指的是所有的小区业主，在例（39b）中，指的是所有国民，在例（39c）中则只作用于言谈现场"头发蛮猛"的最大集合。也就是说，在领属结构中，根据被领有物的范围变化，"我俚"

的指称也随着变化。

(39) a. ŋo³⁴li⁰ko⁰　　ɕiɛu²¹ɕy³⁴　　yɛ⁴⁴lœ⁴⁴yɛ⁴⁴xau²¹li⁰.
　　　我俚格　　　小区　　　　越来越好　　　嚟。
　　b. ŋo³⁴li⁰ko⁰　　kuɛ⁴⁴ka³⁴　　iʔtɕʰin⁰　　kʰuŋ²¹tɕi²¹　　xa²¹lœ⁴⁴li⁰.
　　　我俚格　　　国家　　　　疫情　　　控制　　　　下来　嚟。
　　c. ŋo³⁴li⁰ko⁰　　tʰɛu⁴⁴fai²¹　　man⁴⁴maŋ²¹³ɛ⁰.
　　　我俚格　　　头发　　　　蛮猛ₖ　　诶。

但是，对于"几个"来说，无论何种情况下，尽管"小区""国家"以及"头发"的领有者范围不相同，但是"几个"作用的范围只能是言谈现场的成员（具体原因参考第五章对"几个₂"的分析）。因此，在例（40a）和例（40b）中，两种范围出现了冲突，导致句子不合理。只有在例（40c）中，范围重合，句子成立。

(40) a. #ŋo³⁴tɕi²¹ko⁴⁴ko⁰　ɕiɛu²¹ɕy³⁴　　yɛ⁴⁴lœ⁴⁴yɛ⁴⁴xau²¹li⁰.
　　　#我几个格　　　小区　　　　越来越好　　　嚟。
　　b. #ŋo³⁴tɕi²¹ko⁴⁴ko⁰kuɛ⁴⁴ka³⁴　　iʔ⁵tɕʰin⁵⁵　　kʰuŋ²¹tɕi²¹
　　　#我几个格　　　国家　　　　疫情　　　　控制
　　　xa²¹lœ⁴⁴li⁰.
　　　下来　嚟。
　　c. #ŋo³⁴tɕi²¹ko⁴⁴ko⁰　tʰɛu⁴⁴fai²¹　　man⁴⁴maŋ²¹³ɛ⁰.
　　　#我几个格　　　头发　　　　蛮猛ₖ　　诶。

这呼应了上一节我们提出的"代词+俚"属于φP型复数代词，可以充当约束变量（variables），随着语境中预设集合的变化，指称随之变化。而"代词+几个"不能充当约束变量，只能指称现场语境中的复数个体集合。

第三，"代词+俚"满足唯一性/最大化要求。Kurafuji（2004：218—219）提供了一种测试方法，如例（41）。

(41) Oozee no gyangu-ga futa kumi-ni wakare-ta.
many-Gen gangster-Nom two group-into separate-Past
#Soshite soitu-ra-wa soitsu-ra-o naguri-hajime-ta.
and that.guy-Pl-Top that.guy-Pl-Acc hit-begin-Past
'Many gangsters separated into two groups. #And they started hitting them.'（强盗被分成了两组。#他们开始打他们。）

例（41）中的本意是表达"soitu-ra-wa"（他们）和"soitsu-ra-o"（他们）是两个不同的组并且互相斗殴。但是语境并没有提供足够的信息区分这两个组，只能表示全体强盗，因此该句子不合理。"代词+复数标记 ra"具有最大化的意义，复数标记 ra 在日语中是最大化算子。

这种最大化测试的要求对于"俚"而言同样成立，如例（42）同样在语用上是不合理的，"我/你/渠俚"只能表达语境中全体学生的意义。"我俚"是以说话人为代表的全体成员，"你俚"是以听话人为代表的全体成员，也没有足够信息区分为两队。

(42) #pʰai⁴⁴xo⁴⁴ko⁰ ɕi⁴⁴tsiʔ⁵, xoʔ⁵sɛn³⁴ fin³⁴tɕʰin⁴⁴ lioŋ⁴²tyʰ⁴⁴
#拔河格 时唧时候，学生 分成 两队，
ŋo³⁴li⁰pʰai⁴⁴ŋo³⁴li⁰/n̩i³⁴li⁰ pʰai⁴⁴ŋo³⁴li⁰/kɛ³⁴li⁰pʰai⁴⁴ŋo³⁴li⁰.
我俚拔我俚/你俚拔你俚/渠俚拔渠俚。

Löbner（1985）曾经提出判断有定性的"统一性测试"，如例（43）中，真正的有定表达不能有两个相反的特征，如例（43a），以此区别于指示短语和各种无定短语，如例（43b）。李旭平（2021）使用这一测试考察了普通话中的"们"，发现普通话中的"N 们"和英语中的 the N 一致，因此"们"和 the 一样，是最大化算子。

(43) a. #The student is inside the classroom, and the student is not inside the classroom.

b. That student is inside the classroom, and that student is not inside the classroom.

(44) a. #学生们在教室里，学生们不在教室里。
　　 b. 那个学生在教室里，那个学生不在教室里。

宜春话中的"代词+俚"同样可以通过这一测试，如例（45a）中的"我俚"不可能同时是学生又不是学生，因此句子是不合理的。此时的"我俚"只能表达特定的某个集合。

(45) a. #ŋo³⁴li⁰ tsʰœ⁴² kau²¹çi²¹li⁰, ŋo³⁴li⁰ mau⁴⁴tsʰœ⁴² kau²¹çi²¹li⁰.
　　　　 #我俚　在　教室里，　我俚　冇在　　教室里。
　　 b. #n̠i³⁴li⁰ çi²¹³ xoʔ⁵sɛn³⁴, n̠i³⁴li⁰ pi⁴⁴çi²¹³ xoʔ⁵sɛn³⁴.
　　　　 #你俚　是　学生，　你俚　不是　学生。

此外，只有"代词+俚"可以充当类指成分的同位语。在（46b）中"我俚学生"这类"同位同指"组合中，此时的"学生"不是具体的学生个体，而是表达类指意义，"我俚"可以出现在"学生"之前表达同样的类指意义，作为"学生"的同位语，表达的是全体和"我"一样具备学生特征的集合，具有最大化意义。而"我几个学生"就不能用在该语境表达类指意义，只能表达现场语境中的学生。

(46) a. xoʔ⁵sɛn³⁴　tɕʰiu²¹çi³⁴　iɛu⁴⁴　xau⁴²xau²¹xoʔ⁵çi²¹.
　　　　 学生　　　就是　　　要　　好好学习。
　　 b. ŋo³⁴li⁰　xoʔ⁵sɛn³⁴　tɕʰiu²¹çi³⁴　iɛu⁴⁴　xau⁴²xau²¹xoʔ⁵çi²¹.
　　　　 我俚　　学生　　　就是　　　要　　好好学习。
　　 c. *ŋo³⁴tɕi²¹ko⁴⁴　xoʔ⁵sɛn³⁴　tɕʰiu²¹çi³⁴iɛu⁴⁴　xau⁴²xau²¹xoʔ⁵çi²¹.
　　　　 *我几个　　　学生　　　就是　　　要　　好好学习。

通过以上测试我们认为"俚"是一个最大化算子，与普通话中的"们"具有相同的语义（李旭平 2021）。而"代词+几个₂"根据第五章的研究表达"语境群体"意义，是在现场语境中形成的整体，由于其对现场语境的依赖性，因此排除了听说双方以外的其他人，即具有排他性。

"俚"的语义是一个最大化算子，作用的对象是某个语境 C 中的言谈参与者（participant），并且从言谈参与者中选取出一个由说话人（我）或者听话人（你）等构成的，与当下情景最直接相关的复数个体。

(47) a. 〚言谈参与者〛：$\lambda x.\ participant_c\ (x)$
b. 〚俚〛：$\lambda P\ \sigma x.\ {}^*P_c\ (x)$
c. 〚我俚〛 = 〚俚〛(〚我〛)

$= \sigma x.\ {}^*participant_c\ (x)\ \&\ \lambda y.\ speaker_c\ (y)\ \&\ y \leq x$，其中复数标记"俚"作用于言谈参与者并且说话人是言谈参与者中的一员。

假设语境中有以我为代表的"我，a，b，c"四人，四者都具有"言谈参与者"这一特征。那么，在（47a）这一步中，谓词言谈参与者的具体指称是｛我，a，b，c｝，对言谈参与者进行加合后的结果是｛我，a，b，c，我⊕a，我⊕b，我⊕c，a⊕b，a⊕c，b⊕c，我⊕a⊕b，我⊕a⊕c，a⊕b⊕c，我⊕a⊕b⊕c｝。由于"俚"的语义是最大化算子，因此（47c）"我俚"的指称是言谈现场最大的符合条件的复数个体，"我"是言谈参与者的一员，具体指称为"我⊕a⊕b⊕c"。

第四节 小结

这一章挖掘了人称代词复数后两个复数标记之间的差异，"代词＋几个"的有定性高于"代词＋俚"。前者必须是有定的，只能用于论元位置，是 DP 型的代词形式，具有［＋论元，－谓词］的特征；而代词以及"代词＋俚"既有谓词的性质又有论元的性质，是 φP 型代词，句法位置处于 NP 和 DP 之间，具有［＋论元，＋谓词］的特征。

"代词＋俚"和"代词＋几个"的语义和语用上有以下异同：

1)"俚"只能标记代词，"几个"既能标记代词也能标记普通表人名词。

2)"代词＋俚"和"代词＋几个"都不能被数量短语或者其他量化词修饰。

3)"代词+俚"与混合性谓词组合有集合和分配两种解读;"代词+几个"只有集合解读。因此前者内聚性低于后者。

4)宜春话中的"俚"和"几个"都具有复数的排除性解读(强指称),只能指称大于一的集合,不包括单数原子集合。

在此基础上,本章论证了宜春话中加在人称代词后的复数标记"俚"的语义和普通话中的"们"类似,是最大化算子。如果"俚"是最大化算子,那么"几个"的语义又是什么呢?如何解释"俚"和"几个"的语义差异以及二者的共现顺序呢?接下来的一章将介绍这一问题。

第 五 章

群体复数

第一节 理论背景与研究问题

赣语宜浏片方言宜春话中的"几个"也是可以加在代词和普通表人名词后的代词型复数标记，且用来表示数量介于三到九的复数，Corbett（2004：22—26）将这一类复数称为"少量数"（paucal）型复数。"几个"作为少量数标记广泛分布于长江中下游的部分赣语、吴语和江淮官话方言点（汪化云 2011a，b），湖南的祁东方言也有"几个"作为少量数标记的用法（彭晓辉 2008：60）。汪化云（2012）从词汇角度分析了湖北武穴话（江淮官话黄孝片）"几个"的来源，认为其来自"指示词+几个人"的省略。吴剑锋（2016）对安徽岳西方言（赣方言怀岳片）的复数标记"几个"的分布和用法作了详细介绍。以上考察为我们的研究奠定了坚实的基础，但是文中对于"几个"本身的形式语义和句法实现机制并没有进一步探讨。

根据第四章的研究，宜春话中另外一个人称代词复数标记"俚"的语义是最大化算子。按照奥卡姆剃刀准则，一种语言中应该不会出现两种完全一致的语言成分，那么同样可以出现在代词后的复数标记"几个"的语义是什么？为什么"俚"和"几个"共现的时候，二者总是遵循严格的顺序？二者的语义差异如何得到解释？

第二节 "几个"的句法分布和语义

宜春话的"X 几个"与其他方言大同小异，既有真性复数解读又有连类复数解读。"几个"在名词前做数量修饰语时读音为 [tɕi⁴² ko⁴⁴]，在名词短语后表复数时，"几"的读音弱化，动程缩短，且有两种读音，"X 几个 [tɕi²¹ ko⁰]" 和 "X 几个 [tɕi²¹ ko⁴⁴]"，"个"分别读作轻声和本调。下面我们将详细介绍其分布、语义、句法特性和来源。

一 "几个"的句法分布

我们从"几个"所附 X 的类型、X 的指称以及能否与数量短语共现三个方面介绍其分布。

宜春话中"几个"可以用在人称代词、旁指代词"人家"和反身代词"自己"后，是宜春方言代词复数系统的一种类型。[①] 和普通话的"我们/你们/他们"等不同的是，"人称代词+几个"表示的集合人数一定要大于三。

（1）a. ȵi³⁴/kɛ³⁴-tɕi²¹ko⁴⁴　　pʰau⁴²-tau⁰　　lai²¹li⁰ tɕʰiɛ²¹li⁰[②]?
　　　　<u>你/渠</u>他—几个　　　　跑到　　　　哪里　去嘞?
　　b. ȵin⁴⁴ka³⁴-tɕi²¹ko⁴⁴　　tsau²¹tɕhiu²¹　　tɕʰia³⁴pau li⁰.
　　　　<u>人家</u>—几个　　　　　早就　　　　　吃饱　　嘞。
　　c. tshŋ²¹tsi³⁴-tɕi²¹ko⁴⁴　　sŋ²¹³xai⁴⁴mau³⁴　　tsŋ²¹uon⁴⁴,
　　　　<u>自己</u>—几个　　　　　事　还冇　　　　做完,
　　　　mo²¹kuon⁴²　　pʰiɛ⁴⁴ȵin²¹ka²¹.
　　　　莫管　　　　　别人家。

宜春方言的"几个"还可以加在指示代词"这（个）""那（个）"[③]后，只能指人，一般用在现场直指的情境中。如例（2）。

---

① 宜春话中，最常用的人称代词复数系统是：第一人称复数用"我人（包括式）""我得（排除式）""我里"，第二人称"你得""你里"，第三人称"渠得""渠里"。安徽岳西赣方言（吴剑锋 2016）也用"几个"表达复数，和宜春话不同，"我几个""你几个"和"他几个"是岳西方言人称代词复数的唯一一套表达方式（引自与吴剑锋私人通信）。
② 一般的国际音标标注会细分到词，为节省空间，我们只得到意义相关的词组。
③ "这"和"兀/那"用作第三人称代词是非常普遍的，在元代文献和现代西北方言中都能见到（祖生利 2001；汪化云 2013；杨永龙 2014 等）。

(2) ko²¹（ko³⁴）/lɛn³⁴（ko²¹）-tɕi²¹ko⁴⁴　　man⁴⁴　pui?⁵
　　这（个）/棱_那_（个）—几个　　　　蛮　　不
　　thiaŋ³⁴ua²¹³.
　　听话。

"几个"还可以用在疑问代词后。宜春话中问人用"哪个"，相当于普通话的"谁"，加上"几个"时，表示说话人心中预设候选集合人数大于等于三个，如例（3a）"打麻将"是四个人，可以用"哪个几个"提问。例（3b）中因为"斗地主"为三人游戏，除去听话人只有两个人，因此不加"几个"。

(3) a.　kʰuai⁴⁴loi⁴⁴　ta²¹　　ma⁴⁴tɕioŋ²¹　a⁰!
　　问：快来　　　打　　麻将　　　啊！
　　　　xai⁴⁴ːiu⁴²　lai²¹ko³⁴-tɕi²¹ko⁴⁴o²¹?
　　答：还有　　　哪个—几个　　哦？
　b.　ta²¹　tɛu²¹tʰi²¹tɕy⁰　mo?
　　问：打　斗地主　　　么？
　　　*xai⁴⁴ːiu⁴²　lai²¹ko³⁴-tɕi²¹ko⁴⁴　o²¹?
　　答：*还有　　哪个—几个　　　哦？

"几个"还加在亲属称谓、专有名词和普通指人名词后，在"X 几个"中，如果 X 所指的数量小于三，表达的一定是连类复数，即具有"及其他"的意义（吕叔湘 1985：62—70）。

(4) a.　ŋo³⁴pa²¹pa³⁴-tɕi²¹ko⁴⁴①.
　　　　我爸爸—几个。_我爸爸他们几个。_
　b.　tɕʰiɛ⁴⁴ŋa⁰-tɕi²¹ko⁰.
　　　　杰伢—几个。_杰伢他们几个放学就出去玩了。_

---

① "几个"有两个读音，我们在下一小节详细介绍，这一节不做精确的区分，只考虑其分布。

c. ȵi³⁴ lioŋ⁴² tɕiaʔ⁵   thən⁴⁴ xoʔ⁵-tɕi²¹ ko⁴⁴
你两只   同学—几个

如果 X 数量大于等于三，则"X 几个"既有连类复数解读又有真性复数解读。例（5a）"你四只姑姑几个"可以表达"姑姑的数量为四"的真性复数意义，此时"几个"回指"你四个姑姑"，相当于同位语，"几个"不增加名词短语的"数"意义；也可以表达"你四个姑姑等人"的意义，总人数大于四，此时真正的"数"意义是"几个"承担的，增加了数意义。例（5b）同理。

（5） a. ȵi³⁴ sɿ²¹ tɕiaʔ⁵ ku³⁴ ku²¹-tɕi²¹ ko⁰
[[你四只姑姑]—几个]_{你的四个姑姑/四个姑姑等人}
b. tɕʰiɛŋa⁰ ly⁴² ŋa⁰ tɕian²¹ ŋa⁰-tɕi²¹ ko⁰
[[杰伢、磊伢、捡伢]—几个]_{杰伢、磊伢、捡伢/杰伢、磊伢、捡伢等人}

普通话的"们"有时可以加在动植物名词后表示修辞用法，宜春话的"几个"没有这种用法，绝对不能加在非指人名词后。

（6） a. * fa³⁴ tsiʔ⁵-tɕi²¹ ko⁴⁴
*花唧_{花儿}—几个
b. * kɛu⁴² tsiʔ⁵-tɕi²¹ ko⁴⁴
*狗唧_{狗狗}—几个

Corbett（2004：56）归纳了与数范畴相关的生命度等级，生命度等级越高的越容易受到复数的标记。宜春话的"几个"所标记的名词范围符合这一规律，标记的是生命度在表人名词及以上的名词。

除了名词、代词等，"几个"还可以加在各类名词短语后，包括联合短语、领属短语、指示词短语或者"的"字短语等，如例（7a）中"老师搭同学几个"，并不只有"同学"数量大于三，而是老师和同学加起来数量大于三。英语中复数标记仅作用于名词，因此不存在［teacher and student] s 的结构。如果说英语中的 –s 是一个词缀，那么"几个"则是一个语缀。林若望等（2020）通过语料考察发现，汉语中的"们"事实上也作用于一个名词性短语（DP），"几个"和"们"在句法性质上应该是相似的。其他各例类似。

(7) a. [lau⁴² sɿ³⁴   tai tʰəŋ⁴⁴xoʔ⁵] -tɕi²¹ko⁴⁴
　　　[[老师　搭和同学] 一几个]
　　b. [n̠i³⁴   ʂu⁴⁴ ʂu²¹pɛ⁴⁴pɛ²¹] -tɕi²¹ko⁰
　　　[[你叔叔伯伯] 几个]

(8) a. [n̠i³⁴   lɛn³⁴tɕiaʔ⁵   lau⁴²sɿ] -tɕi²¹ko⁴⁴
　　　[你 棱只　　　老师] 一几个 你那个老师他们
　　b. [n̠i³⁴   lɛn³⁴tsiʔ⁵   tʰəŋ⁴⁴xoʔ⁵] -tɕi²¹ko⁴⁴
　　　[你 棱积那些　同学] 一几个 你那些同学他们

(9) a. [lan⁴⁴ko⁰] -tɕi²¹ko⁴⁴
　　　[男格的] 一几个 那些男的
　　b. [ta⁴²kuŋ³⁴ko⁰] -tɕi²¹ko⁴⁴
　　　[打工格的] 几个 那些打工的

再看"X 几个"指称上的特点。首先，宜春话的"几个"只能加在有定的短语后，不能用在表示无定如例（10）或者通指如例（11）的名词短语后。

(10) a. *ŋo³⁴ miaŋ⁴⁴n̠iɛn²¹ ɕioŋ⁴² tuo³⁴ tɕiɛu³⁴ fa⁴⁴tsiʔ⁵
　　　 *我　明年　　　想　多　招　发唧一些
　　　 xoʔ⁵ sɛn⁰-tɕi²¹ko⁴⁴.
　　　 学生几个。我明年想多招点学生。
　　b. *iu⁴² xoʔ⁵ sɛn⁰-tɕi²¹ko⁴⁴ tsʰœ²¹³ min⁴⁴kɛu⁰
　　　 *有　学生几个　　　在　　门口
　　　 tɛn⁴²n̠i³⁴.
　　　 等你。有多个学生在门口等你。

(11) a. *tʰai²¹³ȵin²¹-tɕi²¹ko⁴⁴ pi⁴² ɕi²¹ȵin²¹tsiʔ⁵-tɕi²¹ko⁴⁴ li⁴⁴tɕʰi⁰
*大人几个　　　　比　细人唧_{小孩子}几个　　　力气
kɛn⁴⁴tʰai²¹³.
更大。_{大人比小孩的力气大。}

b. *kai³⁴ɕioŋ⁰　ko⁰ xoʔ⁵sɛn⁰-tɕi²¹ko⁴⁴ man⁴⁴to³⁴.
*街上　　　格_的学生　几个　　　蛮多。_{街上的学生很多。}

和普通话的"们"一样，"几个"也绝对不能用在谓词位置表达一种特征。

(12) a. *ŋo³⁴li⁰ ɕi²¹³ lau⁴²sɿ-tɕi²¹ko⁴⁴.
*我俚 是　老师一几个。_{我们是老师。}
b. *lɛn³⁴tɕiaʔ⁵ lau⁴²ȵin⁰ka³⁴ kɛn⁴⁴ ɕi²¹ȵin²¹tsiʔ⁵-tɕi²¹ko⁴⁴
*棱只　　　老人家　　　跟　细人唧一几个
ioŋ²¹ko²¹.
样格。_{那个老人家和小孩子一样。}

一般来说，表人普通名词单独和"几个"组合是不自然的，一般要加上表示有定的成分（领属代词或者指示词等）。

(13) a. ⁇xoʔ⁵sɛn⁰-tɕi²¹ko⁴⁴ lœ⁴⁴li⁰.
⁇学生几个　　　　来嘞。_{学生们来了。}
b. ŋo³⁴ko⁰ xoʔ⁵sɛn⁰-tɕi²¹ko⁴⁴ lœ⁴⁴li⁰.
我格_的 学生几个　　　　来嘞。_{我的学生们来了。}

总结来看，宜春话的复数标记"X几个"有以下性质：用于数量介于三到九的"少量复数"（paucal plural），可表示连类复数或真性复数；X只能是指人名词，不能指物；"X"一定是有定的，"X几个"也严格限定在有定的论元位置。我们下文的分析目的之一就在于解释以上所有的语法表现。

我们讨论宜春话"几个"的来源，在此之前先介绍对周边方言中复数标记"几个"的分析，从目前来看，主要有以下两类观点，我们归纳为"名词前移位"说和"名词后省略"说。

吴剑锋（2016：353—354）认为安徽岳西方言中的复数标记"几个"来源于表示约量的数量短语"几+个"。从"几+个"演化为合音词"几个"，再演化为词缀"几个"，最后前后的"几个"可以共现，演变顺序如例（14），吴剑锋原文例（41—43）。

(14) a. 院子里只有<u>几个</u>娃在打球，大老人都不在家。
　　　b. 院子里只有娃<u>几个</u>在打球，大老人都不在家。
　　　c. 院子里只有<u>几个</u>娃<u>几个</u>在打球，大老人都不在家。

这种分析的问题在于，"几个"如何从名词前的数量修饰语，变成名词的后附成分？即例（14a）到例（14b）这个过程如何发生？

汪化云（2011b：20，2012：250）坚持"名词后省略"说，如武穴话的复数标记"几个"，是由指量短语/指量名短语省略"人"和指示词"这"而来，例（15）是其语法化之前的完整形式，并且给出了其语音演变的链条。

(15) 俺<u>这</u>几个（人）_{我们}　　尔<u>那</u>几个（人）_{你们}　　渠<u>那</u>几个（人）_{他们}

这两种观点的分歧在于"几个"是否存在省略以及"几个"最初的位置是在名词之前还是在名词之后。

就宜春话而言，我们同意汪化云先生的观点，认为表示复数的"几个"是从名词短语后的"几个人"省略"人"而来，而不是由名词前的数量成分演变成后缀形成。

首先，上述所有的例子后面，都可以在后面补出"人"，且意义不变，只是补出后如果语速快"人"字很难听到，只有硬腭鼻音的发音动作，语音弱化。这可以解释为什么"几个"只能加在指人名词后，因为尽管"人"被省略，复数标记"几个"还带有省略前的限制。

(16) a. n̩i³⁴-tɕi²¹ko⁴⁴（n̩in⁴⁴） kuo²¹lœ²¹ iʔ⁵xa²¹³.
　　　你 几个（人）　　　　过来　　　一下。
　　b. ta²¹ ma⁴⁴tɕioŋ²¹ lai²¹ko³⁴-tɕi²¹ko⁴⁴（n̩in⁴⁴）şoŋ²¹³tsoʔ⁵?
　　　打 麻将　　　 哪个几个（人）　　 上桌?
　　c. ko²¹ko³⁴tɕi²¹ko⁴⁴（n̩in⁴⁴） man⁴⁴ puiʔ⁵ tʰiaŋ³⁴ua²¹³.
　　　这个　几个（人）　　　 蛮　 不　 听话。
　　d. ŋo³⁴san³⁴tɕiaʔ⁵ thəŋ⁴⁴xoʔ⁵-tɕi²¹ko⁴⁴（n̩in⁴⁴） lœ⁴⁴li⁰.
　　　我 三只　 同学—几个（人）　　　　来嘞。

其次，宜春话中表人名词只有"人"才用"个"计数，其他的指人名词前一般用通用量词"只"，如例（17）。宜春话问人的疑问词也相应地是"哪个_谁_"，不能说"*哪只"。如果从名词前的数量短语后置而来，复数标记应该是"几只"而不是"几个"，如例（18）。

(17) a. tɕi²¹ko⁴⁴（n̩in⁴⁴）
　　　几个人
　　b. ???tɕi⁴²ko⁴⁴ xoʔ⁵sɛn⁰/lau⁴²n̩in⁰ka³⁴
　　　???几个　 学生/老人家
(18) a. *tɕi⁴²tɕiaʔ⁵（n̩in⁴⁴）
　　　*几只人
　　b. tɕi⁴²tɕiaʔ⁵ xoʔ⁵sɛn⁰/lau⁴²n̩in⁰ka³⁴
　　　几只　　 学生/老人家

再次，数量短语不能修饰专有名词和有定短语。例（19）本身就不合法，数量短语如何后置生成例（20）的句子。相反，"几个"分析为"几个人"的省略，类似于"同位短语"，要求"几个"前的名词是有定的名词性短语，可以用在专有名词或名词性短语等之后。

(19) a. *tɕi⁴²ko⁴⁴ tɕʰiɛŋa⁰
　　　*几个　 杰伢
　　b. *tɕi⁴²ko⁴⁴ pa²¹pa²¹

(20) a. tɕʰiɛŋa⁰　　　*几个　　爸爸
　　　　杰伢　　　　tɕi²¹ko⁴⁴（n̠in⁴⁴）
　　　　　　　　　　几个（人）
　　b. pa²¹pa²¹　　　tɕi²¹ko⁴⁴（n̠in⁴⁴）
　　　　爸爸　　　　几个（人）

最后，"数量短语 + 名词"只能产生真性复数意义，如例（21a）只表示几个姑姑的集合，无法产生例（21b）的连类复数义。

(21) a. tɕi⁴²tɕiaʔ⁵　　　ku³⁴ku²¹
　　　　几只　　　　　姑姑
　　b. ku³⁴ku²¹　　　tɕi²¹ko⁴⁴（n̠in⁴⁴）
　　　　姑姑　　　　几个（人）[姑姑等人]

因此，"几个"不是名词前数量短语后置形成，而是"几个人"省略人而来。根据汪化云（2011b：21，2012），表达复数的短语进一步语法化会伴随着语素的省略脱落，有"省前式"和"略后式"两种。省略构成的复数标记类型"大多存在于东南方言及部分江淮方言点中，与主要存在于北方方言中的'们'构成了地域分布的对立"。

上文我们提到，在"X 几个"中，如果 X 数量大于三，则既有真性复数又有连类复数解读，如前文例（5）。根据汪化云（2011b，2012）的"省略"说，那么当 X 大于三作真性复数解读时，"这/那几个人"相当于 X 的同位语。和一般的同位短语一样，它们允许多个同位项共现，如例（22）。

(22) a. [ŋo³⁴　san³⁴tɕiaʔ⁵thəŋ⁴⁴xoʔ⁵]　[tɕi²¹ko⁴⁴]
　　　　[我三只同学₁]　[几个₂]
　　b. [ŋo³⁴　san³⁴tɕiaʔ⁵thəŋ⁴⁴xoʔ⁵]　[kɛ³⁴li⁰]　[tɕi²¹ko⁴⁴]
　　　　[我三只同学₁]　[渠俚₂他们]　[几个₃]
　　c. [ŋo³⁴san³⁴tɕiaʔ⁵thəŋ⁴⁴xoʔ⁵]　[ɕiɛu⁴²uoŋ⁴⁴，ɕiɛu⁴²li⁴²，ɕiɛu⁴²

min^{44}] [kɛ^{34}li^{0}] [tɕi^{21}ko^{44}]
[我三只同学$_1$] [小王小李小明$_2$] [渠俚$_3$他们] [几个$_4$]

但是，根据同位短语的定义，同位的各项指称必须相同，当"X 几个"解读为连类复数时，就不能再被解读为同位短语，如尽管例（23a）和例（23b）都被解读为代词复数，相当于"我们"，但是二者结构是不同的。例（23a）中的复数意义是"几个"带来的，"我"和"几个"指称不同，不是同位结构。但是例（23b）中"我俚"本身就有复数意义，"几个"加在回指"我俚"后，构成了严格的同位结构。例（24）同理。

(23) a. ŋo^{34} tɕi^{21}ko^{44}
　　　 我　几个$_{我们}$
　　b. ŋo^{34}li^{0}　tɕi^{21}ko^{44}
　　　 我俚$_{我们}$　几个$_{我们几个}$
(24) a. tɕ^{h}iɛ^{44}ŋa^{0}　tɕi^{21}ko^{0}/^{44}
　　　 杰伢　　　　几个
　　b. tɕ^{h}iɛ^{44}ŋa^{0}、ly^{42}ŋa^{0}、tɕian^{21}ŋa^{0}　tɕi^{21}ko^{0}
　　　 杰伢、磊伢、捡伢　　　　　　几个

也就是说，"X 几个"真性复数解读来源于同位短语的省略，不增加 X 数意义；连类复数解读时具有"及其他"的意义，真正增加了短语的"数"。

丁加勇、沈祎（2014）曾介绍过湖南凤凰话中的后置复数指示词"这些/果些"，如例（25）；文章认为其复数用法的其中一个阶段是"同位短语中表连类指示"，最后发展出了连类复数和真性复数，如例（26）。

(25) a. 张涛、王华这些/果些
　　b. 柜子、梳妆台这些/果些
(26) 复数指示词→同位短语中表连类指示→后置列举助词→连类复数→真性复数

宜春话中的"几个"应该也有类似的发展路径，由"格这几个（人）"的同位语用法发展而来。区别在于凤凰话的"这些/果些"对所修饰的名词限制更少，可以加在表物名词后；而宜春话的"几个"语法化前的成分只能表人，因此语法化之后还有只标记表人名词的限制。

二 "几个"的语义特征

宜春话中"几个"做复数标记时，"几个"的读音弱化，但有两种不同的声调，分别是"X 几个 [tɕi²¹ ko⁰]"和"X 几个 [tɕi²¹ ko⁴⁴]"，其中的"几"语音已经弱化，只有短暂的动程，"个"分别读作轻声和本调。我们分别记作"几个₁"和"几个₂"。两种情况下"几个"表达不同的意义，有不同的使用条件和语用特点。

"X 几个₁"和"X 几个₂"都是对人物的指称，我们这一节将会证明，"X 几个₁"和"X 几个₂"指称的集合中成员关系紧密，都构成一个群体，二者使用的最大区别在于"X 几个₁"表达的群体是约定俗成的（conventional），是听说双方预设的背景知识的一部分，可以转换为"X 帮"的意义。"X 几个₂"是在言谈现场临时形成的（conversational）群体，群体的存在不在听说双方预设的背景知识中。根据刘丹青（2022）从时间方面对已知信息的区分，前者是储存在言谈双方词库中的成员，属于长时已知信息（long-term given information），可随时提取，在说听者之间可共享识别；后者具有更强的语境关联性，是现场已知信息（situational given information）二者存在系统性的差异，有一系列的使用要求和限制。我们先举两例说明。

首先，"几个₁"和"几个₂"与"中性谓词"（neutral predicate）组合时只有集合解读。例（27）"杰伢几个"表示的是以"杰伢"为代表的一个小团体，该团体的存在对于听说双方来说是已知的，如"杰伢"经常和某几个人在一起活动，组成了"杰伢帮"这一小团体关系，例（27）只能表示大家"合唱"了一首歌的意义。例（28）使用"几个₂"，句子也只能表达"合唱"一首歌的意义，"杰伢、磊伢、小王"三人同样构成了一个小团体，但是该团体是言谈现场临时组合形成的，三人可能互不相识，因为在现场合唱了一首歌而构成了新的群体。

(27) tɕʰiɛ⁴⁴ŋa⁰-tɕi²¹ko⁰　　tɕʰoŋ²¹li⁰　　i⁴⁴ɕiu⁴² ko³⁴.
　　 杰伢几个₁　　　　　　唱嘛　　　　一首　　歌。
(28) tɕʰiɛ⁴⁴ŋa⁰, ly⁴²ŋa⁰, ɕiɛu⁴²uoŋ⁴⁴-tɕi²¹ko⁴⁴　tɕʰoŋ²¹li⁰　i⁴⁴ɕiu⁴²
　　 杰伢、磊伢、小王几个₂　　　　　　　　　　唱嘛　　　一首
　　 ko³⁴.
　　 歌。

也就是说,"X 几个₁"和"X 几个₂"都表达集合中的成员构成了一个整体,但是整体成立的时间是不同的。这种区别在例(29)和例(30)的对比中更为明确,在第一章我们提到,对于"解散"这种"集合谓词"(collective predicate),只能是事先存在的群体才能被解散,因此例(29)可以成立而例(30)是不合法的。

(29) tɕʰiɛ⁴⁴ŋa⁰-tɕi²¹**ko⁰**　　kai²¹san⁴⁴　li⁰.
　　 杰伢几个₁　　　　　　解散　　　嘛。
(30) *tɕʰiɛ⁴⁴ŋa⁰, ly⁴²ŋa⁰, ɕiɛu⁴²uoŋ⁴⁴-tɕi²¹**ko⁴⁴**　kai⁴²san⁴⁴ li⁰.
　　 *杰伢、磊伢、小王几个₂　　　　　　　解散　　　嘛。

在例(31)中,只有例(31a)可以提问,因为这种问句要求"杰伢"代表的群体是预设中存在的,而使用"几个₂"时句子不成立。

(31) a. tɕʰiɛ⁴⁴ŋa⁰-tɕi²¹**ko⁰**　　tsʰœ²¹³　　lai⁴²li³⁴?
　　　 杰伢几个₁　　　　　　在　　　　哪里?
　　 b. tɕʰiɛ⁴⁴ŋa⁰-tɕi²¹**ko⁴⁴**　　tsʰœ²¹³　　lai⁴²li³⁴?
　　　 *杰伢几个₂　　　　　　在　　　　哪里?

马博森(2007)研究了自然会话中人物指称并提出了三分模式,该模式由三部分组成:人物本体层、共享知识层以及语言体现层。我们认为,"几个₁"是在共享知识层对人物进行指称的,"几个₂"是在人物本体层进行人物指称。

人物指称时的不同层面会带来其他的附加效果，从多模态角度看，"几个₂"指称人物本体时，通常是在现场语境并伴随着眼神望向被指称对象并且头部扬起再点头的动作，或者手势指向被指称者等；而"几个₁"的使用则不需要，因为它的指称是听说双方的共享知识的一部分，类似于一个专有名词。同样，"X 几个₁"和"X 几个₂"集合中人物间亲疏关系也不相同，根据马博森（2007），人物之间的亲疏关系可以分为密友、朋友、熟人以及陌生人四个等级，使用"X 几个₁"时必须指称具有熟人以上关系的集合；而"X 几个₂"中集合成员可以是包括陌生人在内的所有人。下面详细说明二者的其他相关语义差异。

我们在以下背景下系统论述"几个₁"和"几个₂"的区别：一个婚礼中，有杰伢、磊伢、捡伢三兄弟以及新郎请来的朋友小王和小李。杰伢、磊伢、捡伢为三兄弟，小王和小李与三兄弟并不认识。

首先看列举情况，根据吕叔湘（1985）对"连类复数"的定义，部分列举一定是"连类复数"，因为具有"及其他"的意义，而完全列举则表达真性复数意义。如果使用"X 几个₁"，通常是部分列举，此时是典型的连类复数意义。根据 Moravcsik（2003：488）对连类复数的类型学考察，能充当 X 的成分通常是单数有定名词，存在"表人专有名词 > 有定亲属称谓 > 有定头衔名词（definite title noun） > 其他有定名词"的蕴含等级，越靠前的名词在集合中越凸显。宜春话中的 X 不限定于单数例（32），复数名词短语也能够作为"锚定成分"（focal referent），如例（33）中的"你三只姑姑"作为群体的代表，可以表达"你三个姑姑及她们的家人"的意义。

(32) 杰伢几个₁/我爸爸几个₁/校长几个₁/我几个₁　（X 为单数）
(33) 你三只姑姑几个₁ 你的三个姑姑及家人　（X 为复数）

当 X 数量大于三时，"几个₁"加在 X 之后也可以用于完全列举，按照吕叔湘（1985）先生的定义，此时"X 几个"是真性复数用法。例（34）的指称和"杰伢几个₁"是一致的，且由于代表的是约定俗成的群体，出于语言的经济性，通常说话人只需要凸显群体中的代表即可，因此"杰伢几个₁"更为常见。

（34）tɕʰiɛ⁴⁴ŋa⁰, ly⁴²ŋa⁰, tɕian²¹ŋa⁰-tɕi²¹ko⁰
杰伢、磊伢、捡伢几个₁

"X 几个₂"的使用同样既可以是部分列举也可以是完全列举，如杰伢和小王、小李三个人在玩斗地主游戏，村里人只认识"杰伢"一个人，一种情况是用例（35a）中的"几个₂"指称三人，但是要求三人都要在彼此视线中，能够识别所指；另一种情况，新郎认识三人，可以完全列举三人的姓名再加"几个₂"。两种情况下都不能用"几个₁"，因为三人并非约定俗成的群体。

（35）a. tɕʰiɛ⁴⁴ŋa⁰-tɕi²¹ko⁴⁴ tsʰœ²¹ tɛu²¹tʰi²¹tɕy⁰.
杰伢几个₂   在   斗地主。（如杰伢、小王、小李）
b. tɕʰiɛ⁴⁴ŋa⁰, ɕiɛu⁴²uoŋ⁴⁴, ɕiɛu⁴²li²¹³-tɕi²¹ko⁴⁴ tsʰœ²¹
杰伢、小王、小李几个₂   在
tɛu²¹tʰi²¹tɕy⁰.
斗地主。

从"几个₁"和"几个₂"的使用来看，二者与真性复数、连类复数的区分并不完全对应，不能用这一对概念来概括"几个₁"和"几个₂"的用法。

其次，从"X 几个"的多模态指称来看，由于"X 几个₁"指称的是约定俗成的，双方预设的背景中已知的群体，相当于一个专有名词，无须手势、眼神等多模态的形式完成指称。而"X 几个₂"指称的群体依赖于现场的语境并且常常需要多模态的指称形式。

人称代词及其复数的指称是随着语境变化的[①]，因此"人称代词+几

[①] 人称代词的指称和"说话人""听话人"这一对参数相关，如第一人称是［+说话人，-听话人］，第二人称是［-说话人，+听话人］，而这两个参数都是随着说话的语境变化的，并非"严格指称语"（rigid designators）。

个"通常只能使用"几个₂"。在使用例（36）指称以"我/你/渠"代表的群体时，通常眼神要望向所指称的群体，或者用手指——指向所指称的人物，否则听说双方无法明确何人要完成"去搬桌子"这一事件。

(36) ŋo³⁴/n̠i³⁴/kɛ³⁴-tɕi²¹ko⁴⁴tɕʰɛ⁴⁴ pon³⁴ tso⁴⁴tsɿ²¹.
　　　我/你/渠几个₂　　　　　　　　去　　搬　桌子。

再看集合成员的熟悉度和对现实语境的要求。如果所指称群体不在视线中，只能使用"几个₁"，且成员的熟悉度必须在"朋友"之上，听说双方只能通过共享的背景信息确定所指，上文例（31）可以说明这一点；如果所指群体在视线中，则"几个₁"和"几个₂"都可以使用，如例（37）。

(37) tɕʰiɛ⁴⁴ŋa⁰tɕi²¹ko⁰/tɕi²¹ko⁴⁴ tsʰœ²¹ lɛn³⁴li⁰ tsɿ²¹
　　　杰伢几个₁/几个₂　　　　　　　在　　棱里　做
ɕia²¹tsiʔ⁵?
啥唧？_{杰伢他们在那里干嘛？}（视线中）

例（37）的问句必须出现在所指称群体在视线中的情况，此时"几个₁"和"几个₂"意义不同。"杰伢几个₁"能且只能指称"杰伢、磊伢、捡伢"三兄弟；使用"几个₂"时，成员间互相不熟悉，甚至是陌生人，听说双方都只认识"杰伢"一个人，如"杰伢几个₂"可以指称"杰伢、小王、小李"三人。

正是因为如此，当违反"几个"的使用原则时，会产生特殊的会话含义。假如对听说双方而言"杰伢几个"的所指是预设中的一部分即表达"杰伢帮"的意义时，一般情况下使用"杰伢几个₁"，是中性的意义；但是如果使用"几个₂"指称"杰伢帮"，则会产生责备或者不耐烦的言外之意。因为"几个₂"用于成员不熟悉且不在听说双方的预设中的情况，与事实相反，违反了格莱斯语用原则的"质的准则"（Grice 1989）。

(38) a. tɕʰiɛ⁴⁴ŋa⁰-tɕi²¹ko⁰　lœ⁴⁴li⁰　mo⁰?
　　　杰伢几个₁　　　　来嘞　　么?（中性）
　　b. tɕʰiɛ⁴⁴ŋa⁰-tɕi²¹ko⁴⁴　lœ⁴⁴li⁰　mo⁰?
　　　杰伢几个₂　　　　来嘞　　么?（责备、不耐烦）

最后,"几个₁"和"几个₂"在有定性类型上也存在差异,根据 Simpson et al.（2011）的总结,有定解读可以有五种基本类型:

一是语境回指有定（Discourse-anaphoric definite reading）,这种有定形式前需要有显性的先行词,如（39a）;二是听话人和说话人都可视,具有唯一指称（visible and uniquely identifiable）但是没有在之前的语境中明确提到的成分,如例（39b）;三是由于关联以及推理带来的有定,即从语境中提到的其他事物的关系中推理出的有定成分,如例（39c）;四是语境中的唯一事物,但无须可视（not necessarily visible）,如例（39d）;第五类是文化上唯一的,熟悉的事物,如例（39e）。

(39) a. John has a dog and a cat. **The dog** is old.
　　b. Pass me **the hammer**.
　　c. We went to a wedding yesterday. **The bride** was very beautiful.
　　d. Where is **the car/ the key**?
　　e. **The president** has died.

从有定名词的五种类型看,宜春话中"X 几个₂"是第二类,所代表的群体必须是听说双方可视的、能够识别的唯一群体,当不可视的时候,"几个₂"不能成立;而"X 几个₁"属于第四类,无须可视,是语境中的唯一群体。这种区别反映在问句中,如例（40a）之所以不成立是因为"杰伢几个₂"只能用于可视的语境,而该问句只能用在不可视的环境,二者相矛盾。

(40) a. *ȵi³⁴　kʰon²¹tau²¹li⁰　tɕʰiɛ⁴⁴ŋa⁰-tɕi²¹ko⁴⁴　mo⁰?

```
           *你     看到      嘚       杰伢几个₂           么？
        b. ȵi³⁴   kʰon²¹tau²¹li⁰   tɕʰiɛ⁴⁴ŋa⁰-tɕi²¹ko⁰    mo⁰？
           你     看到      嘚       杰伢几个₁           么？
```

在一定的条件下，"几个₁"和"几个₂"二者还可以共现。二者共现时"几个₁"更靠近 X 而"几个₂"位于外围。二者顺序不可以调换。

（41）a. tɕʰiɛ⁴⁴ŋa⁰-tɕi²¹ko⁰-tɕi²¹ko⁴⁴
        杰伢几个₁几个₂

     b. *tɕʰiɛ⁴⁴ŋa⁰-tɕi²¹ko⁴⁴-tɕi²¹ko⁰
        *杰伢几个₂几个₁

我们将"几个₁"和"几个₂"的异同总结如表 5—1：

表 5—1　　　　　　"几个₁"和"几个₂"的异同

	几个₁	几个₂
充分必要条件	约定俗成的，是听说双方共享的背景知识的一部分	言谈现场临时成立的，不在听说双方背景知识中
列举方式	部分列举、完全列举	完全列举；被指称对象在言谈现场时可以部分列举
熟悉度	密友、朋友、熟人	所有熟悉度皆可
真性—连类	真性/连类	真性/连类
多模态	无	在视线中，可以有眼神望向被指称对象并且头部扬起再点头的动作，或者手势指向被指称者
有定性	语境中的唯一事物，但无须可视（not necessarily visible）	听话人和说话人都可视，具有唯一指称（visible and uniquely identifiable）但是没有在之前的语境中明确提到的成分

第三节 "几个"的群体算子分析

一 "几个"是群体复数算子

根据 Moravcsik（2003）对复数语义参数的考察，基于"内聚性"（cohesion）参数可以区分出"分类复数"和"群体复数"（group plural）两种类型，区别在于前者集合成员基于相似性组成集合；而后者基于部分整体关系，通常被看作一个整体，内部成员间有紧密关系。

在形式语言学内部，也有对群体解读的讨论，基本上是基于"群体名词"（group noun，Landman 1989；Barker 1992 等）以及具有集合解读的复数名词短语的讨论。根据第一章对群体复数语义的分析和对经典的测试的考察，尽管学者们通常将"群体解读"（group reading）等同于"集合解读"，"群体名词"和具有群体解读的有定复数都相当于一个整体（原子），事件也是单一事件（Landman 1989，1996；Barker 1992 等）。

但是，"群体名词"和具有集合解读的有定复数名词短语又不完全相同，划分群体名词的标准很难应用于具有群体解读的有定复数名词短语后，最明显的是群体名词在句法上引发单数的一致性（agreement），而具有群体解读的有定复数名词在短语句法上依然是复数的。比如，例（42a）中的 the committee（这个委员会）是群体名词，只能表达委员会集体在为该项目投票的意义，系词使用的是第三人称单数的 is。例（42b）中在集合解读中，也表达 the teachers（老师们）作为一个整体在为该项目投票的意义，此时的 the teachers 虽然句法形式上是有定的累加复数名词短语，系词使用的是 *are*，但是语义上也具有群体解读（集合解读）。

(42) a. **The committee** is voting for the project.
　　　b. **The teachers** are voting for the project.

Rothstein（2010：381）详细分析了第二种群体解读的来源，当例（43）中 helped the farmer 是单一事件，the boys 首先是通过最大化算子 σBOYS 获得了有定复数解读，然后在群体形成函数作用下（↑（σBOYS））获得了群体解读。也就是说，the boys 参与单个事件时，the boys 是应用了群体形成函数，产生了群体解读。

(43) The boys helped the farmer.

尽管群体解读具有以上两种不同的情况，但是英语没有采用形态手段来表达这两种语义。前者用群体名词这种**词汇手段**表达，后者则累加复数的**有定复数**（plural definites）形式表达。但是，不排除在其他语言中，群体解读会通过复数形态表达，甚至群体复数的两种语义会用不同的复数形态表达，即群体复数意义可能也有不同的类型。

我们这一部分将说明"群体解读"内部确实可以二分，采用复数形态表达：一部分群体复数名词的群体解读来自名词本身，是预设的一部分，对应于英语中的"群体名词"，在宜春话中用"X 几个$_1$"表达；一部分来自语境或者谓词，是临时形成的，对应于英语中集合解读下的有定复数名词，宜春话中用"X 几个$_2$"表达。根据 Moravcsik（2003）的考察，连类复数结构表达的成员关系存在"家庭关系（Family Relations）＞朋友关系（Friendship），共同参与活动关系（Shared Activities）＞临时组合关系（Incidental Association）"这一蕴含序列，两种类型的群体复数正好对应于这一蕴含序列。"几个$_1$"通常用于"家庭关系"和"朋友关系"；"几个$_2$"用于"共同参与活动关系"和"临时组合关系"。

群体解读的本质是将名词指称的最大复数个体看作一个内部联系紧密的整体，最主要的测试标准是与中性谓词（既可以产生集合解读又可以产生分配解读的谓词）组合时，能否排除分配解读。我们将分为以下部分进行论证，第一部分证明无论是"几个$_1$"还是"几个$_2$"都对内部成员关系有要求，被当作一个整体。第二部分阐述二者在群体性上的差异。第三部分介绍群体解读的经典分析并对其进行扩展，以解释宜春话中两类不同的群体复数名词。

（一）"几个$_1$"和"几个$_2$"都是群体复数标记

"群体复数"和"分类复数"的区别在于集合成员之间是否具有紧密关系，具有内聚性，从而形成一个整体，而不仅仅是简单的加合关系。根据 Landman（1989），如果整体的解读大于部分之和，就是群体解读。

宜春话中"X 几个"不简单是集合成员的加合，不仅代表"X + 其他人"，而是"X 的群体"（可参考 Vassilieva 2005 对二者的区分），集合成员要有紧密的关系。上文我们提到，"几个$_1$"的使用要求集合成员具有熟人及以上的亲疏程度，从词汇层面就限定了成员之间必须有紧密联系。比如，如果杰伢和小王、小李互不相识，一起打斗地主游戏。例（44）中"杰伢几个$_1$"语用上不能成立；在词汇层面"几个$_2$"的使用没有亲疏关系的要求，集合成员可以是陌生人。但是，进入句子使用层面，陌生人必须完成同一件事情"几个$_2$"才能使用。"杰伢几个$_2$"在例（45a）的集合解读中可以成立，表示三人在同一个牌局中，如果三人各行其是，句子是不成立的，如例（45b）。

(44) #tɕʰiɛ^{44}ŋa^0-tɕi^{21}ko^0　tsʰœ^{21}　tɛu^{21}tʰi^{21}tɕy^0.
　　 #杰伢几个$_1$　　　　　在　　斗地主。（如杰伢、小王、小李）

(45) a. tɕʰiɛ^{44}ŋa^0-tɕi^{21}ko^{44}　tsʰœ^{21}　tɛu^{21}tʰi^{21}tɕy^0.
　　　 杰伢几个$_2$　　　　　在　　斗地主。
　　 b. #tɕʰiɛ^{44}ŋa^0-tɕi^{21}ko^{44}　iʔ^{5}ko^{44}　tsʰœ^{21}　pon^{44}　tsoʔ^{5}tsʅ^{21}.
　　　 #杰伢几个$_2$　　　　　一个　　在　　搬　　桌子，
　　　 iʔ^{5}ko^{44}　tsʰœ^{21}　ua^{34}sʅ^{213}, iʔ^{5}ko^{44}　tsʰœ^{21}　ta^{42}ma^{44}tɕioŋ^{21}.
　　　 一个　　在　　话事，　　一个　　在　　打麻将。

又如，在例（46）中，假设"我"和马云、王健林互相无交集，就不满足例（46a）到例（46b）的蕴含关系。但是如果"我"和马云、王建林组建了一个团队，就存在例（46a）到例（46b）的蕴含关系。

(46) a. ŋo^{34}tɕin^{34}n̠ian^{21}　tsʰan^{213}li^0　　iʔ^{5}tɕiaʔ$^{5:44}$i,
　　　 我　今年　　赚嘞　　　一只亿，
　　　 ma^{42}yn^{44}　　tsʰan^{213}li^0　　ɕiʔ^{5}iʔ^5,
　　　 马云　　　赚嘞　　　十亿，
　　　 uoŋ^{44}tɕʰiɛn^{213}lin^{44}　tsʰan^{213}li^0　　ɕiʔ$^{5:44}$i.
　　　 王建林　　　　　赚嘞　　　十亿。

b. ŋo³⁴tɕi²¹ko⁴⁴tɕin³⁴n̠ian²¹　　tsʰan²¹³li⁰　　œ²¹³ɕi²¹to³⁴ːi⁴⁴.
我几个₁　　今年　　　　　赚嘅　　　二十多亿。

因此"X 几个"不仅代表"X + 其他人",群体成员还一定要具有紧密关系,这种关系可以是预设中背景信息的一部分,也可以是因为共同承担某项任务、完成某一活动等而临时结成的关系。张帆等(2017)从语用的角度称之为"同盟关系"。我们的贡献在于发现所谓的"同盟关系"存在两种类型,在宜春话中有不同的标记表达。

而英语中的累加复数(cumulative/additive plurals)则不具有这种语用上的"同盟"要求,尤其是非表人名词后的 -s,如例(47a)中的 apples,苹果之间不存在任何所谓的"同盟"关系①。此外,英语中累加复数与中性谓词组合时,既有集合解读也有分配解读,如例(47b)既可以表示男孩子们一起搬一张凳子上楼,也可以表示分别搬一张凳子上楼。

(47) a. The apples turned red.
　　　b. The boys carried a desk upstairs.

对于英语中的 the apples 以及 the boys 等复数形式,复数名词所指称的集合成员间没有"内聚性",因此它的解读完全是由谓词决定的。与集合谓词组合,产生集合解读;与分配型谓词组合,则只有分配解读;而与中性谓词组合时,两种解读兼而有之。但是,宜春话中的"几个₁"和"几个₂"在与中性谓词组合时,都只有集合解读而没有分配解读。

情景:在教师节的时候,杰伢、磊伢和捡伢三个好朋友(三人组成的群体以杰伢为代表)还有另一个不熟悉的同学小张给老师送教师节礼物。

(48) a. tɕʰiɛ⁴⁴ŋa⁰, ly⁴²ŋa⁰taiʔ⁵　　ɕiɛu⁴²tɕioŋ³⁴tɕi²¹ko⁴⁴　　tsʰo⁴⁴n̠in²¹

---

① 张帆等(2017)认为"立场"是数范畴演化动力来源之一。这也许是汉语多数复数标记限制在表人名词后的原因,因为要满足"同盟"这一要求;英语中的复数标记没有这一要求,因此可以加在无生命名词后。

杰伢、磊伢　　搭　小张　　几个₂　　昨日
son⁴⁴li⁰i?⁵tɕioŋ³⁴　kʰa⁴²pʰiɛn²¹　tɛn⁴²　lau⁴²sʅ³⁴.
送嘅　一张　卡片　　等　　老师。

b. tɕʰiɛ⁴⁴ŋa⁰　tɕi²¹ko⁰　tsʰo⁴⁴n̠in²¹　son⁴⁴li⁰　i?⁵tɕioŋ³⁴
杰伢　　几个₁　昨日　　送嘅　一张
kʰa⁴²pʰiɛn²¹　tɛn⁴²　lau⁴²sʅ³⁴.
卡片　　等　老师。

共同解读：三人一起送了一张卡片给老师。（集合解读）

如果没有"几个"例（49）有两种解读。这说明例（48）中句子之所以排除分配解读，是"几个"的作用。无论是"几个₁"还是"几个₂"，都能给句子带来集合解读。

（49）tɕʰiɛ⁴⁴ŋa⁰, ly⁴²ŋa⁰　tai?⁵tɕian²¹ŋa⁰　tsho⁴⁴n̠in²¹　son⁴⁴li⁰
杰伢、磊伢　　搭　捡伢　　昨日　　送嘅
i?⁵tɕioŋ³⁴kʰa⁴²pʰiɛn²¹tɛn⁴²　lau⁴²sʅ³⁴.
一张卡片　　等　老师。

解读1：杰伢、磊伢同捡伢一起送了一张卡片给老师。（集合解读）
解读2：杰伢、磊伢和捡伢分别送了一张卡片给老师。（分配解读）

以上说明"X 几个"不仅仅是成员的简单加合，成员之间必须有紧密的关系。此外，与中性谓词组合时，句子会排除分配解读，只有集合解读。基于以上两点，我们认为"X 几个₁"和"X 几个₂"指称的集合相当于一个整体，"几个₁"和"几个₂"都属于群体复数标记。

（二）"几个₁"和"几个₂"的差异

在第一章，我们介绍了群体复数的两种可能来源，一种是来源于名词本身，另一种是来源于语境（集合谓词是典型的带来群体解读的环境）。来源于名词本身的群体解读以例（50a）为例，The Talking Heads 这类组合名称被称为群体名词，这种名词已经相当于是一个原子（谓语动词使用第三人称单数），当例（50b）表示四个人集体开演唱会时，语

境给 David，Chris，Jerry and Tina 带上群体算子（group operator），此时该并列短语获得了群体复数解读。

(50) a. **The Talking Heads** gave a concert in Holland.
　　b. **David**，**Chris**，**Jerry and Tina** gave a concert in Holland.

前者的群体 The Talking Heads 作为一个组合，其存在先于句子所产生的时间，是听说双方预设的背景信息的一部分；而后者的群体是在语境中形成的，由于集合谓词的作用而产生。这两种群体复数形式有不同的语义表现。体现在参与性和与分配性谓词组合时的合法性差异上。比如，在例（50a）中，当组合成员其中一人缺席，例（50a）依然成立，但是，当例（50b）为集合解读时，虽然并列短语获得了群体解读，但是所有成员必须全部出席演唱会，否则句子为假。换句话说，The Talking Heads 的群体指称是在谓词事件发生之前，预设中存在的；而 David，Chris，Jerry and Tina 的群体指称是与谓词事件同时产生的，因此不允许出现缺席的情况。

此外，群体名词与分配性谓词组合时，句子接受度低，如例（51a）很难得到组合成员每个人都是 25 岁的解读（假设团队成员实际上都是 25 岁），除非表达作为一个团体已经成立了 25 年的意义（此时谓语动词要用单数）。但是，由于并列短语自身没有群体解读，其解读随着谓词改变而改变，因此可以自由与分配性谓词组合，获得分配解读，如例（51b）。

(51) a. ???The Talking Head are 25 years old.
　　b. David，Chris，Jerry and Tina are 25 years old.

宜春话中，如例（52）、例（53）两个句子在相同的情景下，对"参与性"要求不同，真值也不同。对于例（52）而言，B 句为真要求小明、小花、小马三个人都被叫来，如果有人缺席，B 就不能成立。但是对于例（53）而言，B 句为真没有这种要求，A 只要求把预设中已知的群体叫过来，有个别成员缺席这个群体依然是成立的，因此 B 在"小明没来"的情况下也是成立的。

（52）a. pa⁴² ɕiɛu⁴²min⁴⁴ɕiɛu⁴²fa³⁴ɕiɛu⁴²ma²¹³-tɕi²¹ko⁴⁴　xan⁴²tɛ²¹kuo⁴⁴lœ²¹
　　　　把　<u>小明、小花、小马几个₂</u>　　　　　喊得　过来！

　　　b. xan⁴²tɛ²¹　lœ²¹li⁰.
　　　　#喊得　　来嘞（实际上小明没来）。

（53）a. pa⁴² ɕiɛu⁴²min⁴⁴-tɕi²¹ko⁰　　xan⁴²tɛ²¹kuo⁴⁴lœ²¹！
　　　　把　<u>小明几个₁</u>　　　　喊得　过来！

　　　b. xan⁴²tɛ²¹　lœ²¹li⁰.
　　　　喊得　　来嘞（实际上小明没来）。

从这个角度来看，宜春话中"X 几个₁"的语义更接近于英语中的群体名词，二者的共同点都不要求参与性；而"X 几个₂"更接近于具有群体解读的累加复数名词，都要求参与性。

与上文类似，"X 几个₁"与中性谓词组合获得集合解读，如例（54a）只有"杰伢几个人打同一局斗地主"的意义；可以用在复数事件中，如例（54b）表示每个人都在做不同的事情。但"X 几个₂"只能用在集合谓词或者中性谓词事件中，只有集合解读，即共同完成单一事件，如例（55a）表示三人在一起斗地主，句子可以接受；如果用在复数事件中，句子接受度很低，如例（54b）表示三人进行不同的事件时句子不合理。

（54）a. tɕʰiɛ⁴⁴ŋa⁰-tɕi²¹ko⁰　　tsʰœ²¹　　tɛu²¹tʰi²¹tɕy⁰.
　　　　杰伢几个₁　　　　　在　　　斗地主。

　　　b. tɕʰiɛ⁴⁴ŋa⁰-tɕi²¹ko⁰ iʔ⁵ko⁴⁴　tsʰœ²¹　pon⁴⁴　tsoʔ⁵tsɿ²¹
　　　　杰伢几个₁　　一个　　在　　搬　　桌子，
　　　　iʔ⁵ko⁴⁴　tsʰœ²¹　ua³⁴sɿ²¹³, iʔ⁵ko⁴⁴　tsʰœ²¹　ta⁴²ma⁴⁴tɕioŋ²¹.
　　　　一个　　在　　话事，　一个　　在　　打麻将。

（55）a. tɕʰiɛ⁴⁴ŋa⁰-tɕi²¹ko⁴⁴　tsʰœ²¹　tɛu²¹tʰi²¹tɕy⁰.
　　　　杰伢几个₂　　　　　在　　　斗地主。

　　　b. #tɕʰiɛ⁴⁴ŋa⁰-tɕi²¹ko⁴⁴　iʔ⁵ko⁴⁴　tsʰœ²¹　pon⁴⁴　tsoʔ⁵tsɿ²¹
　　　　#杰伢几个₂　　一个　　在　　搬　　桌子，
　　　　iʔ⁵ko⁴⁴　tsʰœ²¹　ua³⁴sɿ²¹³, iʔ⁵ko⁴⁴　tsʰœ²¹　ta⁴²ma⁴⁴tɕioŋ²¹.

一个　在　话事，　一个　在　打麻将。

与上例类似，"X 几个$_2$"与分配谓词组合时，句子接受度较低，因为此时"杰伢、磊伢、捡伢几个$_2$"有打包成一个整体的意义，整个句子会带来一起结婚而不是分别结婚的意义，这与事实不符，如例（56a）。如果要使得句子接受度更高，需要再加上分配算子"一下$_{都}$"。但是"杰伢几个$_1$"不需要分配算子，句子也是合法的，如例（57a）。

(56) a. tɕʰiɛ⁴⁴ŋa⁰, ly⁴²ŋa⁰, tɕian²¹ŋa⁰　tɕi²¹ko⁴⁴　tɕiɛ⁴⁴li⁰fun³⁴.
　　　 ??? 杰伢、磊伢、捡伢　　　　　　　　几个$_2$　　结嘚婚。
　　b. tɕʰiɛ⁴⁴ŋa⁰, ly⁴²ŋa⁰, tɕian²¹ŋa⁰　tɕi²¹ko⁴⁴　iaʔ⁵
　　　 杰伢、磊伢、捡伢　　　　　　　　几个$_2$　　一下$_{都}$
　　　 tɕiɛ⁴⁴li⁰fun³⁴.
　　　 结嘚婚。

(57) a. tɕʰiɛ⁴⁴ŋa⁰　　tɕi²¹ko⁰　　tɕiɛ⁴⁴li⁰fun³⁴.
　　　 杰伢　　　　几个$_1$　　结嘚婚。
　　b. tɕʰiɛ⁴⁴ŋa⁰　　tɕi²¹ko⁰　　iaʔ⁵　　tɕiɛ⁴⁴li⁰fun³⁴.
　　　 杰伢　　　　几个$_1$　　一下$_{都}$　结嘚婚。

将典型的群体名词、累加复数名词与宜春话中"X 几个$_1$"和"X 几个$_2$"进行对比。得出性质（表5—2）：

表5—2　　　　　　　　　　　不同类型名词的语义参数

	举例	与中性谓词组合	与分配性谓词组合	参与性
群体名词	The Talking Heads	集合解读	接受度低	允许缺席
累加复数	David, Chris, and Tina	集合解读/分配解读	分配解读	不允许缺席
X 几个$_1$	杰伢几个$_1$	集合解读	分配解读	允许缺席
X 几个$_2$	杰伢、磊伢、杰伢几个$_2$	集合解读	不能接受	不允许缺席

如果按照"与中性谓词组合"这一标准,"X 几个₁"和"X 几个₂"都是群体复数名词短语,但是二者在与"分配性谓词"组合以及"参与性"特征上又不相同,说明二者依然具有内在差异,如何去解释这种差异?这是我们下一节所要讨论的问题。

文献中对群体(group)的经典定义和分析来自 Link(1983)和 Landman(1989)以及 Chierchia(1998b),但是这些分析都借助于英语的材料,认为群体只有一类,而宜春话中的群体复数解读有两种且解读与预设相关。这一部分我们借助文献中的分析,对宜春话两种群体复数标记进行分析,解释目前"几个₁"和"几个₂"用法的异同。

Landman(1989:584)以组合 Talking Head(假设成员为 David,Chris,David 和 Tina)为例说明了群体名词的形成过程。如果要构成一个群体,要经历以下操作:首先谓词 **Talking Head** 的指称为(58),经过加合操作,幂集去除空集后的 ***Talking Head** 指称为(59),接着通过最大化算子 σ 挑选出最大的集合,如例(60),由于这个过程应用了最大化算子,因此团体具备了"有定性"特征。接下来应用群体形成函数"↑",最后的结果是得到单原子集合(singleton set),即 David,Chris,David 和 Tina 四位成员构成一个整体,例(61)。朴素地说,形成一个群体,经历了"加合+最大化挑选+打包"三个过程。

(58) 谓词 **Talking Head** 的指称是:
{{d}, {c}, {j}, {t}}

(59) 谓词 ***Talking Head** 的指称是:
{{d}, {c}, {j}, {t}, {d, c}, {d, j}, {d, t}, {c, j}, {c, t}, {j, t}, {d, c, j}, {d, c, t}, {c, j, t}, {d, c, j, t}}

(60) σx. ***Talking Head** (x) 的指称是
{d, c, j, t}

(61) ↑(σx. ***Talking Head** (x)) 的指称是
{{d, c, j, t}}

根据 Landman(1989),这种分析可以解释为什么群体名词并不继承个体所具有的特征，并且不要求参与性，以及在句法上表现为单数。因为形成群体后，David, Chris, David 和 Tina 四者已经"打包"成了一个整体{{David, Chris, Jerry, Tina}}，集合成员不再是个体的复数而是单个原子，这个集合拥有了自身的其他特征，群体既不继承个体的特征，也不要求参与性，句法上是单数的。

当有定累加复数名词与集合谓词组合时，也能够获得群体复数。仿照 **The Talking Heads** 的形成过程（稍有改动，原因见注释26），我们将上文例（43）中 the boys 的群体解读形成过程分析如下：假如现实世界中男孩（boy）有三个成员 a，b，c，也同样经历了从例（62）的谓词阶段到例（63）加合后的光杆复数阶段，最大化之后例（64）是有定复数阶段，最后应用群体形成算子变成群体解读的 the boys，相当于 the boys as a group，例（65）。①

（62）谓词 **Boy** 的指称是：
{a, b, c}　　　　　　　　　　　　　　　　　　　［谓词］

（63）谓词 ***Boys** 的指称是：
{a, b, c, a⊕b, b⊕c, a⊕c, a⊕b⊕c}　　［光杆复数］

（64）**the boys** = σx. ***Boys**（x）的指称是：
a⊕b⊕c　　　　　　　　　　　　　　　　　　　［有定复数］

（65）**the boys as a group** = = ↑（σx. ***boys**（x））的指称是：
(a⊕b⊕c)②　　　　　　　　　　　　　　　　　［群体复数］

从这一过程我们可以看到，形成群体过程是从谓词开始经历加合和最大化操作，最后通过群体形成算子形成的，群体算子是作用于"有定

---

① 虽然在核心思想上我们和 Landman（1989）是一致的，但是在表达上我们稍有不同。根据当前的学界一般认识，应用了最大化算子后得到的是个体，语义类型为 < e >，而 Landman（1989）应用了最大化算子后，依然得到的是集合 {d, c, j, t}，是谓词性的。我们的处理相对于 Landman（1989），少加了一层集合符号，但是核心思想是一致的。我们使用⊕直观地展示加合操作。

② Landman（1989）使用 {} 定义群体，但是目前学界将 {} 看作集合符号，谓词的指称就是集合。事实上，群体是有定的而不是谓词，语义类型为 < e >，因此我们将集合符号 {} 改成圆括号（）。（）的意义是将有定复数个体"打包"成一个整体。

复数"（plural definites）的。最后，得到的群体指称上类似于一个专有名词，是严格指称语（rigid designators），只是其中包含了多个部分，构成了整体和部分关系。

上面两种情况中，"群体名词"（group noun）和"群体复数"（group plural）都具有群体解读（group reading），它们群体解读的形成过程是类似的。我们认为，二者的差别在于群体算子（group operator）"↑"作用的阶段不同。对于 The Talking Heads 这样的群体名词而言，群体意义是预设背景知识的一部分，群体算子是先于说话时间被应用的，是名词短语内建语义的一部分。而对于 the boys 而言，这一算子是谓词带来的现实语境赋予的，与说话时间同时产生。

de Vries（2017）在研究"分配"（distributivity）语义时提出，"分配"语义应该分成"词汇性的"（lexical）和"基于算子的"（operator-based）两类，如（66a）中的 laugh 作为分配性谓词，其分配性来自词汇自身，因为 laugh（笑）需要个人肺和口腔的参与，而这些器官都是个人所占有的，无法分享，不存在"集体"的笑。而 had a beer（喝了一瓶啤酒）对于主语 the girls（女孩们）而言，可以解读为"女孩们分享一瓶"，也可以是"女孩们每一个人喝了一瓶"。如果要获得后一种意义，就必须假定存在一个隐性的分配算子（distributive operators），这个算子不来源于词汇自身，因此这种分配性属于"基于算子的"（operator-based）分配性，二者的区分对于解释"分配性"相关现象而言是必要的。例引自 de Vries（2017：174）。

(66) a. The children laughed.
  b. The girls had a beer.

文章还提到，有定复数（plural definites）以及群体名词（group NPs）组合时会有不同的表现，这与我们的观察是一致的。例句引自 de Vries（2017：177）。

(67) a. The children are hiding somewhere.
  ⇐For each child x, there is a place y such that x is hiding

in y.

⇐There is a place y such that each child is hiding in y.

b. The class is hiding somewhere.

⇔There is a place y such that each child is hiding in y.

例（67）的有定复数 the children（孩子们）与谓词 hiding（躲藏）组合时，既可以表达每一个孩子藏在同一个地方，也可以表达每个孩子藏在不同地方。而 the class（全班）与 hiding（躲藏）组合只有所有的班上的孩子躲在同一个地方的意义。

受此启发，我们认为，"群体复数"语义可以分为"词汇群体"（conventional groups）和"语境群体"（conversational groups）两类，前者以英语中群体名词和宜春话"X 几个$_1$"为代表，群体意义是名词短语内建语义，是约定俗成的，群体的存在是预设背景信息的一部分[①]；后者以英语中群体解读的有定复数和宜春话"X 几个$_2$"为代表，是现场语境中由于集合谓词带来的群体算子组成的群体，群体意义来自语境带来的"群体算子"。

但是，"X 几个$_2$"与英语中有定复数不完全相同，有定复数做主语时对谓词并没有选择，既能和集合谓词、中性谓词也能和分配谓词组合；而"X 几个$_2$"只能选择集合谓词或者中性谓词，获得群体解读。从这个意义上说，"几个$_1$"和"几个$_2$"都是群体复数标记。

正是群体算子作用的阶段差异造成了宜春话的"X 几个$_1$"和"X 几个$_2$"的语义区别，具体而言可以解释以下语言现象：

首先，可以解释二者在"参与性"上的不同表现。对于"X 几个$_1$"而言，在说话时间之前群体算子已经作用于某有定复数名词短语，其群体意义是内建语义的一部分，和英语中的群体名词短语 the committee, the group 等一样，在说话时允许其中的成员缺席。而"X 几个$_2$"的群体意义是言谈现场中"↑"算子作用于有定复数形成的，由于有定复数不允

[①] 汉语中也有词汇形式的群体名词，且这些名词都有一些显性的表示群体意义的语素，如"建筑群""炒房团"等等，这也间接说明存在词汇群体这一类型，只是在宜春话中这种意义固定在"X 几个$_1$"这一结构中。

许成员的缺席,因此"X 几个$_2$"同样不允许成员的缺席。

其次,可以解释与"分配性谓词"组合时二者的不同表现。上文我们提到,累加复数和群体复数可以通过算子"↑"和成员凸显(member specification)算子"↓"两个算子进行互相转换(Landman 1989:577)。

(68) "↑"是一个从单纯加合(pure sums)到非单纯原子(groups)的函数。

(69) "↓"是一个从非单纯原子(groups)到单纯加合(pure sums)的函数。

"X 几个$_1$"自身具有群体解读,可以再通过使用"↓"算子进行成员凸显,分配谓词可以作用于集合中的个体。"X 几个$_2$"说话前不具有群体解读,是由于语境中"↑"的作用而获得群体意义,"↑"与"↓"是两个相反的过程,两个算子不能同时作用于同一个变量。因为"算子"(operators)是用来约束"变量"(variables)的成分,一个变量必须被一个算子约束,并且只能被一个算子约束(可参考刘鸿勇 2020:21)。因此,"X 几个$_2$"不能获得分配解读。

二 两类不同的群体

"词汇群体"和"语境群体"的区分[①]对于"群体"意义研究而言有何意义呢?

首先,从语言事实的角度来看,这两类群体的共同点在于复数个体被当作整体来看待,与中性谓词组合时,只能获得集合解读,满足"群体"解读的基本要求。但是,二者在"与分配谓词组合"以及"参与性"两个方面具有差异。既然这两种不同的意义具有不同的形态编码,根据形式与意义相统一的原则,它们应该被区分开来。

[①] 这两种意义的区分核心在于"群体"之作为群体,性质是否稳定。从这个角度来看,类似于阶段性谓词(stage-level predicate)和恒常性谓词(individual-level predicate)的区分,可以参考 Jäger(2001)。

从语言学理论内部来看，它可以加深普通语言学关于"群体解读"（group reading）及相关问题的认识。Landman（1989）从群体名词出发，确定了"群体"的基本定义：群体是区别于累加复数的。一旦群体构成，就相当于形成了一个新的原子（atom，Barker 1992 术语），语义上是单数的（如 committee，group 都是单数名词），拥有了新的独立的身份，不再继承构成整体的部分所具有的意义（见第一章中的详细介绍）。但是学者们又发现，群体算子作用于有定复数获得集合解读的名词短语，也满足复数个体被当作一个整体的定义，"群体解读"和"集合解读"常常混用（Landman 1996，2004；Chierchia 1998b：64；Champollion 2010：210）。也就是说，"群体"（group）这个概念虽然发源于对群体名词的研究，但是在后期的使用已经被泛化了，与谓词的"集合"相混。因此，我们的贡献在于将集合解读限定在谓词的范围，将群体复数限定在名词短语的范围。同时，我们认为群体解读来源于名词自身，有两种不同的类型，并非完全由谓词决定。

群体意义可以是名词短语内建的语义，也可以来自群体算子的作用。这两种语义在英语中都没有形态标记。而宜春话"几个"的两种语音形式，代表了群体复数的两种意义，通过这两种形式的区分，尤其是宜春话中有专门的两种形态"几个$_1$"和"几个$_2$"对其进行编码，我们确认了这两种群体意义的存在以及二者之间的区别。

宜春话中"几个"可以和数量短语共现，如例（70）。这一点在安徽岳西赣方言中同样如此，吴剑锋（2016）指出，安徽岳西方言中的"几个"可以形成人类语言里罕见的"数＋量＋N＋复数标记"形式的名词短语，如例（71），引自原文（45—46）。

(70) a. 我三<u>只</u>老表<u>几个</u>在吃饭。
　　 b. 棱<u>只</u>同学<u>几个</u>来嘛么？
(71) a. 我家三<u>个</u>女<u>几个</u>都很顾娘家。<small>我家三个女儿都很照顾娘家。</small>
　　 b. 四<u>个</u>姑<u>几个</u>来着，你快出去接一下。<small>四个姑姑来了，你快出去迎接一下。</small>

量词系统和复数标记不在同一种语言中出现是一种类型学共性，如果一种语言使用量词作为数量表达的主要模式，那么它在名词上不会有强制性的复数标记,量词和复数标记总是呈现出互补分布的格局(Greenberg 1972;Sanches Slobin 1973;Doetjes 1997 等)。Rijkhoff(2002:29)也认为语言中,"数+量+名+复数标记"的结构类型是非常少见的,在世界语言中几乎没有。

赣语宜春话以及岳西方言复数标记"几个"与数量短语共现,构成"数+量+名+复数标记"的结构,是否构成对量词与复数标记不共现的类型共性的违反呢?我们认为,我们在考虑量词和复数标记共现问题时,不能盲目比对英语中的情况。首先要考虑的问题是复数标记作用对象的性质,以及量词与复数标记不共现的根本原因是什么。

对于量词和复数标记不共现,Chierchia(1998a,b)从语义的角度给出的解释是:在量词型语言中的光杆名词默认为类指,都可以看作不可数名词,具有内在复数性,因此没有复数标记。Borer(2005)认为量词的作用是将不可数名词个体化成原子,再进行计数。因此在量词性语言中,量词与复数标记不共现。在句法上量词和复数标记占据的是相同的句法位置(NumP 的核心),功能都是将事物切分成个体。因此量词型语言中,复数标记和量词系统不能共存。

无论是哪一种解释,它们都是基于量词与复数标记在功能上的一致性,即"量词"与"复数标记"都是起到"切分"的作用,或者句法上占据同一位置(Div^0),因此产生冲突。但是,如果一种语言中的复数标记的作用不是将不可数名词切分成个体,与量词占据的不是同一个句法位置,量词和复数标记就不存在竞争关系,也就可以共现。

首先看复数标记"几个"的句法位置。英语中复数标记对名词进行切分,作用的对象是谓词性的名词 NP,再与数词以及和限定词(determiner)结合,构成名词性短语 DP,完整的 DP 结构为 [$_{DP}$ D [$_{NumP}$ Num [$_{ClP}$ CL [$_{NP}$ N]]]]。

而宜春话中的"几个"作用的都是论元性的名词性短语 DP,这是"几个"和英语复数标记 -s 最大的区别。如宜春话中例(72)"我三只同学几个"表示"我三个同学以及与之相关的人","我爸爸几个"指"我爸爸代表的群体","几个"不只是作用于名词"同学"和"爸爸"而是整个 DP"我三只同学"和"我爸爸"。但是英语中的 -s 不能加在"my father"或者"my three student"整体之后,而是首先和名词结合,再与数词以及有定成分 D 组合。也就是说，"几个"是一个语缀而 -s 是一个词缀。二者的结构差异如下：

(72) [[我三只同学] 几个]/[[我爸爸] 几个]
(73) a. [my [three[[student] -s]]]
  b. *[[my three student] -s]/*[[my father] -s]

复数标记 -s 和个体量词争夺同一个句法位置或者语义上同时表达切分的功能，都是发生在名词性短语 DP 内部的 Div⁰ 位置（Borer 2005），而"几个"是作用于 DP 之上的，自然就不会与量词争夺同一个位置了。

因此，从严格意义上来说，这不构成对量词与复数标记呈互不分布的类型学共性的违反。不过从另一个角度来看，"几个"是作用于 DP 的复数标记，而不作用于 NP，这是"几个"的类型学价值所在，说明复数标记不只有一个实现位置。

从量化和计数特征看，宜春话中的"X 几个"本身不能再被量化或者计数了，比如例（74）和例（75）中的结构都是不成立的，即不能用"三只我几个"表达"我几个"中有三位成员的意义，而英语中的 three students 表达的是选出 students 指称的集合中数量为三的集合。

(74) *[三只 [我几个]]/*[三只 [我姑姑几个]]
  *san³⁴ tɕiaʔ⁵ [ŋo³⁴ tɕi²¹ ko⁴⁴/ŋo³⁴ ku³⁴ ku²¹ tɕi²¹ ko⁰]
(75) *蛮多 [我几个] *man⁴⁴ to³⁴ [ŋo³⁴ tɕi²¹ ko⁴⁴]

"计数"（counting）这一功能与数词有关，数词的作用在于从集合中挑出符合数量特征的集合，数词作用的对象是 <e, t> 类型的谓词，必须是复数集合的集合。以 boys 为例，如果要计数 two boys，就是从例（76）表示的集合中挑选出数量加合结果为 2 的集合，即 {a⊕b, b⊕c, a⊕c}。

(76) ***Boys** = {a, b, c, a⊕b, b⊕c, a⊕c, a⊕b⊕c}
(77) **two boys** = {a⊕b, b⊕c, a⊕c}

为什么群体复数不能被计数，累加复数可以被计数？可以从两个角度来回答这个问题，从"数词"的语义来看，数词的作用是挑选符合特定数量的集合，前提是具有可供挑选的复数集合，如果集合本身就是单原子集（singleton set），就不满足数词的要求。"几个"的语义是构建群体复数（group plural），根据 Barker（1992），对群体复数在语义上是一个原子，单原子集合无法构成一个类（kind），也无法表示一种性质（property），也就没有集合可供数量短语"挑选"。因此，"X 几个"不满足计数的要求。

从语义组合的角度来看，数词的语义类型是 <<e, t>, <e, t>>，不能和语义类型为 <e> 的名词性成分组合，只能和具有谓词性、语义类型为 <e, t> 的名词组合。也就是说，"X 几个"天然就是有定的（语义类型 <e>），不满足语义组合的要求。

第四节　小结

经过考察，我们可以将第一节中的表格未考察的参数补充完整（新增部分用粗体表示）：

表5—3　考察前英语复数标记与宜春话"几个"语义参数表现对比

语义参数	-s 语义表现	代词型复数标记"几个"
名词类型	没有有定性要求；可数名词有生命度没有限制	加在有定名词、指人名词后
列举性	加合型	部分列举/完全列举
等级	非等级型，成员间地位平等	等级性，X 被凸显
内聚性	分类复数	**群体复数**
量化	双数、复数；可以被数量短语、量化词修饰	**不能被数量短语、量化词等量化**
集合—分配解读	集合解读和分配解读都有可能	**集合解读**

宜春话复数标记"几个"从名词短语后的同位短语"几个人"脱落"人"而来,因此只能指人,既有连类复数也有真性复数解读。与英语的 -s/-es 这一类实现为 NumP 核心的复数标记不同,它语义上不是加合算子,而是构建一个具有群体,"X 几个"指称的集合相当于一个整体,群体中的成员具有紧密的联系,属于 Moravcsik(2003)定义的"群体复数"。

宜春话中的"X 几个"有两种不同的语音形式,轻声的"X 几个$_1$〔tɕi^{21} ko^0〕"和本调的"X 几个$_2$〔tɕi^{21} ko^{44}〕",二者代表了群体复数的两种不同类型。前者指称的群体是约定俗成的,是听说双方背景信息的一部分,我们称为"词汇性群体"(conventional groups);后者是在语境中由于共同参与活动或临时组合的群体,我们称为"语境群体"(conversational groups)。Moravcsik(2003)发现,连类复数结构表达的成员关系存在"家庭关系(Family Relations)>朋友关系(Friendship),共同参与活动关系(Shared Activities)>临时组合关系(Incidental Association)"这一蕴含序列,两种类型的群体复数正好对应于这一蕴含序列。"X 几个$_1$"通常用于"家庭关系"和"朋友关系","X 几个$_2$"用于"共同参与活动关系"和"临时组合关系"。

从句法上来看,"几个"作用于 DP 而不是 NP,句法位置在 DP 之上;而英语中的复数标记 -s 以及汉语中的量词作用于 NP,且位于同一个句法位置(Borer 2005)。因此"几个"不会与量词争夺同一个句法位置,可以和量词共现。但是,从量化特征看,"X 几个"一定是有定,语义类型为 <e>,不能再被语义类型为 <<e, t>, <e, t>> 的数量短语和量化词量化修饰,即"X 几个"不会处于量化成分辖域内,二者共现时"几个"高于量化词的位置。

根据上文分析,宜春话中的"几个"和"俚"在指称上也有区别,"X 几个"是强指称的,不能指称一种概念,只能是具体个体;但是"X 俚"可以指称概念也可以指称具体个体。"几个"的句法位置一定高于"俚",接下来对复数标记"俚"和"几个"句法的分析需要能够涵盖和解释以下四种语言现象。

1)宜春话中的代词和"代词+俚"既有谓词又有论元的用法,可用于回指并充当约束变量,属于φP型代词;而"代词+几个"严格限定在论元位置,不能用于回指也不能充当约束变量,属于DP型代词。

2)宜春话中的"俚"和"几个"都具有复数的排除性解读(强指称)的,只能指称大于一的集合,不能指称单数原子集合。

3)宜春话中"代词+俚"以及"代词+几个"都不能被数量短语等量化。

4)"代词+几个"与中性谓词组合时只有集合解读;而"代词+俚"与中性谓词组合既有集合解读也有分配解读。

首先看"俚"的句法位置,"俚"不是实现在 n 位置的复数标记,实现在 n 上的复数标记表达的是"大量数"并且是无指称的。而在上文的分析中,尽管"代词+俚"指称性弱于"代词+几个"(DP),但是也是有定的,如果"俚"实现在 n,则代词复数相当于一个 NP,与我们发现的语言事实不符。

此外,将"俚"分析为实现在 n 上的复数标记,还有一个问题是排除不了"三只我俚"这种结构。"我俚"生成为 nP 后,Div^0 位置依然空缺,理论上量词可以填充在该位置,对 NP 进行计数。但事实上,该结构是不允许的。

(78) a. *三只我俚
　　　b. *五只渠俚

从"包含/排除"解读来看,"代词+俚"也是排除性的复数,指称的一定是大于一的复数个体。因此,"俚"的句法位置至少在#^{0}之上。根据第四章第三节,我们发现"俚"语义上是最大化算子。因此,我们认为,"俚"与英语中的最大化算子"the"一样,是生成在 D 位置的复数标记,而"几个"的句法位置则更高(具体位置最后讨论)。

首先,这可以解释为什么"代词+俚"和"X 几个"都不能被数量短语修饰,这也是代词型复数标记与英语 –s 类复数标记最大的区别之一。因为"俚"基础生成在 D 位置,高于数量短语,因此只能形成"代词+俚+数量名"的语序。"几个"同样如此。

(79) a. ŋo³⁴li⁰ san³⁴ko²¹n̩in⁴⁴ iʔ⁵tɕʰi⁴² tsɛu⁴²ko³⁴.
　　　 我俚　　三个人　　　　一起　　　走格。
　　b. kɛ³⁴li⁰ n̩i⁴²ko²¹n̩in⁴⁴ tsʰœ²¹³ ta⁴²lan⁴⁴tɕʰiu.
　　　 渠俚　　五只学生　　　在　　　打篮球。

(80) a. ŋo³⁴pa⁴⁴pa²¹tɕi²¹ko⁰ n̩i⁴²ko²¹n̩in⁴⁴ iʔ⁵tɕʰi⁴² tsɛu⁴²ko³⁴.
　　　 我爸爸几个　　　　　五个人　　　　一起　　　走格。
　　b. ŋo³⁴tɕi²¹ko⁴⁴ san³⁴ko²¹n̩in⁴⁴ tsʰœ²¹³ kʰon²¹tʰiɛn²¹ɕi²¹³.
　　　 我几个　　　　三个人　　　　　在　　　看电视。

其次，可以解释为何"代词+几个"在与混合性谓词组合时倾向于获得群体解读而"代词+俚"既有群体解读又有分配解读。

我们在第一章介绍了群体复数的语义，构成群体复数的前提是应用最大化算子（maximality operator）从而构成有定复数（plural definites），再通过"群体算子"（group operator）的作用构成单原子集合。有定复数与中性谓词组合，既能有集合解读也能有分配解读，如例（81a）；而群体复数在相同语境下只有集合解读，如例（81b）只能得到披头士合唱了一首歌的意义。

(81) a. The boys carried a piano upstairs.
　　 b. The Beatles sang a song.

因此，"代词+俚"相当于例（81a）中的 the boys，"俚"和"the"都是最大化算子。而"X几个"相当于例（81b）中的 The Beatles，"几个"本身是群体算子。

最后看"几个"的句法位置。尽管一般认为有定的成分都是在 D 位置具有有定投射，D 只有一个句法位置（加上标志语 specifier 位置也只有两个位置）。但是实际上，在有定名词内部依然存在有定性等级。黄正德等（Huang et al. 2009）曾介绍，有定名词的指称度"专有名词 > 带指示词的名词短语 > 代词 > 反身代词"这样一个等级，越靠前指称度越高。除了"代词+俚"，"几个"还可以加在一些通常认为是有定的其他 DP 成分之后，如专有名词、指量名、人称代词等，如例（82），因此"几个"的句法位置要高于 D。

(82) 杰伢几个、格只同学几个、我几个

"DP 几个"在有定性上也强于专有名词、指量名、人称代词等 DP 本身，体现在专有名词、指量名、人称代词依然能够出现在谓词位置，表示一种性质。比如，例（83a）中的"你叔叔"在谓词位置，表达的是"渠俚"是否具备"你叔叔"这个身份特征，具有谓词性，但是"你叔叔几个"不能出现在该位置。同样，例（84a）中的专有名词也可以表示具有杰伢、磊伢、捡伢作为姓名的特征。而在例（84b）中加上"几个"不能在谓词位置出现，说明"DP 几个"论元性更强，难以被谓词化。

(83) a. kɛ³⁴li⁰ ɕi²¹³ ŋ̍i³⁴ ʂu⁴⁴ ʂu²¹ pa⁰?
　　　 渠俚　 是　 你叔叔　　　 吧？
　　 b. *kɛ³⁴li⁰ ɕi²¹³ ŋ̍i³⁴ ʂu⁴⁴ ʂu²¹tɕi²¹ko⁴⁴ pa⁰?
　　　*渠俚　 是　 你叔叔几个　　　　 吧？
(84) a. kɛ³⁴li⁰ ɕi²¹³ tɕʰiɛ⁴⁴ŋa⁰, ly⁴²ŋa⁰, tɕian²¹ŋa⁰ mo⁰?
　　　 渠俚　 是　 杰伢、磊伢、捡伢　　　　 么？
　　 b. *kɛ³⁴li⁰ ɕi²¹³ tɕʰiɛ⁴⁴ŋa⁰, ly⁴²ŋa⁰, tɕian²¹ŋa⁰-tɕi²¹ko⁰ mo⁰?
　　　*渠俚　 是　 杰伢、磊伢、捡伢几个　　　　 么？

基于以上语言事实，我们认为在 DP 之上还有一层投射，我们将其称为 GroupP，"几个"是 GroupP 的核心，只能加在 DP 之上。语义上，有定性强于人称代词、专有名词等有定成分，表达一个具有多位成员的整体，只能充当论元，不能被谓词化。一个完整的名词性结构"格三只姑姑几个"如下所示：

(85) [GroupP [DP 格 [NumP 三 [ClP 只 [NP 姑姑]]]] 几个]

这一投射在英语中也许是不必要的，因为英语中无论是群体名词（group noun）还是集合解读的群体复数名词短语，都没有专门的形态标记。宜春话"X几个"的语言事实说明，语义上的"群体复数"可以有形态化地标记"几个"，因此对于赣语宜春话而言这一投射的设立是必要的。

宜春话中代词后的复数标记"俚"和"几个"存在差异和分工。"代词+俚"的有定性弱于"代词+几个"，前者可以被谓词化，既有论元也有谓词用法；而后者只有论元用法，不能被谓词化。与中性谓词组合时，"代词+俚"同时有分配解读和集合解读，"代词+几个"只有集合解读。基于此，我们的基本结论是，宜春话中的复数标记"俚"语义上是最大化算子，句法上生成在限定词（D）位置，"俚"的功能是获得有定性。"几个"是群体算子，作用是使句子获得群体解读。根据"群体"的形成过程，群体算子作用于有定复数，句法位置高于"俚"。因此，二者共现时只有"代词+俚+几个"的语序。

汉语中的复数标记代表了与英语等语言"加合"复数完全不一样的类型，这是由汉语光杆名词的"通数"（general number）性质决定的，复数本身就蕴含在光杆名词语义中，即具有内在的复数性。因此，汉语所谓的复数标记，并非构建复数，而是在表通数的集合的基础上，挑选出符合条件的复数个体。（李旭平 2021）对通数集合的操作中，如果进行最大化操作，一定会得到最大的复数个体，这是汉语中复数标记的主要形式，如普通话"们"和宜春话的"俚"。在最大化操作之上，还可以进行群体操作（group operation），"几个"就是这样的一个群体复数标记，因此汉语中的复数标记可以多个同时出现。

Li（1999）中就将汉语普通话复数标记"们"处理为生成在 D 位置的复数标记，在没有量词阻挡时，普通名词可以通过移位，与 D 位置的"们"进行组合，获得复数意义的同时也具有有定性。李旭平（2021）也认为"们"语义上是最大化算子。

宜春话的"俚"与"们"不同的是，"俚"只能加在人称代词后，而"们"则可以加在普通名词后。宜春话中只有代词能够加"俚"，是因为代词本身也在该位置，更容易与"俚"结合。因此我们可以合理判断，汉语方言中的其他只能加在人称代词后的复数标记，也都是生成在 D 位置的复数标记，加在普通名词后是后起的现象。从历史来看，人称代词的复数标记确实是最早出现，然后才扩展到普通名词之上的（朱庆之 2014；张帆等 2017；吴越 2019：218）。

第 六 章

复数系统的内部差异及决定性参数

第一节　句法分布和语义特征差异

一　X 的类型

宜春话中的四个复数标记在所附着的 X 类型上呈现出明显的差异。Corbett（2004：56）曾经提出复数标记的生命度等级"第一人称＞第二人称＞第三人称＞亲属＞表人＞有生＞无生"。根据这一等级，复数标记名词可能有如图 6—1 的情况：

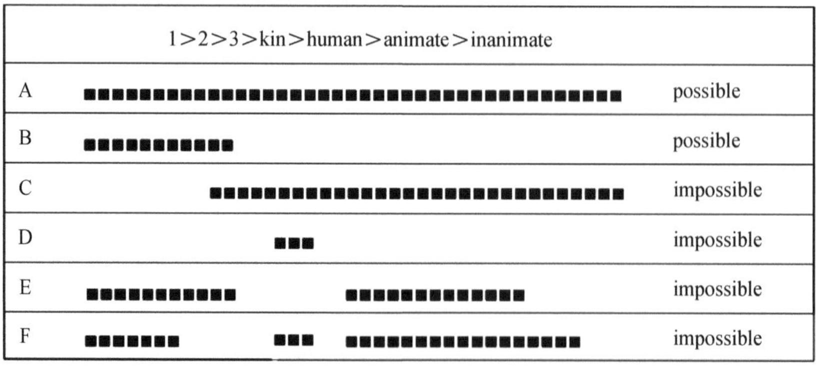

	1＞2＞3＞kin＞human＞animate＞inanimate	
A	■■■■■■■■■■■■■■■■■■■■■■■■	possible
B	■■■■■■■■	possible
C	■■■■■■■■■■■■■■■■	impossible
D	■■■	impossible
E	■■■■■■■　　　■■■■■■■■■■	impossible
F	■■■■■　■■■　■■■■■■■■■■	impossible

图 6—1　复数标记所标记名词的生命度等级与蕴含共性

从这个角度来看，宜春话中的复数标记可以分为两类，"俚"和"几个"遵循以上生命度等级，生命度越高越容易受到标记，这两类复数标记都能标记代词，不能标记表物名词，即具有 [+ 代词，- 表物名词] 特征；而"家伙""唧"则正好相反，生命度越高反而越不能被标记，尤其是代词不能受到标记，具有 [- 代词，+ 表物名词] 特征（见表6—1）。

(1) a. 我俚/你俚/渠俚 > *妈妈俚 > *舅舅俚 > *同学俚 > *熊猫俚 > *桌子俚①

b. 我几个/你几个/渠几个 > 妈妈几个 > 舅舅几个 > 同学几个 > *熊猫几个 > *桌子几个

(2) a. *我家伙/*你家伙/*渠家伙 < *妈妈家伙 < 舅舅家伙 < 同学家伙 < 熊猫家伙 < 桌子家伙

b. *我唧/*你唧/*渠唧 < *妈妈唧 < *舅舅唧 < 同学唧 < 熊猫唧 < 桌子唧

表6—1　　　　宜春话四种复数标记所标记名词情况

	人称代词	唯一性亲属称谓	非唯一性亲属称谓	表人名词	表物名词
俚	+	-	-	-	-
几个	+	+	+	+	-
家伙	-	-	+	+	+
唧	-	-	-	+	+

此外，"家伙"在分布上可以加在不可数名词后，还有超出名词的用法，可以用在动词短语后表示"事件"的复数，或者在形容词后表示"特征"的复数，如例（3）—例（5）。这类用法广泛出现在具有 [- 代词，+ 表物名词] 特征的复数标记中，如湖南洞口话的"哩啦"（林彰立2012），湖南凤凰话的"这些/果些"（丁加勇、沈祎2014）等。

(3) 地上蛮多水家伙，不要乱跑。

(4) a. 渠做事家伙蛮厉害。

b. 我喜欢唱歌家伙。

---

① 结语部分的例句在正文部分已经出现过，不再标国际音标。

(5) a. 累家伙都不怕，就怕工资低。

　　b. 痛家伙是免不了格，哪个要你不听话去打架耶。

二　真性—连类解读差异

复数的真性、连类意义主要通过两个参数进行判定："同/异质性"以及是否有"及其他"的连类而及意义。汉语中"学生们"具有真性复数意义，即指称的集合中都是具有"学生"特征的个体，同时也没有"及其他"的意义。而根据吕叔湘（1985）"祥子们"指称的集合成员并不是都是"祥子"，而是表达"祥子及其他人"的"连类而及"意义。因此，一般认为"们"既有真性复数也有连类复数意义。

根据前文各章的描写，宜春话中的四个复数标记中，"俚"和"家伙"只有连类复数意义，"几个"既能表真性也能表连类复数意义，而"唧"只有真性复数意义（见表6—2）。

表6—2　　　　　宜春话四种复数标记真性—连类复数解读

复数标记	真性复数意义	连类复数意义
俚	－	＋
几个	＋	＋
家伙	－	＋
唧	＋	－

三　被数量短语成分等修饰

复数标记与数量短语等量化成分共现要区分两种情况：一是量化成分管辖光杆复数，我们称为光杆复数"被数量短语修饰"；二是线性顺序上的共现。汉语中的"X们"不能被数量短语修饰，如例（6）；但"们"可以和数量短语有线性顺序上的共现，如例（7），此时"几个"并非修饰"我们"，而是构成一种同位关系。

(6) a. *三个我们/小王们

　　b. *三个学生们

（7）我们几个

之所以区分这两种关系是因为"量词与复数标记不共现"这一条类型学共性是基于前一种关系成立的，即在 [DP [NumP [ClP [NP]]]] 结构中，根据 Borer（2005），量词和复数标记都实现在 ClP 位置，表示"切分"的意义，将不可数名词切分成可数，因此不能共现。而在第二种情况中，复数标记的句法位置位于数量短语之上，如 Li（1999）认为"们"实现在 D 位置，不会和量词争夺同一个位置，因此量词和复数标记是可以共现的。正因为量词的特殊性，还有必要区分数量短语和其他量化成分。

宜春话的"俚""几个"不能被数量短语等量化成分管辖，如例（8）；而"唧"不能被数量短语修饰，可以被其他量化成分修饰，如例（9）；"家伙"可以被所有的量化成分修饰，如例（10）。

（8）a. *三只我俚/*蛮多你俚
　　　b. *三只爸爸几个/*蛮多爸爸几个
（9）a. *三只孙唧伢立唧
　　　b. 蛮多孙唧伢立唧
（10）a. 三只苹果家伙
　　　 b. 蛮多桌子家伙

需要特别注意的是，宜春话中的"几个"和数量短语在线性关系上看似数量短语管辖光杆复数，但是，事实上是相反的。比如，例（11a）表层结构似乎违反了量词与复数标记不共现的原则。但是从语义上，该句子表达"那三个学生及和他们相关的人"的连类复数意义，显然"棱那三个学生"首先构成一个整体充当"锚定成分"（focal referent），"几个"相当于连类复数标记。而不是"学生几个"先组合，再被数量短语"三只"修饰（*[棱[三只[同学几个]]]）。因此，复数标记"几个"依然是不能被数量短语管辖的。

(11) a. [[棱_那三只学生] 几个]_{那三个学生及和他们相关的人}
　　　b. [[我六只姑姑] 几个]

因此，宜春话中四种复数标记在"量化"参数上的表现可以总结如表6—3所示。

表6—3　　宜春话四种复数标记被数量短语等量化成分管辖情况

复数标记	俚	几个	家伙	唧
被数量短语管辖	−	−	+	−
被其他量化成分管辖	−	−	+	+

四　"包含—排除"解读差异

"包含—排除"解读表面上看是光杆复数指称的集合能否包含单原子，但是我们同意 Grimm（2013）的观点，认为这一解读实质上反映的是光杆复数表达的是一个概念还是具体的个体。从语义上来看，光杆复数表达"概念"就是充当谓词性的成分，表示一种属性；而表达具体的个体，就是指称意义。

按照 Mathieu（2014）的测试，表示"概念"意义的光杆复数可以出现在领有句的宾语位置。宜春话中"X 家伙"和"X 唧"可以出现在这一位置，表达的是概念，因此例（12a - 12b）中可以补出所谓"单数"的意义，具有包含性；而"俚"和"几个"构成的光杆复数通常表达的具体的个体，不能出现在领有句宾语位置。

(12) a. 教室里有桌子家伙么？——有，有一张。
　　　b. 教室里有桌子唧么？——有，有一张。
　　　c. *教室里有你俚么？
　　　d. *你有同学几个么？

在否定句中，具有包含解读的复数标记被否定时，否定的不仅是复数个体，也包括单数原子个体，如例（13）。宜春话中，"家伙"和

"唧"被否定时，否定的也是包含单数原子在内的所有成员，不仅仅是复数个体。而"俚"和"几个"则相反。

(13) Chicken didn't plant tulips. #He planted only one tulip.
(14) a. 教室里冇有桌子家伙，#只有一张桌子。
     b. 我冇看到桌子唧，#只看到一张桌子。
     c. 我昨日冇看到你俚，只看到你一个人。
     d. 我昨日冇看到你几个，只看到你一个人。

在"包含—排除"解读方面，四个复数标记也表现出系统差异，这种差异与复数标记能否加在代词后具有一致性。代词型复数标记具有排除解读，非代词型复数标记具有包含解读。我们可以总结如表6—4：

表6—4　　宜春话四种复数标记"包含—排除"复数解读

复数标记	俚	几个	家伙	唧
包含—排除解读	排除	排除	包含	包含

五 "集合—分配"解读差异

"集合—分配"解读考察的是不同类型的复数名词与不同类型的谓词组合时，句子产生的解读。在第一章我们提到，集合谓词自带群体算子，将主语论元所表达的复数个体打包成一个整体；分配谓词则相反，自带分配算子，将复数个体分配成独立的个体。中性谓词既不存在群体算子也不存在分配算子，句子的解读由复数名词短语决定：如果复数名词是群体复数，句子产生集合解读；复数名词是累加复数，则兼有集合解读和分配解读。在宜春话光杆复数形式"X+复数标记"中，"人称代词+俚"和"X+几个"能够独立充当有定论元，"X唧"可以充当无定论元，而"X家伙"则不能独立充当论元成分。根据前文的考察，以光杆复数形式看，它们在该解读上的差异如下：

(15) a. 我几个搬嚟一张桌子上楼。（集合解读）

b. 我俚搬嚟一张桌子上楼。（集合/分配解读）

c. 有学生唧搬嚟一张桌子上楼。（集合/分配解读）

d. *有学生家伙搬嚟一张桌子上楼。（无）

"X 几个"与中性谓词组合只能产生集合解读，"人称代词+俚"以及"X 唧"既有集合解读又有分配解读，而"X 家伙"不能独立充当论元成分，不适用于此测试。总结如表6—5：

表6—5 宜春话四种复数标记"集合—分配"复数解读

复数标记	俚	几个	家伙	唧
集合—分配解读	集合/分配	集合	*	集合/分配

六 指称差异

在指称差异方面，首先可以将宜春话中的复数标记分为"论元型"和"谓词型"两大类，"俚"和"几个"是论元型的，"家伙"和"唧"是谓词型的。二者的区别是前者构成的"X+复数标记"可以独立充当有定（definite）的论元成分，不能充当谓词。后者可以充当谓词，不能独立充当有定论元成分。但是，这两种类型的复数标记存在着内部差异，可以再次进行二分。

（一）论元型复数标记的指称差异

首先，"俚"和"几个"本身就加在有定成分之后，如人称代词、专有名词等，因此"X+复数标记"自然最主要的功能是充当论元。

(16) a. 我俚/渠几个是学生。

b. 你不要喊我俚/几个做事。

c. 学生几个在门口话事_{说话}。

但是，这并不意味着"代词+俚"和"X 几个"在有定性程度上完全相同，我们在第五章发现，根据 Déchaine & Wiltschko（2002）提供的测试，宜春话中"X 几个"是 DP 型代词而"代词+俚"是 φP 型代词，

"X 几个"有定性高于"代词＋俚"。表现在前者难以被"谓词化"（predicative），而后者在一定条件下可以转化成谓词。

首先，在宜春话中，"代词＋俚"能够被形容词等限定成分修饰，而"代词＋几个"前面加上修饰语句子不成立。形容词等修饰语作为谓词性成分，所修饰的也是谓词性的成分，说明此时"我俚"可以转换成谓词性的成分而"我几个"不能，"代词＋几个"具有更强的论元性质。

(17) a. 以前格的我俚不是葛个样子。以前的我们不是这个样子。
　　　b. *以前格的我几个不是葛个样子。
(18) a. 如今格的渠俚是最好格。现在的他们是最好的。
　　　b. *如今格的渠几个是最好格。

人称代词复数的谓词用法类似于"专有名词的普通名词化"现象（杨锐 2019），如"刘翔"作为专有名词指的是奥运冠军刘翔，是有定的唯一个体。但是在加上形容词修饰语等情况下，可以表示"像刘翔一样的人，具有刘翔某些特征的人"，如例（19）。

(19) 今天我们学校的小刘翔又跑了第一名。

再从回指以及约束两个方面看，在例（20a）中，"渠俚"既可以回指"小王、小李还有小刘"三人，即表达"他们三人喜欢自己的妈妈"的意义；也可以指他们三人以外的其他复数群体，指"他们三人喜欢别人的妈妈"。但是"渠俚几个"不能回指，表示"小王、小李还有小刘喜欢自己的妈妈"。例（21）中二者充当约束变量的用法类似。根据 Déchaine & Wiltschko（2002），"渠俚几个"相对于"渠俚"而言，论元性更强，谓词性更弱。更详细的论证和考察可见本书第四章。

(20) a. 小王、小李还有小刘$_i$喜欢渠俚$_{i/j}$妈妈。
　　　b. 小王、小李还有小刘$_i$喜欢渠几个$_{*i/j}$的妈妈。
(21) a. 男客人$_i$都在寻渠俚$_{i/j}$格老婆。

b. 男客人ᵢ都在寻渠几个 *ᵢ/ⱼ格老婆。

(二) 谓词型复数标记的指称差异

与"俚"和"几个"相反,"唧"和"家伙"不能加在代词、专有名词等有定成分之后直接充当论元成分。反过来,"X 唧"和"X 家伙"都可以独立充当谓词,如例(22)。

(22) a. 买各种东西格都是学生家伙/唧。
b. 最有钱格是大老板家伙。
c. 出门在外还是要靠朋友家伙/唧。

此外,"X 唧"和"X 家伙"都能充当通指句的主语,包括类指句例(23) 和特征句例(24)。

(23) a. 恐龙家伙绝种嚟。
b. 灯泡唧是爱迪生发明格的。
(24) a. 泡立唧/家伙是圆格的。
b. 学生唧/家伙都蛮单纯。

但是,表示个体指时二者依然有差别,"X 唧"可以充当论元表无定。"X 家伙"不能表无定,表达无定时需要加上其他限定性成分,如例(25c)的"蛮多"。

(25) a. 门口有学生唧在话事说话。
b. *门口有学生家伙在话事说话。
c. 门口有蛮多学生家伙在话事说话。

如果要表有定,"X 唧"和"X 家伙"都必须借助有定的限定成分,比如指示词、人称代词领属等。

(26) a. *你看，学生唧/家伙在操场上打篮球。
　　 b. 渠把*（渠格/自己格）朋友家伙得罪嚟。
　　 c. 把棱积_{那些}欺负你个的学生*（唧）喊得出来。

综上所述，同为谓词型复数标记，"家伙"和"唧"指称方面的区别在于："X家伙"只能充当谓词，不能独立充当论元，既不能独立表有定也不能表无定。"X唧"除了充当谓词，还能充当论元，但只能表无定。表有定时，二者都需要有定限定词的参与。从上述两点特征来看，"X家伙"的谓词性强于"X唧"，我们将"家伙"称为强谓词型复数标记，"唧"则是弱谓词型复数标记。

（三）小结

综合复数标记"几个""俚"以及"家伙""唧"在指称方面的特点，可以归纳为四种类型，归纳如表6—6所示：

表6—6　　　　　　　宜春话四种复数标记指称差异

分类	论元型 ［+有定，-谓词］		谓词型 ［-有定，+谓词］	
	强有定	弱有定	强谓词	弱谓词
	几个	俚	家伙	唧
区别特征	1. 与中性谓词组合时，强有定复数标记会排除分配解读，表示群体复数。弱有定复数标记兼有集合和分配两种解读。2. 强有定的光杆复数前有修饰语时，可以被谓词化；强有定的光杆复数难以被谓词化		1. 除了名词性的谓词，强谓词型复数标记还能加在形容词和事件谓词后，弱谓词型复数标记不能。2. 强谓词型复数标记只表示属性，不能独立用作个体指表有定或者无定；弱谓词也能表示属性，还能表达无定个体指，不能表有定	

第二节　复数类型的决定性参数：内聚性

从宜春话四个复数标记"唧""家伙""俚""几个"以及对比项"-s""们"标记的名词类型来看，有以下差异：

一是,"-s"和"家伙""唧"属于同一类,不能标记人称代词、"们"和"俚""几个"标记的名词性成分起源于人称代词(朱庆之 2014;张帆等 2017;吴越 2019:218)之后扩展到普通表人名词。

二是,只有"家伙"能加在形容词以及动词短语表达的事件之后表达特征的复数,英语中复数标记"-s"以及"们"只能加在名词性成分之后。但是,"家伙"不能加在唯一性的亲属称谓后,"-s"没有这一限制。

三是,根据 Corbett(2004:56)提出的复数标记所标记成分的生命度等级,只有"们""俚""几个"符合这一生命度等级(下文称为"们"类),"-s"和"家伙""唧"(下文称为"-s"类)与该生命度等级相反,属于 Corbett(2004:57)提到的"不可能"(impossible)类型。如果只看名词性成分,六种复数标记情况如表6—7所示:

表6—7　　　　　　三类复数标记所标记名词情况

复数标记	人称代词	唯一亲属称谓	非唯一亲属称谓	表人名词	表物名词
唧	-	-	+	+	+
家伙	-	-	+	+	+
俚	+	-	-	-	-
几个	+	+	+	+	-
"们"	+	+	+	+	-
-s	-	+	+	+	+

"内聚性"参数如何解释以上差异呢?首先我们要明确,复数标记的生命度等级是一个连续统,并不是一分为二的。如果内聚性要能够解释生命度等级,则要证明"内聚性"也存在连续统,两种连续统可以通过某种"桥梁"联系起来。

从上文的分析我们可以看出"内聚性参数"区分出的两类复数代表着"指称性/谓词性"的两端:一端(分类复数)是"特征"(property),另一端(群体复数)是有定的具体"个体"(instance)或者"严格指称语"(rigid designators, Barker 1992)。"特征"不指称具体的个体,而是通过个体归纳出来的抽象的性质。名词成分的谓词性越强,指称性越弱；与之相反，有定的具体个体的指称性最强，谓词性最弱。

根据 Chierchia（1998a：349）等的分析，"类"（kind）不可能在每一个可能世界只有单数（唯一）的个体。也就是说，独一无二的事物，不能归纳出来"类"或者"特征"，只能有指称性的用法，如"火星"这个名词无须其他成分，可以独立指称宇宙中独一无二的个体。而普通名词，尤其是无生命的普通名词，数量众多，名词自身就是对"实例"（instances）特征的归纳，如英语中"apple"这个名词是所有具有该特征的事物的集合，是谓词性的，要获得有定性需要"唯一性算子"the 的参与，帮助其缩小所指范围，获得唯一性。"指称性"可能是连接内聚性与生命度等级之间的桥梁。生命度等级越高的名词性成分如人称代词、表人专有名词实例少，基本的功能是指称，而不是表特征，因此最不容易构成类。亲属称谓数量较少，尤其是"爸爸""妈妈"等具有唯一指称的名词，也难构成一个类[1]。实例越少，有定性就越强，谓词性越弱。相反，生命度等级越低的名词实例越多，有定性越弱，谓词性越强[2]。而根据上一小节，"有定性"又和"内聚性"直接相关，因此"内聚性"参数也和"被标记的 X 类型"这一参数相关。

因此我们提出一条规律："群体复数"标记倾向于加在生命度高、指称性强的成分后；相反，"分类复数"标记倾向于加在生命度低的名词后，生命度高的名词反而更难被标记。

这可以解释为什么六种复数标记中只有"们""俚"和"几个"可以加在人称代词后，因为只有它们是有定复数或者群体复数，这类复数标记倾向于标记有定性强的成分。同样可以解释"-s"类当中，"-s"和"家伙"之间的区别，因为虽然二者都是分类复数，但是"X 家伙"在指称上只能做谓词，不能充当论元，而"x-s"能够充当论元，因此"X 家伙"的谓词性高于"x-s"。与之相对应，"家伙"不能加在唯一性亲属称谓后（如"*爸爸家伙"），而英语没有这一限制（fathers）。此外，

---

[1] 更难并不代表不能，如"爸爸"虽然在宜春话中不能加"家伙"表类，但是逻辑上"爸爸"作为称呼语时是可以表达特征的，如英语中的 fathers 可以表达具有父亲身份的一类人的特征。因此，该蕴含等级只是一种倾向性，不能按照逻辑上的情况要求语言的编码。

[2] 生命度等级是被归纳出来的一般规律，并非绝对，如"火星"是唯一的，但也是无生命的。

"家伙"还能够加在形容词以及动词短语表达的事件后,也是因为形容词和动词短语(VP)是表特征的(语义类型为<e, t>)。

因此,Corbett(2004)提出的生命度等级只是针对"群体复数"标记适用的,对于"分类复数"标记而言,这个生命度等级可能正好相反。

这一节我们将要证明,"内聚性"参数作为认识复杂个体的基本模式,决定了复数的两种基本类型,这两种类型对名词性短语的"指称"有不同的要求,继而对 X 的类型、被数量短语修饰、"包含—排除"解读等参数产生影响。关系如下:

内聚性→指称→X 的类型、被数量短语修饰、"包含—排除"解读

我们首先介绍"内聚性"的定义并在此基础上讨论其与复数标记的其他参数的关系。

一 "内聚性"定义

如果"同质性"不是决定复数性质的因素,那么,什么决定了复数类型和内部句法语义差异呢?我们认为,"内聚性"(cohesion)是一个可能的参数。我们下文首先回顾本书第一章对"内聚性"这一参数定义,然后对"内聚性"与其他参数之间的关系进行阐述。

根据 Moravcsik(2003:476)对复数语义参数的考察,基于内聚性(cohesion)参数可以区分出"分类复数"和"群体复数"(group plural)两种类型,前者集合成员基于相似性组成集合,英语中的复数标记是典型的"分类复数"标记(也叫作"加合复数"additive plural);而后者是基于内聚性构成的群体,通常被看作一个整体,内部成员间有紧密关系。无论是分类复数还是群体复数,它们都存在上位概念和下位概念。分类复数是分类学(taxonomic)上的,下位概念是例(tokens),上位概念是类(type)。"类"是集合中所有成员性质的交集(intersection)。群体复数是部分关系(partonomic),下位概念是部分(part),上位概念是整体(whole)。整体是集合成员所有特征的集合(union)。

以上两种复数都是语义上的,不一定所有语言都对这两种复数意义

有编码，有的语言同一种句法形式在不同的语境下可以表达两种意义。比如，同样是"and"形成的并列结构，例（27a）中并列的成分之间具有相同的性质，即都是"student 学生"；例（27b）连接的两个成分"knife"（刀）和"fork"（叉）是西餐中一套"刀叉"的组成部分，**the knife and fork** 相当于一个套装组合（set），谓语动词使用的是单数。

(27) a. **Tom and Mary** are students.
b. **The knife and fork** is on the table.

在形式语言学中也有对类似语义的探讨，经典定义和分析来自 Link（1983）、Landman（1989）以及 Barker（1992）等对群体名词（group noun, Landman 1989；Barker 1992 等）的分析。群体名词的最大特点是，尽管名词表示的集合中有多个成员，但是名词在语义上是一个原子（atom），这类名词包括 group，committee 以及一些表示群体的专有名词等。

同样是大卫、克里斯和杰瑞这三个人，假如他们组成一个团体叫作"The Talking Heads"，这个复数名词短语不再具有累加指称特征，即团体成员的特征不能传递给团体。团体不是部分的简单加合关系，而是一种组成关系（consist of relation）。例（28）改编自 Landman（1989：572）。

(28) a. David and Chris and Jerry are male pop stars.
b. *The Talking Heads are male pop stars.
c. The Talking Heads consists of pop stars.

我们将功能主义和形式主义的两种观点综合起来：分类复数和群体复数意义的核心区别在于集合中的成员关系松散还是紧密，是否构成了一个整体。如果构成了一个整体（相当于一个原子），个体只能充当整体的部分，存在部分整体关系（part-whole relationships），整体本身不能继承个体的特征；构成一个整体后，部分之间的关系不再是简单的加合，而是具有更加紧密的联系，这类复数叫作群体复数。如果不构成整体，仅仅由于具备共同的特征集合在一起，构成复数采取的是"加合操作"（summing operation，Link 1983），这类复数叫作分类复数（或加合复数）。

我们认为，这两种意义之所以都与"复数"相关，是因为对于"整体—部分"关系而言，部分如果是离散的个体，就一定蕴含了大于一个个体，因此是复数的；对于"类"（type）与"例"（token）关系而言，"类"的归纳是需要多个"例"的存在，世界上独一无二的个体是不能归纳出"类"的（Chierchia 1998a：351），因此也蕴含了复数的意义。

基于以上定义，下面我们分别考察内聚性参数如何决定"指称""被数量短语修饰"等参数以及它们之间的关系。

二 "内聚性"与"指称"

根据第四章第二节的考察，从语言事实来看，"内聚性"归纳出的"分类复数"和"群体复数"与复数名词短语能否表"有定"具有对应关系。

一是，真性复数"X 们$_1$"与连类复数"X 们$_2$"都表"有定"，同时，它们在内聚性上都是"群体复数"。

二是，英语中真性复数"X-s"和宜春话连类复数"X 家伙"都不能独立表有定，可以充当谓词，在内聚性上都是"分类复数"。

如果要证明"内聚性"会影响甚至决定复数名词短语的"指称"，则还需要证明在**内在理据**上"分类复数"就是只能做谓词或者表无定，"群体复数"一定表有定。

首先，从"分类复数"和"谓词"的定义来看，分类复数与谓词一样都是基于特征的。以英语为例，光杆名词是谓词性（predicative）的，不能独立充当论元，如例（29a）；光杆复数也可以是谓词性的，出现在谓词位置，如例（29b）；英语光杆复数做论元时有类指（generic readings）和存在解读（existential readings）两种，例（30a）最默认的解读是类指解读（Carlson 1977），指的是"男孩"这一类人通常来说比较勇敢；例（30b）是存在解读，表示一些男孩子出现了，例（30c）则具有歧义（Cohen & Erteschik-Shir 2002）。

(29) a. *Boy is brave.
　　 b. We are boys.

(30) a. Boys are brave.
b. Boys are present.
c. Boys are hungry.

光杆复数论元位置的两种意义都可以看作从谓词用法经过一些操作发展而来，类指解读可以从谓词（predicate）经过名词化操作，使用"∩算子"（down operation）变成相应的类指成分（具体过程参见 Chierchia 1998a：349）；存在解读可以通过事件的存在量化得到（Kiss 1998）；或者按照 Cohen & Erteschik-Shir（2002）的分析，这两种解读和句子的信息结构（话题—焦点）有关，但是同样指称的是**特征**。我们可以认为，光杆复数的基础解读是属于基于特征的"分类复数"类型，不指称有定的复数个体。

再看群体复数与有定的关系。在第一章我们曾介绍群体解读的 **the boys** 形成过程分析如下：假如现实世界中具备"男孩"（boy）性质的有三个成员 a, b, c。

(31) 阶段一：谓词 **Boy** 的指称是：
{a, b, c}　　　　　　　　　　　　　　　　　　［谓词］
(32) 阶段二：谓词 *Boys 的指称是：
{a, b, c, a⊕b, b⊕c, a⊕c, a⊕b⊕c}　　［光杆复数］
(33) 阶段三：the boys = σx. *Boys (x) 的指称是：
a⊕b⊕c　　　　　　　　　　　　　　　　　　［有定复数］
(34) 阶段四：the boys as a group = = ↑ (σx. *boys (x)) 的指称是：
(a⊕b⊕c)[①]　　　　　　　　　　　　　　　　［群体复数］

阶段一谓词"男孩 **Boy**"的指称是单原子的集合，a，b，c 之间无须

[①] Landman（1989）使用 {} 定义群体，但是目前学界将 {} 看作集合符号，谓词的指称就是集合。事实上，群体是有定的而不是谓词，语义类型为 <e>，因此我们将集合符号 {} 改成圆括号 ( )。( ) 的意义是将有定复数个体"打包"成一个整体。

任何关系，是独立的个体，个体都具备"男孩boy"特征而组成了一个集合。阶段二，经过加合操作（Link 1983：summing operation），变成了复数个体的集合①。这一阶段是光杆复数，此时名词成分具有谓词性，要获得"类指"或者"存在"解读需要其他条件的参与，既然是谓词性的，说明集合成员还是由于相似的特征聚合在一起的，光杆复数从另一个角度看就是"分类复数"。在阶段三才具有了指称，指称现实世界有定的某些男孩，在英语中通过"定冠词the＋光杆复数"的形式表达。阶段四是在阶段三"有定复数"的基础上，再应用"群体算子"（group operator）将有定的复数集合打包成一个整体，群体解读时的the boys的指称相当于一个单原子集合。因此，群体复数一定是有定的。

要获得"群体复数"意义，要从谓词出发，经历了光杆复数、有定复数和群体复数阶段形成的，这个过程伴随着从"谓词"到"论元"，指称性逐渐增强的过程。第一阶段"光杆名词"的名词谓词性最强（光杆名词有且只有谓词用法），指称性最弱；第二阶段"光杆复数"可以有谓词用法同时也能充当论元；第三阶段"有定复数"只能充当论元，不能做谓词；第四阶段"群体复数"解读的名词与专有名词是一致的，都是单原子集合（singleton set），集合中只有唯一的元素，这类名词没有谓词性，因为单数个体无法归纳出"类"或"特征"。根据第五章，我们知道"群体复数"是一个严格指称语，在指称性上强于"有定复数"，属于"强有定"的名词性短语，归纳如表6—8所示。

表6—8　　　　　　　　英语四类名词性成分的语义特征

阶段	光杆名词	光杆复数	有定复数	群体复数
举例	boy	boys	the boys	the boys as a group
论元性	谓词	谓词/论元	论元	论元
指称性	*	无定	有定	强有定
内聚性	*	分类复数	分类/群体复数	群体复数

---

① Link（1983）中光杆复数的指称不包含单原子，但是现在的研究倾向于认为单原子也在光杆复数的指称中，为了与群体名词的形成过程对应，这里还是保留了单原子，但是在引用时还是按照原文来表述。

从表6—8中可以看出，对于具有复数语义的"光杆复数/分类复数""有定复数"以及"群体复数"而言，"内聚性"逐渐增强的同时，"指称性"也逐渐增强。

此外，"群体复数"基于整体与部分的关系，"部分结构"（partitive construction）同样基于整体和部分关系。我们发现，真正的部分结构也要求被部分化的名词性成分是有定的，例句引自Jin（2015：88）。

  （35）Quantitives（量化结构）
    a. some/many/most/a few students
    b. some/much/most/a little wine
  （36）Partitives（部分结构）
    a. some/many/a few of the students
    b. some/much/a little of the wine

根据Jin（2015）对汉语部分结构的研究，汉语中只有例（37）这类"名词+的+量化词"才是真正的部分结构，例（38）"量化词+名词"是量化结构。这一点和英语是一样的，真正的部分结构中"名词"都是有定的。

  （37）学生的大部分/花销的大部分
  （38）大部分学生/大部分花销

部分结构中的名词性成分也可以看作一个整体，只有作为一个整体后才能对其进行切分和部分化。在三种光杆复数中，只有"群体复数"标记"们"可以用在真正的部分结构中，"家伙"和光杆复数"X-s"都不能，如例（39—40）：

  （39）a. 我们/学生们大部分都是九零后。
    b. *大部分我们/学生们都是九零后。
  （40）a. *学生家伙大部分都是九零后。
    b. *some/many/a few of students

以上说明，"部分—整体"（part-whole）关系对名词的有定性有要求，如果要构成一个"整体"，一定要是有定的。因此"群体复数"一定是有定的。

因此从"内聚性"和"有定性"的关系看，"们₁"和"们₂"之所以使用同一个标记，是因为它们本质上都表达集合成员具有紧密关系，相当于一个整体的"群体复数"，这类复数必须是"有定"的。"X-s"与"X家伙"之所以具有相同的句法语义表现，是因为这两类复数的集合成员都是基于相似性而形成一个集合，集合成员具有共同的特征，属于"分类复数"，因此在指称方面充当谓词而不能独立表有定。

三 "内聚性"与"被数量短语修饰"

在"被数量短语修饰"参数上，真性复数"X们₁"不能被数量短语修饰但是英语中的X-s可以。连类复数"X们₂"不能被数量短语修饰，但是连类复数"X家伙"可以，说明能否被数量短语修饰与"同质性"划分出的"真性"还是"连类"无关。而"内聚性"可以解释以上的差异。

从"数词"的语义来看，数词作为"数量修饰语"（cardinal modifier）时的作用是挑选符合特定数量的集合，语义类型是<<e, t>, <e, t>>，如例（41），例引自（Li 2021）。

(41) a. There are eight planets.
　　　b. ∃x [eight (planets) (x)]
　　　　　　　　　　　　　　　(type <<e, t>, <e, t>>)

假设世界上一共有5个苹果a1, a2, a3, a4, a5，以英语为例，苹果复数apples指称的集合是例（42），如果要对苹果计数，只需要挑选出符合数量的集合构成一个新的集合即可，如two apples，就是从例（42）集合中挑选出数量为二的集合，如例（43a），four apples就是挑选出集合数量为四的集合，如例（43b）。

（42）Apples = {a1, a2, a3, a4, a5, a1⊕a2, a1⊕a3, a1⊕a4, a1⊕a5, a2⊕a3, a2⊕a4, a2⊕a5, a3⊕a4, a3⊕a5, a4⊕a5, a1⊕a2⊕a3, a1⊕a2⊕a4, a1⊕a2⊕a5, a1⊕a3⊕a4, a1⊕a3⊕a5, a1⊕a4⊕a5, a2⊕a3⊕a4, a2⊕a3⊕a5, a2⊕a4⊕a5, a3⊕a4⊕a5, a1⊕a2⊕a3⊕a4, a1⊕a2⊕a3⊕a5, a1⊕a2⊕a4⊕a5, a1⊕a3⊕a4⊕a5, a2⊕a3⊕a4⊕a5, a1⊕a2⊕a3⊕a4⊕a5}

（43）a. **Two apples** = {a1⊕a2, a1⊕a3, a1⊕a4, a1⊕a5, a2⊕a3, a2⊕a4, a2⊕a5, a3⊕a4, a3⊕a5, a4⊕a5}

b. **Four apples** = {a1⊕a2⊕a3⊕a4, a1⊕a2⊕a3⊕a5, a1⊕a2⊕a4⊕a5, a1⊕a3⊕a4⊕a5, a2⊕a3⊕a4⊕a5}

因此，计数的前提是具有可供挑选的复数集合，如果名词指称的集合本身就是单原子集（singleton set），就不满足数词的要求。而群体复数的本质表达一个整体，指称的集合中只有一个成员，也就没有集合可供数量短语"挑选"。因此，"们$_1$"和"们$_2$"作为群体复数，都不满足数词计数的要求。这种观点前辈学者早有论述，我们同意前辈学者的分析，如赵元任（1968）认为"N 们"指集体，所以不能加数词修饰。张斌（1998：216—217）认为加数量词是把事物一个一个来计算的，"们"则是把事物当作一个整体，因此不能说"三个同学们"。而英语中的"X-s"和宜春话的"X 家伙"是谓词性的，可以构成半格结构（semilattices）从而形成复数个体的集合，供"数词"挑选（Harbour 2011；Martí 2020：7-8）。

从语义组合的角度来看，数词的语义类型是 $<<e, t>, <e, t>>$，只能和具有谓词性，语义类型为 $<e, t>$ 的名词组合，不能和语义类型为 $<e>$ 的名词性成分组合。群体复数的指称是单原子集合，语义上一定表有定，语义类型是 $<e>$，因此群体复数"X 们"无法实现正常的语义组构（Kurafuji 2004；李旭平 2021 持类似观点）。而"X-s"和"X 家伙"都能够做谓词，语义类型是 $<e, t>$，因此可以被数量短语修饰。

四 "内聚性"与"包含—排除"解读

"包含—排除"解读方面,"X 们₁"和"X 们₂"属于排除性的复数,即集合的指称排除了单数原子个体,而"X-s"和"X 家伙"都可以表达包含性复数,即可以包括单数原子个体。

对于四种复数标记在该解读上的差异,内聚性参数也能够进行解释。"包含—排除"解读和"内聚性参数"一样,都与"指称性"相关,内聚性强,有定性强的复数,是排除性复数;指称性弱、表达概念/特征的复数则是包含复数。之所以会出现这种不同解读,我们认为是因为概念和特征本身就是从单原子集合的交集归纳出来的,与现实世界占据空间的具体个体无关,因此这类复数的指称中包含单数原子;而有定性强的复数形式,指称的是现实世界占据空间的有定个体,Pearson et al. (2010) 通过实验的方法证明,英语中"复数"不是"NP-s"的内建语义,大于一的复数意义是一种语用隐含意义(implicature),可以被取消。但是我们发现,这种隐含意义只能出现在光杆复数表示一种概念或者特征的情况下,在指称性强的环境中,大于一的"复数"意义是一种必然的解读。

英语中的光杆复数既有包含解读,又有排除解读(Martí 2020 等),这两种意义对指称性的要求不同。包含性解读通常使用在非事件句、类指句、规则句等(non-episodic, generic, or law-like sentences, Martí 2020:13)句式中,如例(44);也可以用在一般事件句的否定形式中,如例(45a),此时的"tomatoes 土豆"在指称上是"无定非特指"(non-specific indefinite)名词,听说双方都不知道"土豆"的具体指称。而在肯定句中只有排除性解读,如例(45b)中的"tomatoes 土豆"是 Lina 在过去的某个时间收获的具体的多个土豆,对于 Lina 而言土豆是已知的,因此此时的"tomatoes 土豆"是"无定特指"(specific indefinite)的名词,表达排除意义的复数。而对于有定复数而言,无论是肯定句还是否定句,此时的"the tomatoes"都只能表达具体的多个土豆,一定是排除解读,集合中不包含单个土豆(单数)。

（44）a. Do you have children?

　　　b. If there are books on Mary's desk, she should lock her door when she leaves.

　　　c. Tigers are dangerous.

（45）a. Lina didn't harvest tomatoes.

　　　b. Lina harvested tomatoes.

（46）a. Lina didn't see the tomatoes.

　　　b. Lina saw the tomatoes.

从例（44）和例（45a）的"无定非特指"到例（45b）的"无定特指"再到例（46）的"有定"，指称性逐渐增强，也越来越容易获得"排除性"解读。也就是说，听说双方一旦有任何一方能够具体识别光杆复数指称的事物，事物就进入了现实世界的空间中，此时光杆复数一定表达大于一的排除复数意义。有定复数不能做类指句的主语或者充当谓词，这从反面说明了包含性解读对名词的指称有要求。

这一点前辈学者早就注意到，Grimm（2013）提到，包含性解读的复数名词通常是表达一种"概念"，Mathieu（2014）通过"包含—排除"解读界定了复数的不同类型，其中"排除"复数的句法位置高于"包含"复数，在名词性短语（DP）结构中，句法位置越高，有定性也越强。

也就是说，对于所有"分类复数"名词而言，由于其本身就是原子个体特征的交集，因此它的指称一定蕴含了单数原子；而排除解读是在指称性强的环境中，排除了单数原子得到的[①]。

我们在内聚性参数与指称性一节提到，内聚性逐渐增强，指称性也逐渐增强。如果将指称性分为"无定非特指＜无定特指＜有定＜强有定"四个等级（指称性依次增强），只要复数名词（短语）的指称在"无定特指"及之后，都表达排除复数的语义，表"无定非特指"时，是包含

[①] 之所以在指称性强的环境中会排除单数解读，我们认为可能是因为在谓词环境中，光杆名词和光杆复数都可以表达概念或者特征，二者难以区分。但是光杆名词进入指称强的环境充当论元时，必须有冠词 a/the 等成分明确地表明单数的语义，具有"单数的原子预设"（atomicity presupposition of the singular），此时光杆复数通过语用推理可以排除单数解读，一定表复数。

性解读。

由于"们₁"和"们₂"都是群体复数,一定表有定,因此一定是排除解读;而"X-s"和"X 家伙"作为分类复数,表达的就是特征/概念,是"无定非特指"的名词,因此都是包含性的解读,包含单数原子,因为分类复数归纳出的特征或概念本身来自单个的原子特征的交集。

第三节　小结

本章主要通过介绍宜春话"X 家伙"并将其与普通话的"们"以及英语的复数标记"-s"进行对比,讨论决定复数标记类型的因素。我们的基本结论是:通过"同质性"和"及其他"参数区分出来的真性复数和连类复数并不能解释复数标记之间的系统性的句法语义差异。不同类型复数的核心差异就是指称性的差异,通过指称作为桥梁,可以联系"内聚性参数"与"X 的类型""被数量短语修饰""包含—排除"解读,存在例(47)的关系:

(47) 内聚性→指称→X 的类型、被数量短语修饰、"包含—排除"解读

"内聚性"的强弱和"指称性"的强弱几乎是同构的,之所以认为内聚性是原生的(primitive),比"指称"更为基础的参数,是因为"内聚性"划分出了"群体复数"和"分类复数"。我们认为这两种复数的类型本质上反映了人类认知世界的"复数"时的两种模式:基于整体与部分关系的"分体学"(partonomy)和基于"类"(type)与"例"(token)关系的"分类学"(taxonomy),转引自 Moravcsik(2003:477)。并且,根据群体复数的形成过程,内聚性不断增强的四个阶段对应了指称性不断增强的过程,因此内聚性是更为基础的决定复数类型的参数。

第七章

研究结论与展望

第一节 复数的传统分类及反思

"真性复数"和"连类复数"是汉语复数研究最常用的一对概念，区分的标准一般是基于"同质性"以及"及其他"意义，如吕叔湘（1985：62—70）提出："们"字有（a）真性复数和（b）连类复数两种意义。表达连类复数时，们＝"及其他"。"我们"或是（a）"我1＋我2＋我3＋……"或是（b）"我＋别人"，第一种用法只有在多人署名的文件内可以遇见。文章用例如下：

(1) (a) <u>老婆子们</u>忙往外传了；<u>丫头们</u>忙着赶过来；王夫人便命请<u>姑娘们</u>去。（红.35.12）
(b) <u>杨大个儿们</u>一齐叫了声"哥们儿"。

从吕先生给出的定义来看，真性复数和连类复数的区别在于是否具有"及其他"的意义，即"连类而及"。他提到，在"甲乙两个名词后加一个'们'字……有真性复数也有连类复数"，如例（2）中的"太太姑娘们"是"甲$_1$＋甲$_2$＋……＋乙$_1$＋乙$_2$＋……"，属于真性复数；例（3）中的"东坡、子由们"是"甲＋乙＋其他"，属于连类复数。例引自吕叔湘（1985：70—71）。

(2) 二则他又常往两个府里去，<u>太太姑娘们</u>都是见的。（红.29.8）
(3) 胡五峰说'性'，多从<u>东坡、子由们</u>见识说去。（朱语.33）

语言类型学上，Daniel & Moravcsik（2005/2013：150）也有一节专门介绍这两类复数标记，称作"加合复数"和"连类复数"，类似于吕先生所说的真性复数和连类复数，只使用的标准有所不同。

WALS 认为，二者的区别可以用两个语义特征区别开，首先是指称异质性（referential heterogeneity），真性复数集合中的成员是同质的（homogeneity），每一个复数形式的指称与它词根的指称都是相同的，如 boys 指称的事物与词根 boy 相同。但是，连类复数结构如日语的 Tanaka-tachi 并不是多个名字叫作 Tanala 的人的集合，而是"Tanala 和与之相关的人"。其次是群体指称（reference to groups），连类复数指称一个"具有紧密连接的个体的集合"。这是第二种判断标准。

综上所述，中外前辈学者对真性复数和连类复数进行区分时，实际上用到了三个参数，以"X + 复数标记"为基本形式：一是是否具有"及其他"意义，即"X + 复数标记"指称的集合是否增加了除"X"以外的其他成员；二是"同/异质性"，即"X + 复数标记"指称的集合是否具有与词根"X"相同的性质；三是群体指称，即"X + 复数标记"指称的集合中成员之间是否具有紧密连接，这一参数与 Moravcsik（2003）提到的"内聚性"（cohesion）参数具有相同的内涵。前两个参数看似相同，但是实际判别中会存在一定的差异，如例（2）的"太太姑娘们"按照参数一判断属于真性复数，按照参数二判断是连类复数。在实际操作中，"同/异质性"参数是最为显著的，因此最常被采用。

这三个参数中，究竟哪一个才是决定"真性复数"和"连类复数"本质区分的参数？这是本章主要探讨的话题。我们认为"同/异质性"可能不是一个好的标准。

首先，依据"及其他"和"同/异质性"区分出的真性和连类复数可能不具有分类学上的意义，也不能真实反映两类复数标记的性质。

根据 Daniel & Moravcsik（2005/2013：151）的统计，在所调查的 237 种语言中，有接近一半的语言（104 种）的真性复数和连类复数使用同一标记。例引自 Daniel & Moravcsik（2005/2013：151）。

（4）Zulu 语（班图语支；南非）前缀：
连类复数： o-faku 'Faku and his company'

　　　　真性复数： o-kova　　　bananas
（5）Hixkaryana 语（加勒比语支；巴西）黏着语素：
　　　　连类复数： Waraka komo Waraka and those accompanying him
　　　　真性复数： hawana komo visitors

汉语方言中同样如此，如湖南凤凰方言（西南官话黔北小片）的复数标记"这些/果些"既有真性复数解读例（6a）又有连类复数解读例（6b）；安徽岳西方言（赣方言怀岳小片）的"几个"如例（7）也是如此。吴语中的复数标记"徕""拉""浪"（分别来自瑞安话、上海话、金华话）等也同时有两种解读，如例（8）。

（6）a. 今天涨洪水啦，学生果些都转屋里去啦学生们都回家去了。
　　 b. 张继这些/果些啊，迟早要出事的。
　　　　　　　　　　　　　　　　　　（丁加勇、沈祎 2014：418—420）
（7）a. 老师几个还在家里没动身，学生几个就到着。
　　 b. 小王几个哪去着？　　　　　　　　（吴剑锋 2016：350）
（8）a. 学生徕/同学拉/舅舅浪
　　 b. 小张徕/小张拉/我浪　　　　　　　　　（孙晓雪整理）

　　一方面通过这两个参数区分出真性复数和连类复数，另一方面区分出的这两类复数使用的标记又有大量的重合，这说明这些参数可能并不具有分类学上的意义，使得它们采用同一个标记的因素可能并没有找到。
　　反过来，一些真性复数和连类复数之间反而具有相同的句法语义，即不同质反而性质相同。不同质同性的复数标记主要有两类。第一类是一个复数标记本身就有真性复数和连类复数两种意义的情况。如果我们将汉语普通话中真性复数解读的"们"计作"们$_1$"，连类复数解读的计作"们$_2$"。我们发现，"们$_1$"和"们$_2$"在被数量短语修饰以及有定性等表现上是一致的。

(9) a. *三个学生们₁

　　b. *三个我们₂ / *三个杨大个们₂

(10) a. *有学生们₁在教室里。

　　b. *有我们₂在教室里。

"们"虽然同时可以表达真性复数和连类复数，但是"们₁"和"们₂"句法语义上没有区别。说明真性和连类这一对概念并没有反映出这种差异。

另外一种情况是从跨语言的角度看，宜春话中的"家伙"属于连类复数，但与其他语言的真性复数具有相同的句法语义。根据第三章对"家伙"的研究，如果与普通话中真性复数解读的"们"（计作"们₁"）和连类复数用法的"们"（计作"们₂"）以及英语复数标记"-s"进行对比，四者的表现见表7—1。

表7—1　　"-s""们₁""们₂"与"家伙"语义对比

	英语 X-s	普通话"X们₁"	普通话"X们₂"	宜春话"X家伙"
举例	students	学生们	杨大个儿们	学生家伙
同质性	同质	同质	异质	异质
X的类型	*人称代词/表人专有名词/亲属称谓/表人普通/表物可数/*表物不可数/*形容词/*事件	人称代词/表人专有名词/亲属称谓/表人普通/*表物可数/*表物不可数/*形容词/*事件①	人称代词/表人专有名词	*人称代词/*表人专有名词/亲属称谓/表人普通/表物可数/表物不可数/形容词/事件
指称	谓词/类指/无定/*有定	有定	有定	谓词/类指/*无定/*有定

---

① 吕叔湘（1985）等曾提到，人称代词后加"们"也有真性复数的用法，如用在多人署名的文件内时的"我们"。此外，表人专有名词的真性复数用法指的是同名的情况，或者用某一专有名词代指某一类人的特征，如"我们学校的小刘翔们"，表示的是"我们学校跑得快的多位学生"的意义。

续表

	英语 X-s	普通话"X们₁"	普通话"X们₂"	宜春话"X家伙"
被数量短语等修饰	可以	不可以	不可以	可以
内聚性	分类复数	群体复数	群体复数	分类复数
包含—排除	包含	排除	排除	包含

从表7—1中我们可以看出：

第一，从同属于真性复数的英语"X-s"（如students）和"们₁"（如"学生们"）的对比来看，除了"同质性"参数相同之外，其他的各项参数迥异："X的类型"上，"们"只能标记在表人名词上，-s则没有生命度限制；在"指称"上最大的区别是"X-们₁"是有定的，不能充当谓词，而"X-s"则既能充当谓词，也表类指，但是不能直接表有定；在"被数量短语修饰""内聚性"以及"包含—排除"解读上二者则完全相反。我们称为"同质不同性"。

第二，从真性复数"们₁"和连类复数"们₂"的对比来看，除了同质性参数和"标记X类型"不同以外，其他的参数则完全相同。这是"不同质同性"的表现。

第三，从英语真性复数"X-s"与连类复数"X家伙"的对比来看，尽管分属真性和连类复数，二者的相似性远远高于"X家伙"与连类复数"们₂"的相似度。在"被数量短语修饰""内聚性"以及"包含—排除"解读上二者则完全相同。这也是"不同质同性"的表现。

以上说明，通过"同质性"区分的真性复数和连类复数存在"同质不同性"和"不同质同性"现象，说明这一参数对所区分出的两类复数解释力较弱。

诚然，任何一个参数都可以作为分类的标准，但是如果一个参数既不具有分类学上的意义，也不能对所划分出来的类的内部性质具有解释作用。那么，分出来的类只是表面的。既然"同质性"参数不能解释复数标记"同质不同性"和"不同质同性"现象，有必要寻找其他参数重新进行分类，以实现分类的明晰性以及句法语义性质的内部统一性。

第二节 复数的类型：新的分类

一 基于复数标记语义性质的分类

在回答复数新的分类之前，根据前文的研究，我们想要先回答"复数"是什么。如果将"复数"主要看作一个句法范畴，"复数标记"加在光杆名词之上，是表达复数语义的显性形式（形态），这种形态一般是针对光杆名词进行操作的，因此我们认为，复数的性质与语言中光杆名词的性质息息相关。

第一种类型的复数是相对于单数而言，如果光杆名词表达的是单数的意义，那么这种类型的复数标记具有将单数转化为复数的功能，这种类型复数的代表是英语中的复数标记 –s。这类复数的特点是存在单原子个体集合 {a, b, c}，否则加合算子无法进行操作。从单数向复数的转化需要通过复数标记 –s 进行复数化操作，可以说，复数标记 –s 起的是创造复数（make plurality）的作用（详细分析可见李旭平2021）。

复数的另一种类型是相对于通数而言。汉语普通话中光杆名词表通数（general number, Rullmann and You 2006）意义，既可以表单数也可以表复数，假如世界上有 a, b, c 三位学生，光杆名词"学生"的指称，既有单数的 {a, b, c}，也有复数的 {a+b, a+c, b+c, a+b+c}，如图7—1所示。也就是说，如果复数是从单原子个体延伸出来的，那么通数型语言的复数操作是在词库中已经完成的。

```
        a+b+c

a+b      a+c      b+c

a         b        c
```

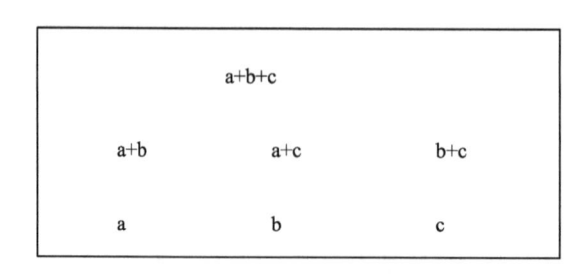

图7—1 汉语光杆名词通数特征

加合算子应用的前提是光杆名词指称原子个体集合。对于光杆名词表通数的汉语而言，复数本身就属于汉语光杆名词的内部语义，加合算子无法对其进行操作，因此 Link（1983）针对英语等语言提出的模型无法应用在汉语普通话中。

根据各章的考察，我们认为英语中的充当"加合算子"的复数"-s"不是复数的唯一形式。宜春话中的四种标记并不都是"加合算子"，但我们依然认为它们是复数标记。这是因为光杆复数"X+几个/俚/家伙/唧"都蕴含了"复数个体"的存在。以 a，b，c 三个元素为例，这三个元素可以是个体，也可以是类，宜春话四种光杆复数都蕴含了存在 {a, b, c, a⊕b, b⊕c, a⊕c, a⊕b⊕c} 这一复数集合。不同之处在于"俚"和"几个"是在该**复数个体集合基础**上进行了"最大化"以及"最大化+群体算子"操作，得到了有定复数个体 a⊕b⊕c 或者有定群体（a⊕b⊕c），因此具有论元性；"家伙"则是通过对单数"类"的加合产生了复数集合①{a^k, b^k, c^k, a^k⊕b, b^k⊕c^k, a^k⊕c^k, a^k⊕b^k⊕c^k}，只是集合中的元素是"类"而不是个体；"唧"通过切分光杆名词产生了复数个体的集合②{a, b, c, a⊕b, b⊕c, a⊕c, a⊕b⊕c}，因此都具有谓词性。不同类型的复数标记如图 7—2 所示。

也就是说，对于"几个"和"俚"而言，复数集合是"**因**"；对于"家伙"和"唧"来说，复数集合是"**果**"。从这个角度上来说，复数标记可以分为两个大的类型：一类是标记对已有的"复数"进行操作，但标记本身不构造复数，如"几个"和"俚"；一类则是通过复数标记构造复数，如"家伙"和"唧"。李旭平（2021）将前者称为"标示"（mark）复数，后者称为"构造"（make）复数。

---

① 无论是 Chierchia（1998）还是 Borer（2005），都认为汉语中的光杆名词为不可数名词，这也是学界目前的基本共识，我们同意这一分析。因此从逻辑上说，我们认为汉语中不存在对个体的加合复数。如果加合算子要发挥作用，只能针对"类"（kind）进行加合，此时的"类"是另一个维度的单数。

② 复数个体的集合相当于英语中的光杆复数的指称，是谓词性的，见 Link（1983），Chierchia（1998）等。

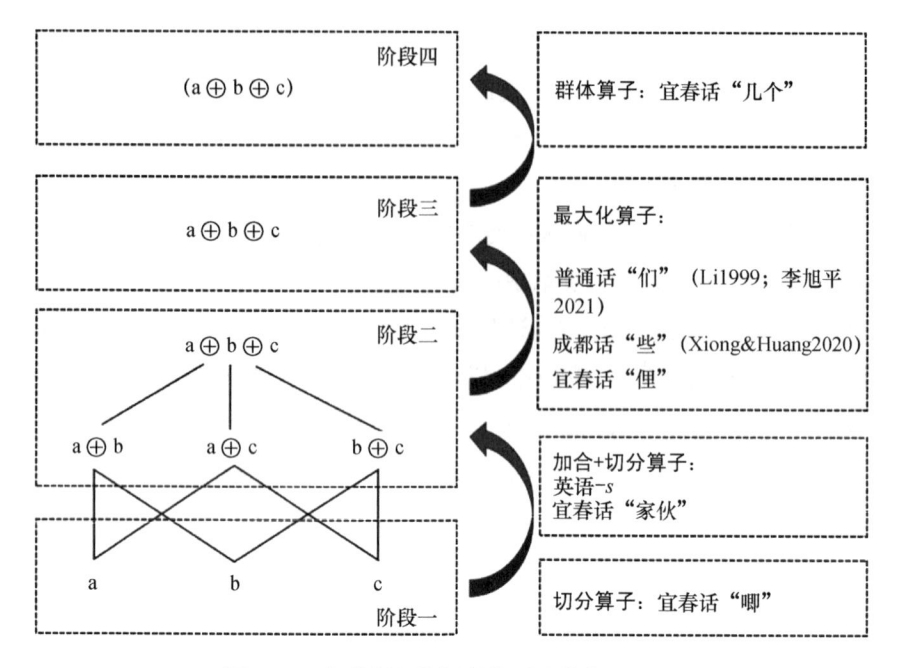

图7—2　复数标记的语义类型及其实现方式

正如18世纪苏格兰哲学家休谟（Hume 1739：1711-1776）在谈到人类心智如何从一个观点进行到下一个观点时说：

> Were ideas entirely loose and unconnected, chance alone woul'd join them; and 'tis impossible [that] the same simple ideas should fall regularly into complex ones (as they commonly do) without some bond of union among them, some associating quality, by which one idea naturally introduces another... The qualities from which this association arises, and by which the mind is [,] after this manner [,] convey'd from one idea to another, are three, viz. Resemblance, Contiguity in time or place, and Cause and Effect.
>
> （Hume 1739，转引自 Moravcsik 2003）

休谟提到观点（idea）之间的 Resemblance 和 Contiguity 两个概念与我们文中提到的"相似性"和"内聚性"基本一致。"谓词型"和"论元型"这两类复数的类型反映了人类认知世界的"复数"时的两种模式：基于"相似性"或"类"与"例"关系的"分类学"（taxonomy）以及基于整体与部分关系的"分体学"（partonomy）。"谓词型"复数是基于"分类学"的，要求集合中成员具有相似性；而"论元型"复数是基于"分体学"的，要求集合构成一个具有一定的内聚性，侧重于集合成员之间的联系，基于整体和部分关系构建。

二 基于复数表达指称性强弱的分类

我们梳理了宜春话中四个复数标记在"X 的类型""量化""真性—连类"复数解读等方面的表现，归纳如表 7—2：

表 7—2　　　　　　　　宜春话四种复数标记语义表现

复数标记	X 的类型	量化	真性—连类	包含—排除	集合—分配解读	指称
俚	[＋代词，－无生名词]	－	连类	排除	集合/分配	弱有定
几个	[＋代词，－无生名词]	－	真性/连类	排除	集合	强有定
唧	[－代词，＋无生名词]	＋	真性	包含	集合/分配	弱谓词
家伙	[－代词，＋无生名词]	＋	连类	包含	＊	强谓词

从表 7—2 中我们可以发现，传统的"真性—连类"复数的区分只反映了四类复数标记的其中一方面的特征，无法和其他参数形成平行关系，即这种区分无法解释复数标记其他相关的现象。决定复数标记类型的因素可能在其他参数中，我们认为可以通过指称将复数标记分为四种类型。

分类本身不是目的而是手段，分类的目的是解释具体的语言事实，既包括语言内部的事实，也包括跨语言的事实。用"指称"区分复数标记的不同类型有以下好处。

第一，我们可以统一解释汉语中的复数标记"们"，英语中的"-s"和宜春话中的四个复数标记被数量、量化短语修饰的问题。

从语义学角度来看，量化成分是函数，语义类型为 $<<e, t>, <e, t>>$，需要选择谓词性即 $<e, t>$ 类型的名词进行语义组合。有定的成分是自足的（saturated），不能再被计数或者量化，如（11）。英语中的光杆复数、宜春话中的"X家伙""X唧"都是谓词性的,语义类型为<e,t>,因此可以被量化。

  (11) a. *three [the students]
    b. *三个 [这些人]
  (12) a. three [students]
    b. 三只 [苹果家伙]
    c. 三只 [泡立唧]

  普通话中的"X+们",宜春话中的"X几个"和"X俚"都是能够加在代词后的论元型复数标记,是有定的(Iljic 1994;童盛强,2002;Li 1999 等),语义类型为<e>,因此不能和<<e,t>,<e,t>>类型的量化成分进行语义组合。

  (13) a. *三个 [学生们]
    b. *三只 [我/爸爸/学生几个]
    c. *三只 [我俚/你俚/渠俚]

  第二,可以解释不同类型复数标记对所标记成分 X 的选择。
  生命度强弱和指称强弱具有平行关系(Dahl & Fraurud 1996;Von Heusinger et al. 2003),因此复数标记的生命度选择本质上反映的就是什么指称度的名词能够被标记。依据"指称"对复数进行分类就是还原了这一本质:指称性强的论元型复数标记倾向于标记生命度高的名词,指称性弱的谓词型复数标记倾向于标记生命度低的名词。
  王红旗(2015)指出:"体词性成分的指称性有强弱的差别,在词上就规定了其所指对象的指示代词、人称代词和专有名词的指称性强,而只能在特定语境的句子中才能落实其所指对象的普通名词的指称性弱。""指称"和"谓词"是一体两面的,前者指的是具 m 体的个体,后者指的是个体所归纳出的特征。根据 Chierchia(1998a:351),单原子集合(单数个体)无法构成一个类(kind),也无法表示一种性质(property),生命度等级最高的人称代词和表人专有名词一般情况下都是单数(唯一的），因此只有指称性。无生名词尤其是部分不可数的无生名词（如"水"）具有内在复数性（inherent plurality），只能表示一种"类"或者"性质"，无法独立指称具体个体（如借助量词"一杯水""a bottle of water"），指称度是最低的，谓词性是最强的。

依据我们调查到的语言事实，需要对 Corbett（2004）提出的复数标记生命度等级进行部分修正。因为宜春话中"论元型"复数标记具有［＋代词，－表物名词］特征，确实遵循"第一人称＞第二人称＞第三人称＞亲属＞表人＞有生＞无生"的生命度等级。但是对于具有［－代词，＋表物名词］特征的"谓词型"复数标记而言，生命度高的名词性成分相对来说反而是更不容易标记的（尽管具体的生命度等级排序还需要更多其他语言的佐证）。

第三，从跨语言的角度来看，可以统一解释复数的"包含解读"（inclusive reading）和"排除解读"（exclusive reading）差异：这两种解读的核心区别就是谓词和论元之间的区别。

复数的包含性和排除性语义是复数语义研究的热点（对此最新的专门研究可见 Martí 2020；Renans et al. 2020），Mathieu（2014）进行复数分裂（plurality split）研究依据的就是不同语言中复数标记的包含性和排除性语义。包含性的解读既包含大于一的复数，也包含单数原子；排除性解读指的是复数只能指称大于一的复数，不包含单数原子。

Grimm（2013）认为应该将表包含意义的光杆复数分析为类指（generic），表达的是一种概念，因为一种概念或者特征是由所有具有这种特征的个体归纳出来的，它的指称自然包括单数的个体也包括了复数个体的集合。

Mathieu（2014）也将排除性和包含性这两种解读称为强指称和弱指称，从二者的句法位置来看，强指称的复数标记句法位置高于弱指称的复数标记，这与我们根据"指称"的分类的思想是一致。也就是说，听说双方一旦有任何一方能够具体识别光杆复数指称的事物，事物就进入了现实世界的空间中，此时光杆复数一定表达大于一的排除复数意义。有定复数不能做类指句的主语或者充当谓词，这从反面说明了包含性解读对名词的指称有要求。

此外，我们可以对普通话中的"们"进行统一分析，"们"通常被认为既有真性复数又有连类复数意义，杨炎华（2015）认为"们"在普通名词和普通名词短语后是复数标记，在专有名词和专有名词短语后是集合标记。在我们的分类下，"们"就是论元型的复数标记，无论集合成员是否同质，都表达有定的意义。李旭平（2021）将在语义上将"们"统一分析为最大化算子，与我们的分析是基本一致的，"们"和宜春话的"俚"都是"弱论元型"的复数标记而英语中的复数标记"–s"是"弱谓词型"的复数标记（见第四章中的详细介绍）。

总之，无论是被数量短语等量化成分修饰，还是标记名词的生命度以及包含性、排除性解读，都和光杆复数属于谓词性还是论元性成分相关，使用这种分类标准可以将相关现象放在一个框架下进行统一解释。

如果从词汇来源角度分析汉语复数标记类型，宜春话的个案确实无法穷尽汉语复数标记所有类型。但是，就像吕叔湘先生根据是否有"及其他"意义将复数分为真性复数和连类复数两种类型。WALS 根据"同质性"和"群体特征"将复数分为加合复数和连类复数两种类型。在特定的参数下，本书按照指称分成四类，并且这四类都具有相应的句法语义特征，也是穷尽性的。从这个角度来看，宜春话的四类复数标记可以代表复数标记的四种不同类型。

从语言材料中来，到语言材料中去，这一节将我们总结的框架应用到其他方言中的复数标记中，考察这种分析是否具有普适性。根据目前掌握的文献和田野调查语料，我们考察了以下方言中的复数标记：

北方方言：甘肃临夏话的"们"（作者调查）、成都话和贵阳话的"些"（彭晓辉 2008；Xiong & Huang 2020；以及笔者个人调查）、湖南凤凰话的"这些/果些"（丁加勇、沈祎 2014）、湖南东安"东西"（胡乘玲 2019）等。

湘方言：湖南常德"俺"（刘娟 2010；丁加勇、刘娟 2011）等。

赣方言：湖南洞口"哩啦"（林彰立 2012）、江西吉安话的"物"（雷冬平、胡丽珍 2007）等。

吴语：江苏苏州话"笃 toʔ"（太湖片）、浙江椒江话"态 tʰə³³"（台州片）、温州话"佚 le⁰"（瓯江片）、遂昌话"些农 sɛʔ⁵ nən⁰"（处衢片)、浦江话"得 tɛ³³"(婺州片)① 等。

粤语：广州话"哋"(甘于恩 1997 以及笔者个人调查) 等。

闽方言：海南琼海话"伙"(杨望龙 2018 以及笔者个人调查) 等。

客家话：广东韶关话"抵 [ti⁰]"(个人调查)。

在以上语言的复数标记中，按照我们的分类，能够独立充当有定论元的"论元型"复数标记有：温州话"俫 le⁰"(瓯江片)、遂昌话"些农 sɛʔ⁵nəŋ⁰"、浦江话"得 tɛ³³"、广州话"哋"、韶关话"抵 [ti⁰]"(只能加在人称代词后)；成都话"些"、苏州话"笃 toʔ"、椒江话"态 tʰə³³"、吉安话"物"、凤凰话"这些/果些"(所附成分超出人称代词)、常德话"俺"。人称代词复数是能够做主宾语充当有定论元的，无须赘述。对于所附成分超出人称代词的复数标记，光杆复数也都能够独立充当论元表有定（a 句），不能做谓词（b 句）。例如：

(14) a. 学生些我都认得。那些学生我都认识/书些我都看完喏。那些书我都看完了。
b. 我们老师（*些），他们医生（*些）。(Xiong & Huang 2020：655，660)

(15) a. 工人笃/勒吃饭。工人们在吃饭。
b. 㗒笃是工人（*笃）。(苏州话，个人调查)

(16) a. 学生态在门口头等你。
b. 渠态是学生（*态）。(椒江话，个人调查)

(17) a. 舅舅物开车子出去哩。舅舅们开车出去了。(吉安话，雷冬平、胡丽珍 2007：256)
b. 年纪大的是姐姐（*物）。(个人调查)

(18) a. 去看下子，领导这些/果些都到了吗？(丁加勇、沈祎 2014：421)
b. 他们是领导（*这些）。(凤凰话，个人调查)

(19) a. 客俺来哒/蚂蚁俺到那里搬家，可能要下雨哒。
b. 教师节那天，王老师屋里围满哒的学生（*俺）。(常德

---

① 来源于学友孙晓雪对吴语的跨方言调查整理，暂未发表。

话，刘娟 2010：42，57，58）

按照我们的分类，我们预测"论元型"复数标记有以下特点：一是在分布上会符合 Corbett（2004）提出的复数标记生命度等级；二是不能被数量短语等量化成分修饰；三是具有排除性解读，不能出现在领属结构的宾语位置。我们的预测被证明是成立的。

从分布上来看，尽管复数标记扩展到了不同的生命度等级，一些只能加在代词后，一些能够扩展到普通名词，但是都符合"第一人称＞第二人称＞第三人称＞亲属＞表人＞有生＞无生"的生命度等级，即如果能够加在排序在后的名词后，也一定能加在其之前的名词后。比如，成都话的"些"和常德话的"俺"可以加在无生名词后，同时也能加在有生名词、表人名词、亲属称谓以及人称代词之后。具体可以查看上述文献，此不再举例说明。

再看被数量短语修饰和"包含—排除"解读。和普通话的"们"一样，论元型的复数标记都存在不被数量短语修饰的情况。

(20) a. 三个学生（*些）。
b. 门口有学生（*些）吗？
c. 这里有小孩（*些）。（贵阳话，彭晓辉 2008：172）

(21) a. 三个工人（*笃）。
b. 门口有工人（*笃）吗？

(22) a. 五个学生（*态）。
b. 门口有学生（*态）吗？

(23) a. 四个黎明（*物）去哪里去哩？（雷冬平、胡丽珍 2007：256）
b. 门口有有学生（*物）。

(24) a. 三个学生（*这些）。
b. 门口没有学生（*这些）。

(25) a. 三个同学（*俺）来哒。
b. 桌子高头有几个吃饭哒的碗（*俺）。（常德话，刘娟 2010：58）

"谓词型"复数标记有：东安话"东西"、洞口话"哩啦"。东安话中的"东西"最常用在表示通指的环境，也可以做谓词充当"是"字的表语如例（26a），或者被"的"字短语修饰如例（26b）。洞口话的"哩啦"同样如此，可以出现在谓词位置，也能被限定词"咯滴_{这些}"修饰。这些都是谓词性的 NP 而不是论元性的 DP 的特点。

(26) a. 我屋里环境蛮好，屋后头都<u>是</u>树东西。（个人调查）
　　 b. 日子苦的时候，<u>屋后头的</u>树东西都有人偷。（胡乘玲 2019：164）
(27) a. 出呱么个事，来顶包个肯定都<u>是</u>临时工哩啦。（林彰立 2012：24）
　　 b. 一下课，<u>咯滴</u>学生哩啦都挤起在小卖部买零食吃。（同上）

与"论元型"复数标记相反，"谓词型"的复数标记有以下特点：一是在分布上不符合 Corbett（2004）提出的复数标记生命度等级；二是能被数量短语等量化成分修饰；三是具有包含性解读，能出现在领属结构的宾语位置。

我们的预测也基本是成立的，首先看复数标记的生命度等级。胡乘玲（2019：167—168）指出：东安话的"东西"只能用在非指人事物后表连类复数，如用在植物或无生命事物后以及动物名称后表示连类复数，但不能用于人称代词后面表复数（如：*我东西_{我们}、*你东西_{你们}、*他东西_{他们}），"东西"也不能用在指人的名词后面表复数（如：*老师东西_{老师们}、*领导东西_{领导们}、*客人东西_{客人们}），指人名词的复数只能用"这些/那些"来表示，如"医生那些_{医生们}都走没得""领导那些_{领导们}明天要上班"。同样，刘娟（2010）也指出，"哩啦"作为复数标记不能加在人称代词、表人专有名词和唯一性的亲属称谓之后，可以加在一般称谓名词、职业称谓、动物植物等后。也就是说，"东西"和"哩啦"都不符合 Corbett（2004）提出的复数标记生命度等级。

再看被数量短语修饰和"包含—排除"解读。"X 东西"和"X 哩啦"都可以被数量短语等量化成分修饰，且都可以出现在领有句的宾语位置。此时二者都具有谓词性，指称的是一种概念或者特征。

(28) a. 把洗衣机里个几条裤子东西拿出来。
     b. 我脸上蛮干净，不有斑东西。（个人调查）
(29) a. 眯滴书哩啦到处乱放①那些书到处乱放。（林彰立 2012：45）
     b. 尼滴凳子高头有水哩啦那个凳子上有水什么的，冇可以坐。（林彰立 2012：49）

比较特别的是临夏话"们"，临夏话中的"们"既能加在人称代词后，也能加在无生名词后，还能加在时间、地点名词等几乎所有的名词后。既可以充当有定的论元成分，也可以做谓词；同时"X 们"还能被数量短语修饰。也就是说，临夏话的"们"既是论元型又是谓词型的，例如：

(30) a. 羊们草哈吃着哩。那些羊在吃草。
     b. 我们是老师们是哩。我们是老师。
     c. 兀三个娃娃们打仗着哩。那三个小孩子在打架。

但是，目前普遍认为临夏话中的"们"是受到阿尔泰语影响下的产物（徐丹 2011；杨永龙 2014；刘星、敏春芳 2022），因此这种现象可能是汉语的"们"与阿尔泰语的复数标记的不同用法发生融合的结果。

因此，我们提出的分类框架不仅能够解释宜春话内部系统的差异和分工，也能解释汉语方言中复数标记的情况，具有一定的普适性。

对复数标记的分类可以采取不同标准，得出不同结果。但是分类本

---

① 在原文中，作者提到表示确量的数量短语不能修饰"X 哩啦"但是举的例子都是"数量名+哩啦"放在句首作主语的情况。无定的短语做主语本身在汉语中很有限制，一般要加上"有"，或者放在无定的环境再或者采用"指+数量名+哩啦"放在主语位置的情况进行测试。作者没有考虑这一点，因此我们不采信这一条结论。

身不是目的，应该通过分类标准，挖掘复数标记的本质差异并且解释相关句法语义共性和差异。

我们通过宜春话中四个复数标记"俚""几个""家伙"以及"唧"的详细考察，可以通过"指称"对复数进行分类。"X 俚"和"X 几个"都是论元性的有定成分，因此不能再被数量短语等量化成分修饰，倾向于标记生命度高的名词，具有排除性解读；"X 家伙"和"X 唧"都是谓词性的，因此能被数量短语等量化成分修饰，倾向于标记生命度低的名词，具有包含性解读。

在论元型复数标记中，根据有定性强弱可以分为强有定复数标记"几个"和弱有定复数标记"俚"。二者区别在于与中性谓词组合时，强有定复数标记会排除分配解读，表示群体复数；弱有定复数标记兼有集合和分配两种解读。强有定的光杆复数前有修饰语时，可以被谓词化；强有定的光杆复数难以被谓词化。

在谓词型复数标记中，根据谓词性强弱可以分为强谓词性复数标记"家伙"和弱谓词性复数标记"唧"。二者区别在于除了名词性的谓词，强谓词型复数标记还能加在形容词和事件谓词后表示特征的复数，弱谓词型复数不能。强谓词型复数标记只表示属性，不能独立用作个体指表有定或者无定；弱谓词也能表示属性，还能表达无定个体指，不能表有定。

第三节 对研究问题的具体回答

从复数理论内部来看，我们在绪论提出了四个问题：

1）用在人称代词后的复数标记与普通名词后的复数标记语义上有何不同？

2）数量短语和复数标记共现问题。

3）复数标记在句法实现上是否具有层级性？

4）群体复数内部是否需要进行再分化？所谓的"原生"与"后天形成"的群体复数语义这种区别是否会反映在语言中，采用不同的复数形态标记表达？

本书第五章通过对"几个"的分布及句法语义特点的考察，可以回答问题4，通过对两种读音形式的"几个"进行分析，我们发现二者都是群体复数标记。因为它们与中性谓词（既有集合解读又有分配解读的谓词，又被称作混合谓词［mixed predicate］）组合时只有集合解读，说明该集合被当作一个整体看待，而不是复数的个体。但是"几个$_1$"和"几个$_2$"代表了"词汇性群体"和"语境群体"这两种不同类型，决定性因素是"群体"的存在是否为听说双方预设的背景信息。基本与我们最初提出的"原生"和"后天形成"两类相一致。我们的贡献在于区分了这两种群体语义并且发现它们在语言中有不同形态来表达。

同时，第五章也可以对问题2进行回答。我们认为，在考虑量词和复数标记共现问题时，不能盲目比对英语中的情况。首先要考虑的问题是复数标记作用对象的性质，以及量词与复数标记不共现的根本原因是什么。

对于量词和复数标记不共现，Chierchia（1998a，b）从语义的角度给出的解释是：在量词型语言中的光杆名词默认为类指，都可以看作不可数名词，具有内在复数性，因此没有复数标记。Borer（2005）认为在句法上量词和复数标记占据的是相同的句法位置（NumP 的核心），功能都是将事物切分成个体。因此复数标记和量词在同一个短语中不共现。但是，如果不与量词争夺同一个句法位置，量词和复数标记可以共现。宜春话的"几个"作用于 DP，句法位置在限定语核心（D）之上，不会与 DP 内部的量词争夺句法位置，因此能够与数量短语共现。

本书的第四和第五章回答了问题3，通过介绍"俚"和"几个"的区别，认为"俚"的语义是最大化算子，作用于某个语境中的话语参与者，并且从中选取出一个由说话人或者听话人构成的，与当下情景最直接相关的复数个体（与李旭平2021对汉语"们"的分析相同），最后构成一个有定复数。而"几个"作为群体算子，作用于有定复数之上。因此，复数标记的实现确实存在不同句法层级，结合 Mathieu（2014）以及 Kramer（2016）等的"复数分裂"（plurality split）说，宜春话中的复数标记占据四个不同句法位置，由低至高依次为"家伙""唧""俚"和"几个"，因为这四个复数标记构成的四种光杆复数指称性从低到高依次增强，与 DP 结构 [$_{DP}$D [$_{NumP}$Num [$_{ClP}$CL [$_{NP}$ N]]]] 内部成分的指称相匹配。

最后，第二章至第五章的考察可以回答问题 1，宜春话中的复数标记可以分为两类，"俚"和"几个"遵循以上生命度等级，生命度越高越容易受到标记，这两类复数标记都能标记代词，不能标记表物名词，即具有［＋代词，－表物名词］特征；而"家伙""唧"则正好相反，生命度越高反而越不能被标记，尤其是代词不能受到标记，具有［－代词，＋表物名词］特征。从最后的研究结果看，［＋代词，－表物名词］型复数标记就是论元型复数标记，这类复数标记构成的光杆复数一般不能被数量短语等量化词修饰，具有排除性的语义；［－代词，＋表物名词］型复数标记就是谓词型复数标记，能够被量化词修饰，具有包含性语义。

第四节　研究不足和展望

尽管对于复数系统内部研究而言，选择单一语言进行研究是必然的。但是，限于笔者能力和精力，没有能够对其他语言，尤其是丰富的汉语方言中的复数标记系统进行更加详细的考察，这是未来需要进一步研究的方向。

此外，第三章"类"复数的概念是首次提出，其中一些理论问题未能深入讨论，尤其是对于其受数量短语修饰时如何获得个体指称的问题，可能涉及"类型转换"理论，目前作者还无法解决。

第五章汉语中有其他方言的小称和"量"以及指称相关，比北京话的"儿"（方梅 2007）以及益阳泥江口方言中的"唧"（夏俐萍、严艳群 2015）。但是小称表复数目前在其他语言中并未见报道。一方面是因为复数意义出现在有限的语境中，另一方面是因为汉语光杆名词本身表复数，要将小称复数和光杆名词表复数的情况分离开并不容易。本书只是提供了一个个案，对这种类型的复数需要进行更广泛的调查和研究。

参考文献

Azertürk S. I.、黎海情：《土耳其语中的"–ler"和汉语中的"们"分析对比》，《江西科技师范学院学报》2011年第2期。

Greenberg J. H.、陆丙甫、陆致极：《某些主要跟语序有关的语法普遍现象》，《国外语言学》1984年第2期。

陈瑶：《徽语祁门方言的复数标记"大家"和"旺"》，《安庆师范学院学报》（社会科学版）2011年第6期。

陈光磊：《关于"们"与"–S"》，《复旦学报》（社会科学版）1987年第5期。

陈光磊：《汉语词法论》，学林出版社1994年版。

陈俊和：《现代汉语"X+们"的语义功能研究》，博士学位论文，复旦大学，2009年。

陈山青：《湖南汨罗方言复数人称代词词尾"俚"的语源》，《湖南科技大学学报》（社会科学版）2011年第1期。

陈玉梅：《"们"的辖域、性质、意义及"X+们"的指称类别研究》，硕士学位论文，华中师范大学，2015年。

储泽祥：《数词与复数标记不能同现的原因》，《民族语文》2000年第5期。

储泽祥：《列举义"等等"的形成》，《古汉语研究》2017年第4期。

淳佳艳：《湖南南县方言复数形式"家伙"研究》，硕士学位论文，湖南师范大学，2010年。

丁加勇、刘娟：《湖南常德话表达事件连类复数的"VP俺"结构》，《中国语文》2011年第5期。

丁加勇、沈祎：《湖南凤凰话后置复数指示词——兼论方言中复数标记"些"的来源》，《中国语文》2014年第5期。

丁加勇：《指示词"这些、那些"的列举功能》，《汉语学报》2014年第4期。

方梅：《北京话儿化的形态句法功能》，《世界汉语教学》2007年第2期。

甘于恩：《广东粤方言人称代词的单复数形式》，《中国语文》1997年第5期。

郭中：《论汉语小称范畴的显赫性及其类型学意义》，《中国语文》2018年第2期。

胡静：《湖南祁东方言复数标记》，《绥化学院学报》2017年第9期。

胡乘玲：《湖南东安方言表连类复数的"东西"》，《语言学论丛》2019年第2期。

胡裕树主编：《现代汉语》（增订本），上海教育出版社1981年版。

黄芳：《湖北仙桃方言尊称复数标记"们倲［sou¹］"》，《湖北师范大学学报》（哲学社会科学版）2018年第6期。

江蓝生：《再论"们"的语源是"物"》，《中国语文》2018年第3期。

雷冬平、胡丽珍：《江西安福方言表复数的"物"》，《中国语文》2007年第3期。

李蓝：《汉语的人称代词复数表示法》，《方言》2008年第3期。

李圃：《北方方言复数词尾"们"与维吾尔语复数词尾-lar/lɛr用法对比——北方汉语阿尔泰化又一例证》，《语言与翻译》（汉文版）2017年第2期。

李旭平：《吴语名词性短语的指称特点——以富阳话为例》，《中国语文》2018年第1期。

李旭平：《汉语"们"的语义：最大化算子》，《当代语言学》2021年第1期。

李艳惠、石毓智：《汉语量词系统的建立与复数标记"们"的发展》，《当代语言学》2000年第1期。

林若望等：《"们"的语法语义限制研究》，《清华理论与实验语言学》2000年第1期。

林彰立：《洞口方言的复数形式研究》，硕士学位论文，湖南师范大学，2012年。

刘鸿勇：《汉藏语名词性结构的对比研究》，上海教育出版社 2020 年版。

刘娟：《湖南常德方言复数标记——"俺"［.ŋan］》，硕士学位论文，湖南师范大学，2010 年。

刘平：《江西宜春方言音系》，硕士学位论文，福建师范大学，2001 年。

刘星、敏春芳：《临夏话"们"的非复数用法及"们"的性质新探》，Journal of Chinese Linguistics，2022 年第 2 期。

吕叔湘：《近代汉语指代词》，学林出版社 1985 年版。

马博森：《自然会话中人物指称现象的三分模式研究》，《外语与外语教学》2007 年第 6 期。

潘悟云：《汉语复数词尾考源》，载《量与复数的研究——中国境内语言的跨时空考察》，商务印书馆 2010 年版。

彭晓辉：《汉语方言复数标记系统研究》，博士学位论文，湖南师范大学，2008 年。

彭晓辉：《汉语方言附加式复数标记的性质类型》，《汉语学报》2014a 年第 1 期。

彭晓辉：《湖南祁东话复数标记"一各"的功能及语法化》，《湖南师范大学社会科学学报》2014b 年第 3 期。

彭晓辉：《湖南隆回高坪话表示多数的语法成分"唎"》，《湖南第一师范学院学报》2018 年第 2 期。

彭晓辉：《湖南祁东话复数标记"一个"的语义来源》，《湖南科技大学学报》（社会科学版）2019 年第 6 期。

彭晓辉、储泽祥：《湖南祁东话表示双数的"两个"》，《汉语学报》2008 年第 2 期。

饶星：《宜春话的"积"尾》，《宜春师专学报》1981 年第 2 期。

桑紫宏：《从汉英数范畴的差异看汉语复数标记"们"与数词的不兼容》，《华东师范大学学报》（哲学社会科学版）2016 年第 1 期。

盛益民：《吴语人称代词复数标记来源的类型学考察》，《语言学论丛》2013 年第 2 期。

盛益民：《中国境内语言人称包括性问题的类型学研究》，《民族语文》2017 年第 4 期。

宋玉柱：《关于"们"的语法意义及其它》，《语文学习》1982 年第

11 期。

孙多娇：《宜春（袁州区）方言代词研究》，硕士学位论文，南昌大学，2007 年。

陶振民：《物类名词后用"们"的语法现象——兼论修辞现象和构词现象的差异》，《华中师范大学学报》（哲学社会科学院）1991 年第 1 期。

童盛强：《"们"的定指意义》，《中国语文》2002 年第 3 期。

汪化云：《方言指代词与复数标记》，《中国语文》2011a 年第 3 期。

汪化云：《省略构成的人称代词复数标记》，《方言》2011b 年第 1 期。

汪化云：《汉语方言 tɕ 类复数标记的来源》，《语言研究》2012 年第 1 期。

王聪：《汉语方言人称代词的复数表达及其来源的类型学意义考察》，《辞书研究》2020 年第 6 期。

王红旗：《体词性成分指称性的强弱》，《语言科学》2015 年第 1 期。

吴越：《现代汉语代词及相关形式的指称研究》，博士学位论文，浙江大学，2019 年。

吴剑锋：《安徽岳西方言的复数标记"几个"》，《中国语文》2016 年第 3 期。

伍雅清、胡明先：《复数标记与量词同现现象的研究》，《语言科学》2013 年第 4 期。

西原史晓：《"概数 + 名词 + '们'"结构与"们"的信息结构》，《言语情报科学》2009 年第 7 期。

夏俐萍、严艳群：《湘赣语小称标记"唧"的主观化及形态演变——以湖南益阳方言为例》，《方言》2015 年第 3 期。

邢福义：《再谈"们"和表数词语并用的现象》，《中国语文》1965 年第 5 期。

徐丹：《汉语河州话及周边地区非指人名词的复数标记"们"》，《民族语文》2011 年第 6 期。

杨锐：《汉语无定专有名词的语义》，《新疆大学学报》（哲学·人文社会科学版）2019 年第 4 期。

杨炎华：《复数标记"们"和集合标记"们"》，《语言教学与研究》2015 年第 6 期。

杨永龙：《青海甘沟话复数标记"们［mu］"的类型特征及历史比较》，

载《历史语言学研究》第 8 辑,商务印书馆 2014 年版。
袁梅:《"们"的语法意义及其实现》,《延安大学学报》(社会科学版) 1996 年第 1 期。
张斌:《汉语语法学》,上海教育出版社 1998 年版。
张帆、翟一琦、陈振宇:《再说"我们"——人称代词、复数与立场》,《语言研究集刊》2017 年第 2 期。
张晓静、陈泽平:《河北武邑方言复数标记"们"》,《中国语文》2015 年第 2 期。
张晓静:《河北武邑方言"家"的用法》,《方言》2020 年第 1 期。
张谊生:《"N"+"们"的选择限制与"N 们"的表义功用》,《中国语文》2001 年第 3 期。
赵元任:《汉语口语语法》,吕叔湘译,商务印书馆 1968 年版。
中国社会科学院语言研究所、中国社会科学院民族学与人类学研究所、香港城市大学语言资讯科学研究中心:《中国语言地图集(第 2 版)》,商务印书馆 2012 年版。
周晨磊:《青海贵德周屯话的"们"》,《方言》2016 年第 2 期。
朱德熙、卢甲文、马真:《关于动词形容词"名物化"的问题》,《北京大学学报》(人文科学版)1961 年第 4 期。
朱庆之:《汉语名词和人称代词复数标记的产生与佛经翻译之关系》,《中国语言学报》第十六期,商务印书馆 2014 年版。
庄初升:《客家方言名词后缀"子""崽"的类型及其演变》,《中国语文》2020 年第 1 期。
庄初升:《湘、赣方言"儿子"义名词相关的后缀》,《方言》2021 年第 1 期。
邹哲承:《助词"等"与"等等"的作用》,《语言研究》2007 年第 4 期。
祖生利:《元代白话碑文中代词的特殊用法》,《民族语文》2001 年第 5 期。
祖生利:《近代汉语"们"缀研究综述》,《古汉语研究》2005 年第 4 期。
Acquaviva P, 2008, *Lexical plurals: A morphosemantic approach*, Oxford: Oxford University Press.
Alexiadou A, 2011, Plural mass nouns and the morpho-syntax of number, In

Proceedings of the 28th west coast conference on formal linguistics, Somerville, MA: Cascadilla Proceedings Project.

Aloni M, Dekker P, 2016, *The Cambridge handbook of formal semantics*, Cambridge: Cambridge University Press.

Bale A, Coon J, 2014, Classifiers are for numerals, not for nouns: Consequences for the mass/count distinction, *Linguistic Inquiry*, Vol. 45, No. 4.

Barker C, 1992, Group terms in English: Representing groups as atoms, *Journal of Semantics*, Vol. 9, No. 1.

Biermann A, 1982, Die grammatische kategorie numerus, In Seiler H ed, *Apprehension: Das sprachliche Erfassen von Gegenständen*, Tübingen: Narr Francke Attempto Verlag.

Borer H, 2005, *Structuring sense: Volume 1: In name only*, Oxford: Oxford University Press.

Brehm M, 1997, *A history of plurality: The grammaticization of referent number in six languages*, Master of Arts project, The University of Wisconsin Milwaukee.

Carlson G N, 1977, *Reference to kinds in English*, PhD thesis, University of Massachusetts.

Champollion L, 2017, *Parts of a whole: Distributivity as a bridge between aspect and measurement*, Oxford: Oxford University Press.

Champollion L, 2020, Distributivity, collectivity, and cumulativity, In Gutzmann D, Matthewson L, Meier C, et al. Eds, *The Wiley Blackwell companion to semantics*, London: Wiley.

Chao Y R (赵元任), 1968, *A grammar of spoken Chinese*, Berkeley, CA: University of California Press.

Cheung C C (张志恒), 2003, *An investigation of the Jingpo nominal structure*, PhD thesis, Hong Kong University.

Chierchia G, 1998a, Reference to kinds across language. *Natural Language Semantics*, Vol. 6, No. 4.

Chierchia G, 1998b, Plurality of mass nouns and the notion of "semantic parameter", In Rothstein S ed, *Events and grammar*, Dordrecht: Springer.

Cohen A, Erteschik-Shir N, 2002, Topic, focus, and the interpretation of bare plurals, *Natural Language Semantics*, Vol. 10, No. 2.

Corbett G G, 2004, *Number*, Cambridge: Cambridge University Press.

Cysouw M, 2003, *The paradigmatic structure of person making*, Oxford: Oxford University Press.

Cysouw M, 2005, Inclusive/exclusive distinction in independent pronouns, In Haspelmath M, Dryer, M S, Gil D, et al. eds, *The world atlas of language structures*, Oxford: Oxford University Press.

Dahl O, Fraurud K, 1996, Animacy in grammar and discourse, In Fretheim T, Gundel J K ed, *Reference and referent accessibility*, Amsterdam: John Benjamins Publishing Company.

Daniel M, Moravcsik E A, 2005, Associative plurals, In Dryer M, Haspelmath M, Gil D, et al. eds, *World atlas of language structures*. Oxford: Oxford University Press.

Daniel M, Moravcsik E A, 2005/2013, The associative plural, In Dryer M S, Haspelmath, M eds, *The world atlas of language structures online*, Leipzig: Max Planck Institute for Evolutionary Anthropology.

Daniel M, 2000, *Tipologija associativnoj mnozhestvennosti*, [*The typology of associative plurals*], Ph D. thesis, Moscow University.

de Vries H, 2015, *Shifting sets, hidden atoms: The semantics of distributivity, plurality and animacy*, Doctoral dissertation, Utrecht University.

de Vries H, 2017, Two kinds of distributivity, *Natural Language Semantics*, Vol. 25, No. 2.

Déchaine R Mand Wiltschko M, 2002, Decomposing pronouns, *Linguistic Inquiry*, Vol. 33, No. 3.

Doetjes J, 1997, *Quantifiers and selection: On the distribution of quantifying expressions in French*, Auckland: ICG Printing.

Dowty D, 1987, Collective predicates, distributive predicates, and all, In *Proceedings of the 3rd ESCOL*, Ohio: Eastern States Conference on Linguistics.

Dryer M S and Haspelmath M, 2013, *The world atlas of language structures* online, Leipzig: Max Planck Institute for Evolutionary Anthropology.

Göksel A and Kerslake C, 2004, *Turkish: A comprehensive grammar*, New York, NY: Routledge.

Görgülü E, 2011, Plural marking in Turkish: Additive or associative? *Working Papers of the Linguistics Circle*, VoL. 21, No. 1.

Greenberg J, 1990 [1972], Numerical classifiers and substantival number: Problems in the genesis of a linguistic type, In Denning K, Kemmer S (eds.), *On language: Selected writings of Joseph H. Greenberg*. Stanford, CA: Stanford University Press [First published 1972 in Working Papers on Language Universals 9. 1 – 39. Stanford, CA: Department of Linguistics, Stanford University].

Grice P, 1989, *Studies in the way of words*, Cambridge, MA: Harvard University Press.

Grimm S, 2013, Plurality is distinct from number-neutrality, *In Proceedings of the North East Linguistic Society*. Amherst, MA: University of Massachussetts at Amherst.

Harbour D, 2011, Valence and atomic number, *Linguistic Inquiry*, VoL. 42, No. 4.

Heine B, Kuteva T and Bernd H, 2002, *World lexicon of grammaticalization*, Cambridge: Cambridge University Press.

Hsieh M L, 2008, *The internal structure of noun phrases in Chinese*, Taipei: Crane Publishing.

Huang C T（黄正德）, Li Y H（李艳惠）and Li Y F（李亚非）, 2009, *The syntax of Chinese*, Cambridge: Cambridge University Press.

Hume D, 1739, *A treatise of human nature*. London: John Noon.

Iljic R, 1994, Quantification in Mandarin Chinese: Two markers of plurality, *Linguistics: An Interdisciplinary Journal of the Language Sciences*, VoL. 32, No. 1.

Iljic R, 1998, Number and person, *In The annual meeting of IACL – 7/ NACCL – 10*, Stanford, CA: Stanford University.

Jäger G, 2001, Topic-comment structure and the contrast between stage level and individual level predicates, *Journal of Semantics*, VoL. 18, No. 2.

Jiang L (蒋鲤), 2017, Mandarin associative plural-men and NPs with-men, *International Journal of Chinese Linguistics*, VoL. 4, No. 2.

Jin J (金晶), 2015, The partitive construction in Mandarin Chinese, *International Journal of Chinese Linguistics*, VoL. 2, No. 1.

Jurafsky D, 1996, Universal tendencies in the semantics of the diminutive, *Language*, VoL. 72, No. 3.

Kiss K É, 1998, On generic and existential bare plurals and the classification of predicates, In Rothstein S (ed.), *Events and grammar*. Dordrecht: Springer.

Kramer RA, 2016, A split analysis of plurality: Number in Amharic, *Linguistic Inquiry*, VoL. 47, No. 3.

Krifka M, 1995, Common nouns: A contrastive analysis of English and Chinese, In Carlson G N, Pelletier F J (eds.), *The generic book*. Chicago: University of Chicago Press.

Kurafuji T, 2004, Plural morphemes, definiteness, and the notion of semantic parameter, *Language and Linguistics*, VoL. 5, No. 1.

Kuroda S Y, 1965, *Generative grammatical studies in the Japanese language*, Ph D. thesis, Massachusetts Institute of Technology.

Landman F, 1989, Groups, I, *Linguistics and Philosophy*, VoL. 12, No. 5.

Landman F, 1996, Plurality, In Lappin S (ed.), *The Handbook of contemporary semantic theory*, *Cambridge*. MA: Blackwell.

Landman F, 2004, *Indefinites and the type of sets*, Oxford: Blackwell.

Lasersohn P, 1988, *A semantics for groups and events*, Ph. D. thesis, Ohio State University.

Lasersohn P, 2013, *Plurality, conjunction and events*, Berlin: Springer Science & Business Media.

Lecarme J, 2002, Gender "polarity": Theoretical aspects of Somali nominal morphology, In Boucher P, Plénat M (eds.), *Capitoli di Libri-Cutubyo Buugaag*, Somerville, MA: Cascadilla Press.

Li XP (李旭平) and Liu H Y (刘鸿勇), 2019, Root and phrasal diminutive markers in gan Chinese, *Studia Linguistica*, VoL. 73, No. 1.

Li X P (李旭平), 2018, *A grammar of Gan Chinese-The Yichun language*, Berlin: Mouton de Gruyter.

Li X P (李旭平), 2021, *Semantics for numerals: An East Asian perspective* (forth coming).

Li Y H (李艳惠), 1999, Plurality in a classifier language, *Journal of East Asian Linguistics*, VoL. 8, No. 1.

Lima S, 2014, *The grammar of individuation and counting*, Ph. D. thesis, University of Massachusetts at Amherst.

Link G, 1983, The logical analysis of plurals and mass terms: A lattice-theoretical approach, In Bäuerle R, Schwarze C and von Stechow A (ed.), *Meaning, use, and interpretation of language*. Berlin: De Gruyter.

Markman E M, Horton M S, McLanahan A G, 1980, Classes and collections: Principles of organization in the learning of hierarchical relations, *Cognition*, Vol. 8, No. 3.

Martí L, 2020, Inclusive plurals and the theory of number, *Linguistic Inquiry*, Vol. 51, No. 1.

Mathieu E and Zareikar G, 2015, Measure words, plurality, and cross-linguistic variation, *Linguistic Variation*, Vol. 15, No. 2.

Mathieu E, 2014, Many a plural, In Aguilar-Guevara A, Le Bruyn B and Zwarts J eds, *Weak referentiality*, Amsterdam: John Benjamins.

McNally L, 1993, Comitative coordination: A case study in group formation, *Natural Language & Linguistic Theory*, Vol. 11, No. 2.

Moravcsik E A, 2003, A semantic analysis of associative plurals, *Studies in Language*, Vol. 27, No. 3.

Noguchi T, 1997, Two types of pronouns and variable binding, *Language*, Vol. 73, No. 4.

Norman J, 1998, *Chinese*, Cambridge: Cambridge University Press.

Nouwen R, 2015, Plurality, In Plurality N R (ed.), *Cambridge Handbook of Semantics*, Cambridge: Cambridge University Press.

Ott D, 2011, Diminutive-formation in German: Spelling out the classifier analysis, *Journal of Comparative Germanic Linguistics*, Vol. 14, No. 1.

Pearson H A, Khan M, Snedeker J, 2010, Even more evidence for the emptiness of plurality: An experimental investigation of plural interpretation as a species of implicature, *Semantics and Linguistic Theory*, Vol. 20.

Renans A, Sağ Y, Ketrez F N, et al., 2020, Plurality and crosslinguistic variation: An experimental investigation of the Turkish plural, *Natural Language Semantics*, Vol. 28, No. 4.

Rijkhoff J, 2002, *The noun phrase*, Oxford: Oxford University Press.

Rothstein S, 2010, Counting and the mass/count distinction, *Journal of Semantics*, Vol. 27, No. 3.

Rullmann H and You A, 2006, General number and the semantics and pragmatics of indefinite bare nouns in Mandarin Chinese, In von Heusinger K and Turner K eds, *Where semantics meets pragmatics*, Amsterdam: Elsevier.

Sanches M and Slobin L, 1973, Numeral classifiers and plural marking: An implicational universal, Working Papers in *Language Universals*, Stanford, CA: Stanford University.

Seifert L W J, 1947, The diminutives of pennsylvania German, *Monatshefte*, Vol. 39, No. 5.

Sharvy R, 1980, A more general theory of definite descriptions, *The Philosophical Review*, Vol. 89, No. 4.

Simpson A, Soh H L, Nomoto H, 2011, Bare classifiers and definiteness, *Studies in Language*, Vol. 35, No. 1.

Smith-Stark T C, 1974, *The plurality split*, Chicago, IL: Chicago Linguistic Society.

Stassen L, 2000, And-languages and with-languages, *Linguistic Typology*, Vol. 4, No. 1.

Steriopolo O, 2013, Diminutive affixes in the Number domain: A syntactic variation, *Questions and Answers in Linguistics*, Vol. 1, No. 2.

Vassilieva M B, 2005, Associative and pronominal plurality, Ph. D. thesis, Stony Brook University.

Von Heusinger K and Kaiser G A, 2003, The interaction of animacy, definiteness and specificity in Spanish, In von Heusinger K and Kaiser G eds, *Proceedings of the Workshop: Semantic and Syntactic Aspects of Specificity, Romance Languages*. Konstanz: Universität Konstanz.

Wiese H and Maling J, 2005, Beers, kaffi, and schnapps-different grammatical options for "restaurant talk" coercions in three germanic languages, *Journal of Germanic Linguistics*, Vol. 17.

Wiltschko M, 2006, Why should diminutives count? In Broekhuis H, Corver N, Huybregts R, et al. (eds.), *Organizing grammar: Linguistic studies in honor of Henk van Riemsdijk*, Berlin/New York: Mouton de Gruyter.

Wiltschko M, 2008, The syntax of non-inflectional plural marking, *Natural Language and Linguistic Theory*, Vol. 26, No. 3.

Winter Y, 2001, *Flexibility principles in Boolean semantics: The interpretation of coordination, plurality, and scope in natural language*, Cambridge, MA: MIT Press.

Xiong J, Huang C R, 2020, Plurality and definiteness in Chengdu Chinese, *Language and Linguistics*, Vol. 21, No. 4.

Zhang N (张宁), 2014, Expressing number productively in Mandarin Chinese, *Linguistics: An Interdisciplinary Journal of the Language Sciences*, Vol. 52, No. 1.

附录（音系及标注说明）

本书所用的语料来自作者母语宜春（袁州彬江镇）方言，该地方言的音系如下①。

宜春话中有 19 个声母（包括零声母），如附表 1—1 所示。

附表 1—1　　　　　　宜春话声母表

p 把布变八北	pʰ 披盘病薄拍	m 米买命忙木	f 方飞湖和祸	
t 多刀胆懂滴	tʰ 拖桃电桶踢			l 老路南奶糯
ts 资借增进贼	tsʰ 粗柴亲赚七		s 沙瘦山想刷	
tɕ 鸡照紧镜脚	tɕʰ 欺球牵轻吃	ȵ 泥牛娘肉额	ɕ 是晓升香歇	
k 街狗敢江谷	kʰ 课考康供掐	ŋ 我矮眼硬压	x 河鞋汗咸黑	
∅ 位腰养横越				

说明：

①当 tɕ 组声母与开合呼、合口呼韵母相拼时，实际音值接近于舌叶音 tʃ 组。

②声母 [x] 与 o/oi/on/oŋ/oʔ 相拼时，发音部位靠后，接近 [h]。

宜春话中有 64 个韵母，包括自成音节的 [m̩] [n̩]，如附表 1—2 所示。

---

① 宜春方言音系方面，参考了刘平（2001）、孙多娇（2007）和李旭平（Li 2018）等的归纳，部分内容作了修改。

附表1—2　　　　　　　　　　宜春话韵母表

ɿ 资丝自	i 飞崽是	u 吴古付	y 猪除退
a 爸话蛇	ia 借斜野	ua 瓜怕夸	
o 歌多河	io □tɕʰio²¹³ 歪斜	uo 锅禾过	
œ 二如耳			yœ 茄
ɛ 去渠客 文读	iɛ 撒挤些	uɛ □uɛ³⁴ 形容人一动不动地蜷缩, □kʰuɛ⁴⁴ 鸡刨地	
ai 街拜牌		uai 快怪	
oi 爱该在			
ɛu 够狗扣	iɛu 腰妖跳		
au 高包跑猫	iu 就周酒秋	ui 贵魁围	
an 晚班参兰		uan 关玩	
on 半盘伴		uon 完官专穿权	yon 元媛软
ɛn 灯根	iɛn 艳天变先	uɛn □kuɛn⁴⁴ 形容人或者动物翻来翻去,本字可能是"滚"	
ən 分喷 ne	in 亲新英	uən 村问稳尊滚	yn 云裙
aŋ 争正	iaŋ 坪钉晴	uaŋ 框横	
oŋ 帮香党堂壮	ioŋ 抢抢	uoŋ 望光广	
əŋ 红同胸熊 ŋe	ieŋ 浓	uŋ 公孔瓮	
	iʔ 直日一不	uʔ 屋祝促	yʔ 出
aʔ 白拆	iaʔ 席壁		
oʔ 学驳磕	ioʔ 药削约脚弱	uoʔ 握	
ɛʔ 北黑贼	iɛʔ 别跌热	uɛʔ 国	
œʔ 合拨割		uœʔ 活	yœʔ 缺月血
aiʔ 瞎达发		uaiʔ 滑袜	
	iuʔ 肉育足	uiʔ 骨屋	
m 姆	n 五		

说明：

①入声韵尾 -ʔ 在新派中有舒化的趋势。与郊区相比，城区话的入声韵尾保留得更好。

②［œʔ uœʔ］也可读作［oiʔ］，［yœʔ］也可读作［yɛʔ］。

③［aʔ］中［a］的实际音值为［ɑ］。

宜春话中的单字调有五个（轻声和变调不包含在内）

阴平　34　　边天山灰偏　　　阳平　44　　锄楼晴人‖戏再看送

上声　42　　口走早想懂　　　去声　213　自坏赖重现

入声　5　　 北竹学白日集六

说明：

（1）宜春话中的入声音值最高，记作5。入声韵只剩喉塞音 - ʔ，而且有舒化的趋势。

标注说明：

由于汉语翻译不能完全对应英文意义，尤其是汉语普通话的"们"和英语中复数标记不是同一类型，进行翻译反而会造成误导，因此本书大部分英文不提供汉语普通话翻译。

依据惯例，本文中"＊"表示该句子完全不能被接受，如遇到括号（），"＊"在括号外表示括号中的内容对于句子的成立而言不可缺少，如果"＊"在括号内，表示括号内成分去除句子才能成立。

"？"表示句子接受度低，数量越多接受度越低。

"#"表示句子在句法上合法，但是语用上不合理。

本书例句的国际音标标注基本按照单字调标注。本书用"格"表示宜春话中相当于普通话结构助词"的"的成分；"葛"为表近距离指称的指示代词，相当于"这"；按照学界习惯，用"唧"和"哩"表示宜春话中的两个小称；用"嘞"表示类似于普通话的"了"的体助词。

全书例句涉及的缩写统一参考"莱比锡标注规范"，分别为：1：第一人称；2：第二人称；3：第三人称；$_{ACC}$：受格；$_{ARG}$：论元；$_{AUG}$：大称；$_{CAUS}$：使役；$_{COMP}$：标句词；$_{DEP}$：限定词；$_{DIM}$：小称；$_{FEM}$：阴性；$_{FUT}$：将来时；$_{GEN}$：领属；$_{IPFV}$：非完整；$_{NOM}$：名词化；$_{OBJ}$：宾语；$_{PAST}$：过去时；$_{PL}$：复数；$_{POSS}$：谓词；$_{PRED}$：领有；$_{PROG}$：进行；$_{PRS}$：现在；$_{PL}$：复数；$_{Q}$：疑问；$_{SBJ}$：主语；$_{SG}$：单数；$_{TOP}$：话题；$_{TR}$：及物。

致　　谢

　　2017 年，李旭平老师把我招进师门，我从功能语言学转向形式语言学，从汉语言文字学转向语言学及应用语言学。同样在 2017 年，我第一次在中国语言学书院，跟着各位老师（语义学沈园老师、句法学程工老师、音系学张吉生老师、语音学张月琴老师）第一次接触到了形式语言学的各个分支的系统知识，接着 2018 年在语言学书院上了二年级（语义学潘海华老师，句法学胡建华老师、蔡维天老师，音系学黄良喜老师，语言获得李行德、杨小璐老师），从此喜欢上了这种研究范式。感谢李旭平教授和语言学书院各位教授引我入门！希望语言学书院能一直办下去并越办越好！

　　本研究是在浙江大学李旭平教授的指导下完成的。入学后，我深知我的理论功底还不够扎实，对研究还停留在材料的堆砌和简单的描写上。李老师告诉我们，一定要重视"最小对比对"，学会了这种测试方法，才算是真正地学会了做研究。这句话我听进去了，博士四年我自认为看了很多文献，慢慢学会了鉴赏什么样的文章才是好文章，学会了经典的语义和句法测试方法。更重要的是，从李老师的研究分享中，我知道了有趣的研究是怎样的、研究的过程是如何推进的。从选题到成文，这份研究倾注了老师无数的心血。老师手把手教我们读经典文献、写文章、改文章，组织了多次相关国际会议开阔我们的眼界，我们真的太幸运了。可以说，我的学术生命，是李老师赋予的。

　　生活中，李老师还带我们爬山锻炼身体、秋游和打卡美食，与我们分享导师的 Susan Rothstein 教授的故事，我们听了非常感动，也许这就是学术和师门的传承，因为人没有办法成为他没有见过的人，这是一束光照亮另一束光的故事。很不幸，Rothstein 教授于 2019 年猝然离世，我们也无缘再见到她了，但是，就像电影《寻梦环游记》说的那样，只要这个世界上还有人记得您，您就永远活在这个世界上。您关于名词的可数性、事件语义的研究，永垂青史，您永远活在一代代学人心中。这本研究书籍，如果师祖婆婆不嫌弃，也敬献给她。

感谢华中科技大学人文社会科学处和人文学院在此书出版过程中给我的诸多帮助！感谢我的研究生甘丹彤、黄劲、李娟鸿、彭瑞琪、张李红帮我核对书稿，研究生刘敏娜同学帮我画图。感谢编辑张林老师和校对老师的细致、耐心的工作，使得这本书能够顺利出版。尽管核对多遍，但是难免有疏漏，尚存错漏，责任在我。